目　　录

序 一

一九九〇年庚午冬，敬修秦君自崇信来函，俾予为其周易卦解作序。余爱君之为人，忠厚和平，言论出众，必能尽发易之蕴奥而发前人所未发，俾后之人获益匪浅。故不辞固陋，妄为之序。夫天地设位，而易行乎其中，易固无时无处而不在。人所接者，视听言动；事无大小，皆易之所表现。取象占，无适而非易之至理。君既深沉，所得者广，浅而出之，吻合无间；自能知几知微，逢头是道。且乾坤复姤互推移，动静之端起至微；易之理，固如斯也。在人之推广颖悟耳。吾知君深于易者也，因书之，以待后之能深于斯者也。

庚午冬陕西扶风绛帐学弟王元中叙

序　二

　　真西山曰："汉以经术取士，士为青紫而明经；唐以辞艺取士，士为科目而业文；甚矣道学之不明于天下也久矣！"靳裁之曰："有志于道德者，功名不足以累其志；有志于功名者，富贵不足以累其志。"若同门秦君敬修者，乃有志于道德者也。

　　君天性孝友，颖悟过人，居恒以先哲自期。少时肄业平凉师范，谒泾川史复斋先生于平凉北关杜维祺家，闻先生讲程朱之学而大悦，遂师事之。有暇即往请业，先生授以朱子小学及四书，示之曰："读圣贤书，要心领神会，身体力行，切勿泛泛读过。"君唯唯。毕业后，从先生学于杜氏私塾。勇于从善，嗜学如命，先生每称誉之。越明年，课蒙自给，乘间从先生请业，奋志于学，博览群书，夜分而卧，鸡鸣而起，未尝一日少懈。先生每称陕西大儒牛兰川先生之学，君闻而慕之，以不得一见为憾。乙亥初春，有数人在市井艳称牛夫子，从而问知芸阁精舍在蓝田吕氏祠，即函书问学。先生复之曰："此事不在多言，但将圣贤言语，字字句句反复切己求之，若能学得一二字，便有下手处。由此以次推广，则圣贤可学而至矣。惟有从《小学书》入手，是圣门真命脉，不可小视，以为教小子之书也。"君接书后，如获拱璧。越年辞馆事，徒步七百里，谒兰川先生于芸阁，乃先生已于去岁右半不仁矣。居数月辞去，往从山东孙仲玉先生于正谊书院。先生以《学》、《庸》授之，示以读书学道之要，存养省察之功。嗣后，常来关中游学，历尽艰险，未尝少阻。岁丁丑，受业于崂峰书院，从即墨张范卿先生学周易。辛巳先生卒，西归陇右，蛰居林泉，日夕与子女讲经论史，未尝稍懈。故家中长幼，皆忠厚纯朴，如三代之遗民。信乎其沉浸浓郁于圣学者深也。其为学也，动静交养，文行并进，泥涂轩冕，羹墙圣贤，绵关学于一线，为道统之后劲，在同门中首屈一指。中年从事岐黄以医济人，著手成春，口碑载道。既老以平生行医临床体验，著为《福幼新编》以问世，其慈幼之心盖不能自己矣。日常复遵横渠遗规，循环理会六经；而尤邃于易，沉潜反复，历数十年，洞澈奥蕴，辨析毫芒，虽祁寒暑雨患难之中，寝馈弗离焉。不只熟于口，而克践于身，且型于家，而化及诸邻矣。晚年不惜心血，摅其心得，著为《周易卦解》若干卷，以飨后之学者。

乙丑冬月，余来崇信，手披口吟，不禁跃然喜曰：唯斯说也，浅云乎哉！溯阴阳淑慝之源，法乾坤简易之德，理本洛闽，笔假韩欧，于世运隆替之分，后学修身之方，不啻殷勤致意，感慨反复。而阐发精微，张皇幽眇，尤多独到之处，其民胞物与，大扩施济之怀，苦口婆心，以告后之学者，将以觉来裔于无穷，岂果浅而已矣。读斯说者，玩索而有得焉，应信斯序之非妄也。

乙丑十一月冬至日蓝田李克敬吉甫叙

序 三

　　余自弱冠学易，至今六十余年矣。深知易之为书，乃伏羲、文王、周公、孔子四圣法天之学也。天以阴阳五行化生万物，惟人得其秀而最灵。圣人者，人类之先觉者也。天有昼夜寒暑之变，以化生万物，是为自然界之易，画前之易也。羲皇仰观俯察，而默契于心，于是画卦以象天地之易，用以揭示天地生物之秘，使人观之以知人物之所从来，而不忘其本焉，则有以知其性之本然矣。

　　夫易者，易也，有变易交易不易之义。宇宙事物，时时在变，无有一息不变者，所谓变易也；阴阳互根，交相转化，所谓交易也；事物虽变，而其理与数则不变，所谓不易也。日月代明，四时错行，此变易也；复姤推移，寒暑往来，此交易也；有昼必有夜，有寒必有暑，昼夜互有短长，寒暑不同冷热，变亦极矣。然而其变有定序，岁时有定数，三百六十五又四分之一日以成岁，其理其数，固不变也。察其所以然，则以天地生物之功，必如此而后可成也。盖必昼夜相代、寒暑往来，然后能普生天下之物而不遗，此则天地生物之心也。易曰："天地之大德曰生。"又曰：

"生生之谓易。"是以日月运行，一寒一暑，以发育万物，而成生物不测之功，此易之大用也。宇宙事物，有象有数，阳数奇而阴数偶，伏羲仰观俯察而知之，又观河图以证之，于是画"━"（音奇）以象阳，画"╍"（音偶）以象阴，而两仪立焉。见阴阳有各生一阴一阳之象，故于"━""╍"之上各画"━"、"╍"而为"⚌"太阳、"⚍"少阴、"⚎"少阳、"⚏"太阴之四象焉。由此刚柔相推，画出"☰"乾"☱"兑"☲"离"☳"震"☴"巽"☵"坎"☶"艮"☷"坤之八卦，以象天地风雷雨日山泽之象，以肖天地造化发育之具，所以化生万物者，而万象包罗于其中矣。又因而重之，为六十四卦三百八十四爻，以通神明之德，以类万物之情，使人观其卦象以察阴阳消长之机，而识治乱兴衰之由；以体认天地生物之心，而有以胜其有我之私；以向善背恶，趋吉避凶，此则易之教也。以神州之自然现象观之，则阳主生，阴主杀，而阳善阴恶，有淑慝之分。是故春夏则阳气用事，而万物生长，秋冬则阴气用事，而万类凋伤。善进，则君子道长，俊杰在位，而天下太平；恶进，则小人道长，贪人败类，而世乱国危。伏羲画此造物之图而挂之，以察阴阳消长之机，而默识天地生物之心，而师法之，以教天下之民，此画卦之本心也。是知卦者挂也。圣人挂此以穷理尽性，而法天也，非世俗所谓算卦也。书曰："惠迪吉，从逆凶，惟影响。"是以祸福无门，惟人自招，何以算为？古人卜筮，以决疑也，非以算命也。命由我立，何用算？故凡存桀纣之心，行桀纣之事者，必有亡国杀身之祸。存爱民之心，行救民之事者，必得天下。其史实载在史鉴，可按而知之，岂待算哉！

文王、周公恐人观易卦之象，而不能明其理，故作彖辞象辞以开示之，使人观象玩辞，以穷究易理，而有以明夫吉凶消长、进退存亡之道，庶不至自陷于罟擭陷阱之中焉。此圣人救世之苦心也。然文周之辞，深奥难明。孔子作十翼以阐发之，而易道大明于世。汉儒泥于象数，而忽视易理，乃视易仅为卜筮之书，而易道反晦。至宋程传本义出，而易道复明。今之讲象数者，专重考据，竟有以明夷为野鸡者，以之解爻辞，不能自圆其说。反谓文王周公之辞，仅据象数断吉凶，不必讲文义，可谓悖矣。

予惧四圣法天之学，不明于世也。故作卦解以明之。盖天以阴阳五行，化生万物，此乃自然之易也。其所以有易，乃天地生物之心所为也。盖天地生物，必恃日之暄煦。地有东西两半球，南北两极圈，而太阳不能同时普照。皇天为使万物并育，故使日月运行，一寒一暑，而为昼夜四时之易。以昼夜普生东西两半球之物；以寒暑普生南北两极之物。使之各得日之暄煦，而并育焉。盖天无私覆，地无私载，日月无私照。故自然形成昼夜四时之易，以生育万物，此见天地生物之心至仁至公也。观天地生物气象，鸢飞戾天，鱼跃于渊，企鹅游于冰海，白熊走于雪地，其生意盎然，充满于宇内。观其大生之迹，则见其爱物之心至仁矣。观其广生之迹，则见其生物之心至公矣。夫日月运行，一寒一暑，历亿万斯年而不忒，谓大自然无主宰之者，试问谁使之然也。易传曰："易有太极，是生两仪，两仪生四象，四象生八卦。"两仪者，昼夜阴阳也。四象者，四时五行也。太极者，道也，是自然界之至理，乃天地生物之心也。盖自然之中，自有至理，而昼夜四时皆由此理为之主宰，故其运行有度，而不差也。是故两仪四象者气也。太极者，气之理也。气以载道，道以御气，二者不相离，亦不相杂也。六十四卦，三百八十四爻，无非阴阳之交易变易而成象，而其理则道也。知象数而不知其道，乃数家之所尚，非圣人法天之学也。圣希天，其至仁至公之心，与天地同德。而其所以画卦系辞，作十翼以法天者，盖欲揭示自然之易理，而师法之，以修己治人；其所以使人观象玩辞，观变玩占，以穷理致知，趋吉避凶者，盖欲普济人类于凶咎悔吝之中，而置之吉祥喜庆之地也。圣人忧天下后世之心，岂不与天地同德哉！

吾愿学易者，尽去世俗之见，详察先圣作经之意，与其所以用心，观伏羲之卦象，以认识自然之易理，而识天地生物之心，详说文周孔子之辞，以穷究神明之德，而明察事物之理，使己之思虑言行，无不合乎中正之道，则凶咎可免，而常有吉庆矣。程子易传曰："诸卦二五虽失位，常以得中为美。三四虽得位，或以不中为过，中常重于正也。盖中则不违于正，正不必中也。"天下之理，莫善于中，于九二六五可见。此教人以学易之法也。学易者，学其时中也。观象玩辞，以穷究二五时中之理，而身体力行之，使己之视听言动，不违乎吉凶消长，进退存亡之道，庶不至失其中矣。然随时处中，初非易事。虽以颜子之贤，犹有瞻之在前，忽焉在后之叹；经夫子循循善诱，既博之以文，又约之以礼，颜子遵师之教，而学之，既竭其才，然后得见如有所立卓尔之中。夫瞻之在前，未及中也。忽焉在后，又过之也。过与不及皆非中。

中者不偏不倚，无过不及之谓也。贤如颜子，犹有此叹，则时中之难，可想而知。今学易以求时中，非竭力以居敬穷理力行、驯致至如有所立卓尔之域，不能至也。岂可沾沾于象数之求，而不思古圣作易之苦心，以自外于易道也哉！

癸酉年二月朔旦秦汝齐敬修书

凡　例

一、本编不名注释而名卦解者，乃以周易成于四圣人之手，专为教人法天以自修，其后为八索所乱，又为象数家所诬，而易道不明，愚于圣人之经，玩索多年有所新解，因以卦解名编。

二、卦解一遵孔子与程子朱子之旧说，本非从新杜撰，而以此名编者初非故弄新奇，将以正数家之谬也。

三、卦解一遵程传本义，故凡所引程朱之言，多未指出所出。

四、俗本以便于读者披阅为心，割裂象传之文，而附于每爻之后，又加象曰以别之，使象传之韵文不相联接，今附象传于每卦象辞之后，既便于阅读，又使象传不致割裂云。

五、卦解全用文言而不用普通语者，以圣经深奥，非俗语所能发其蕴，故不用语译而用文言，初非薄语译而重文言也。

六、河图洛书及羲、文卦之次序、方位等，均节录朱子周易启蒙，间以鄙意为之说，蠡测之失在所难免，惟冀读者予以指正为幸。

七、卦解谨遵经文以释其义而不引用考据家言，以牵强附会致失经旨，对于数之无从考稽者，亦谨遵夫子缺疑之训，而不敢强为之说也。

八、卦解谨述程传本义之意而演译之，使学者有以得其门而入，以登程朱之堂，而上窥羲文周孔之室，遵先圣开物成务之道，以存心处事，以修己治人，以善身而善世。冀其成为造福于人类之文耳。

易　说

易传曰："易有太极，是生两仪，两仪生四象，四象生八卦。"太极者道也；两仪者，阴阳昼夜也；四象者，四时五行也；八卦者，天地造化发育之具，所以化生万物者也。太极者，大自然之至理，乃天地生物之心，而为两仪四象之主宰也。震巽坎离，在天成象也；艮与兑在地成形也。天地生物，鼓之以雷霆，润之以风雨，日月运行，一寒一暑，以生万物也。震为电、为雷霆，乃天地之生机也。鼓之以雷霆所以动其生机也。巽为风、为气，乃天地之生气也；坎为水、为云雨、为雾露，乃生气之变态也；润之以风雨，所以涵育万物，使之滋生也。离为日、为火、为昼，坎为月、为水、为夜，日月运行，一寒一暑，以为昼夜四时，而四时行焉，百物生焉。艮为山、为大陆，兑为泽、为湖泊、为海洋，此二者万物滋生游栖之所也。天地风雷雨日山泽八者，为造化发育之具，万物之所由以生也。日月运行而为昼夜寒暑之变，此谓画前之易也。昼阳也，夜阴也，东半球之昼正是西半球之夜，西半球之昼，亦是东半球之夜。日月运行，而为昼夜以普生东西方之物，无私照也。南极之半年长昼适为北极之半年长夜，北极之半年长昼，正是南极之半年长夜，寒暑往来，以普生南北之物，以见天无私覆地无私载也。此见天地生物之心，至仁至公无一息之停息，而其神机之妙，不可以言语描述也。贺太师清麓日记云："神者，合理气言之，理之妙，而气之灵也。"兰川先师曰："妙者非理，而所妙者，则理之所为也。"日月代明，四时错行，三百六十五又四分之一日以成岁，历亿万斯年而不忒，果谁使之然哉！此其神机之妙难以言语形容也。此理亦可以人事证之。自古好杀者，必短祚，以其杀天之所生，而天罚之也。桀、纣、嬴政、拿破仑、希特勒是也。爱民救民者，必得天下，以其保爱天之所生，而天佑之也。成汤、武王是也。此谓天道福善祸淫，自然之理也。吾愿天下之执国政者，深究易理，而以天地生物之心为心，与天下尽毁核武器，相与讲信修睦，以消灭战争，则可以避免自然之惩罚，而无亡国杀身之祸，且留千秋明哲之名，岂不休哉！岂不休哉！

卦爻常用语

在彖传象传中，有许多常用语，若不先加解释，则不免处处都要解说。所以对于常用语，务必加以说明，以免处处解释之劳。

1. "九""六"：河图一、二、三、四、五是生数，六、七、八、九、十是成数。卦爻阴阳用成数，阳进阴退，故阳数七为少阳，九为老阳。阴数八为少阴，六为老阴，老变而少不变，故阳用九，阴用六。——则以易之例，动则观其变而玩其占故也。

2. "阴阳""刚柔"：子曰乾坤其易之门也，乾，阳物也。坤，阴物也。阴阳合德，而刚柔有体，六十四卦三百八十四爻，皆由阴阳变易交易而成，故为易之门。而阳刚阴柔，各有其体，阴阳刚柔相推而生变化，而易由此出矣。

3. "位"：是六爻之位，由下而上，以初、二、三、四、五、上为六爻之位，一般五是君位，四为卿之位，三为诸侯之位，二与五相应，是国君新进之贤，初为庶民，上为师、傅、致仕——隐退之人。初、三、五为阳位，二、四、六为阴位。

4. "中正"：卦分内外两卦，内卦二在中，外卦五在中，以其在卦之中，故象征处事得中，而占多吉。阳爻居初三五阳位，阴爻居二四六阴位为正，为当位。反之为不正，为失位，为位不当。

5．"应"：是内外相应，即初与四、二与五、三与六阴阳相与为相应。若阴阳相同即是无应。

6．"比"：是亲近相比，如初与二，二与初、三，四与三、五之类为比，亦是阴与阳相比。

7．"承、乘"：相邻的两爻在本爻之上者为承，在本爻之下者为乘。

8．"时""时义""时用"：六十四卦，是自然与人事在不断变化过程中之象征，即是在相争时，喜悦时，痛苦时，平时，危险时之形态，名曰卦之时；其时之义意，名曰卦之时义；当其时的效用，名曰卦之时用。

9．"吉""无咎""悔""吝""凶""喜""庆"等：是判断事物将来之占辞。吉是吉祥，无咎是无错误和灾难，悔是后悔，吝是羞辱，凶是凶祸或凶险，喜是有喜事，庆是福庆。

周　易　序

　　易之为书，卦爻象象之义备，而天地万物之情见，圣人之忧天下来世其至矣。先天下而开其物，后天下而成其务。

　　易之为书，自伏羲画卦，文王、周公系辞，孔子为十翼，而后卦爻象象之义始备。以之体天地之撰，通神明之德，类万物之情，而天地万物之情可见矣。圣人忧天下后世不明吉凶消长、进退存亡之道，而失中以取祸，故作易以开示之，使人居则观其象而玩其辞，动则观其变而玩其占，以明事物之理，以通天下之情，以趋吉避凶也。卦象与辞所以冒天下之道，以开其物，玩辞玩占，所以明理用中以成其务，此易之大用也。

　　是故极其数，以定天下之象，著其象，以定天下之吉凶。六十四卦，三百八十四爻，皆所以顺性命之理，尽变化之道也。

　　是故圣人作易，揲蓍至于十有八变，极其数以索七、八、九、六而成卦，以定天下之象，经文王周公孔子系辞，著其象以定天下之吉凶。今观其辞，则凡中正者多吉，不中正者多凶；动而中乎时宜者吉，悖乎时宜者凶；知进退存亡而不失其正者吉，反之则凶。盖示人以吉凶悔吝之变，使之循理去私，依乎中以趋吉避凶，而求无大过，因知易之六十四卦，三百八十四爻，皆所以顺性命之理，尽变化之道也。是故易者易也，随时变易以从道，以顺性命之理，尽变化之道，而成天下之务也。惠迪吉，从逆凶，惟影响，岂容稍存侥幸之心乎哉！

　　散之在理，则有万殊；统之在道，则无二致。所以易有太极，是生两仪。太极者，道也；两仪者，阴阳也。阴阳一道也；太极，无极也。

　　万事万物，莫不各有当然之理，所谓散之在理，则有万殊也。然亦莫非人所当行之道，所谓统之在道，则无二致也。性命之理，即太极也。散之在理则有万殊，一物各具一太极也。统之在道，则无二致，万物统体一太极也。易者，阴阳二气交易变易之谓也，易有太极，则是理寓于气，气载乎理也。太极动而生阳，动极而静，静而生阴，静极复动，一动一静，互为其根，分阴分阳，两仪立焉，所谓易有太极，是生两仪也。太极者，性命之理，道之体也；阴阳者，变化之机，道之用也。一阴一阳之谓道，阴阳一太极也；上天之载，无声无臭，太极本无极也。

　　万物之生，负阴而抱阳，莫不有太极，莫不有两仪。氤氲交感，变化不穷。形一受其生，神一发其智，情伪出焉，万绪起焉。易所以定吉凶而生大业。故易者，阴阳之道也；卦者，阴阳之物也；爻者，阴阳之动也。

万物之生，负阴抱阳，而太极两仪，无不各具。当其生物之始，天地氤氲交感，胚胎养育而有形。形既生矣，神发知矣，五常之性，感物而动，而阳善阴恶，又以类分，情伪出焉，万绪起焉。其原于性命之正者为情，出于形气之私者为伪，情伪交错，而千头万绪之事以起，而吉凶悔吝所由以生矣。圣人作易，所以定吉凶，使人用情去伪，以趋吉避凶，而生大业，所谓开物成务也。是故交易变易者，阴阳之轨道也。六十四卦者，阴阳"一"奇"--"偶之物也。三百八十四爻者，阴阳之动，所以效事物之善恶，以示吉凶者也。

卦虽不同，所同者奇偶；爻虽不同，所同者九六。

六十四卦虽各不同，皆由（一）奇（--）偶交错而成，故其所同者奇偶也。三百八十四爻德位不同，而皆用九六，盖缘以动者尚其变，故其所同者九六也。

是以六十四卦为其体，三百八十四爻互为其用，远在六合之外，近在一身之中。暂于瞬息，微于动静，莫不有卦之象焉，莫不有爻之义焉。

此言卦爻之象，与画前之易，无所不在，无时而不然。宇宙之间，事无巨细，莫不有卦爻之象与其义，学者宜深体之，不可胶于已形之卦爻，与其卜筮之占焉。

至哉易乎！其道至大而无不包，其用至神而无不存。时固未始有一，而卦未始有定象。事固未始有穷，而爻亦未始有定位。

此赞易道之至大至神，而变化无穷，欲学者神而明之，以妙其用也。易与天地准，其道甚大，百物不废，故无不包也。感而遂通天下之故，无有远近幽深，遂知来物，其用至神，而无不存也。卦之象，似有定也，然时既变则当变易以从道，而卦未始有定象也。爻之位，似有定也，然事物之变，瞬息万端，虽引而伸之，触类而长之，犹恐不能尽其用，而爻之奇偶，周流六虚，岂有定位乎！

以一时而索卦，则拘于无变，非易也。以一事而明爻，则窒而不通，非易也。知所谓卦爻象象之义，而不知有卦爻象象之用，亦非易也。

承上文而言，索卦明爻，不得拘于一时一事，当神而明之，妙于运用，以应天下之变，然后于交易变易之易理，不相违戾也。

故得之于精神之运，心术之动，与天地合其德，与日月合其明，与四时合其序，与鬼神合其吉凶，然后可以谓之知易也。

易道至大至神，未可拘于一时一事，故必得其理于精神之运，心术之动，变化云为，常与天地、日月、四时，鬼神吻合无间。然后可以谓之知易也。非圣人，其谁能与于此乎？

虽然，易之有卦，易之已形者也。卦之有爻，卦之已见者也。已形已见者，可以言知，未形未见者，不可以名求。则所谓易者，果何如哉！此学者所当知也。

画后之易，卦爻悉具，易之已形已见者也，可以圣人之辞，而知吉凶悔吝之占，画前之易，未形未见，不可以名求，乃天地阴阳自然之易，易之原也。不明乎此，而拘拘焉惟卦爻象数之求，昧于易之本源矣，岂得谓之知易哉！

周 易 卦 歌

八卦取象歌

☰ 乾三连　　☷ 坤六断

☳ 震仰盂　　☶ 艮覆碗

☲ 离中虚　　☵ 坎中满

☱ 兑上缺　　☴ 巽下断

分宫卦象次序歌

乾为天， 天风姤， 天山遁， 天地否，

风地观， 山地剥， 火地晋， 火天大有。

坎为水， 水泽节， 水雷屯， 水火既济，

泽火革， 雷火丰， 地火明夷，地水师。

艮为山， 山火贲， 山天大畜，山泽损，

火泽睽， 天泽履， 风泽中孚，风山渐。

震为雷， 雷地豫， 雷水解， 雷风恒，

地风升， 水风井， 泽风大过，泽雷随。

巽为风， 风天小畜，风火家人，风雷益，

天雷无妄，火雷噬嗑，山雷颐， 山风蛊。

离为火， 火山旅， 火风鼎， 火水未济，

山水蒙， 风水涣， 天水讼， 天火同人。

坤为地， 地雷复， 地泽临， 地天泰，

雷天大壮，泽天夬， 水天需， 水地比。

兑为泽， 泽水困， 泽地萃， 泽山咸，

水山蹇， 地山谦， 雷山小过，雷泽归妹。

上下经卦名次序歌

乾坤屯蒙需讼师， 比小畜兮履泰否。

同人大有谦豫随， 蛊临观兮噬嗑贲。

剥复无妄大畜颐， 大过坎离三十备。

咸恒遁兮及大壮，　　　晋与明夷家人睽。

蹇解损益夬姤萃，　　　升困井革鼎震继。

艮渐归妹丰旅巽，　　　兑涣节兮中孚至。

小过既济兼未济，　　　是为下经三十四。

上下经卦变歌

讼（䜣）自遁（䷠）变泰（䷊）归妹（䷵）

否（䷋）从渐（䷴）来随（䷐）三位（䷵䷞䷐）

首困（䷮）噬嗑（䷔）未济（䷿）兼

蛊（䷑）三变贲（䷕）井（䷯）既济（䷾）

噬嗑（䷔）六五本益（䷩）生

贲（䷕）原於损（䷨）既济（䷾）会

无妄（䷘）讼（䜣）来大畜（䷙）需（䷄）

咸（䷞）旅（䷷）恒（䷟）丰（䷶）皆疑似

晋（䷢）从观（䷓）更睽（䷢䷓䷥䷥）有三

离（䷝）与中孚（䷼）家人（䷤）系

蹇（䷦）利西南小过（䷽）来

解（䷧）升（䷭）二卦相为赘

鼎（䷱）由巽（䷸）变渐（䷴）涣（䷺）旅（䷷）

涣（䷺）自渐（䷴）来终於是

周易图目

河图图　洛书图　伏羲八卦次序图　伏羲八卦方位图　伏羲六十四卦次序图　伏羲六十四卦方位图　文王八卦次序图　文王八卦方位图　卦变图

图　说

伏羲时，黄河有神物出，似龙非龙，似马非马，背负天地之文，二七在前，一六在后，三八在左，四九在右，五十居中，是谓河图。唐虞之际，大禹治水功成，洛龟献瑞，背负天地之文，戴九履一，左三右七，二四为肩，六八为足，五十居于中，是谓洛书。河图出，伏羲以之画卦；洛书出，大禹、箕子以衍九畴；文王以演周易。卦既画，而神州之文明始开，九畴序，而皇极以立，治道以兴；周易作，而天地万物之情见，以之穷理尽性，以至于命，而圣贤可学而至矣。河图洛书，实为先圣作易之本原，妙蕴无穷，最宜深玩。

朱子曰："系辞传曰：'河出图，洛出书，圣人则之'。又曰：'天一、地二、天三、地四、天五、地六、天七、地八、天九、地十。天数五、地数五、五位相得而各有合，天数二十有五，地数三十，凡天地之数，五十有五，此所以成变化而行鬼神也。'此河图之数也。"

河　图

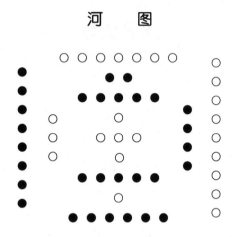

河图之数五十有五，分布于东西南北中，而阴阳奇偶自然相对，以成变化，此天地之文也。一变生水，六化成之，其位在北；二化生火，七变成之，其位在南；三变生木，八化成之，其位在东；四化生金，九变成之，其位在西；五变生土，十化成之，位居于中，所谓阳变阴合，而生水火木金土也。伏羲仰观俯察，已见阴阳有奇偶之数矣，及观河图之数，见其奇偶相对，阴阳互根而成文，然后于阴阳之奇偶豁然无疑，于是画一（▬）奇以象阳，画一（▬▬）偶以象阴，由是奇偶相生，刚柔相摩而为八卦，八卦相荡，而为六十四卦，遂成包牺氏之易。今观河图之文，奇偶相得，而阴阳对立，两仪之象也。一、二、三、四、五，五行之生数也，六、七、八、九、十，五行之成数也，播五行于四时，而土寄王于其中，无有定位，故成数不用十，只用七、八、九、六。而七为少阳，八为少阴，九为老阳，六为老阴，四象之数也。南方七为阳，二为阴，紧承土之成数十，两阴在上，一阳在下形成（☳）卦。反之则为（☶）卦。东方八为阴，三为阳，上承中土之生阳，形成（☱）卦，反之则为（☴）卦。北方六为阴，一为阳，上接土之成数阴，则中间一阳陷于上下阴之间，形成（☵）卦。西方九为阳，四为阴，上承中土之阳，则一阴附丽于上下阳之间，形成（☲）卦。乾坤为易之门，而一、三、五、七、九天数为乾，二、四、六、八、十地数为坤。乾兑离震，巽坎艮坤，是谓八卦，而其象具于河图之中。伏羲观图以画卦，文王演易系象辞，周公观象系爻辞，孔子作十翼以赞之，而天地万物之情见，开物成务之教著，天地人三才之道，见于爻象之间矣。因知河图之出，天所以启斯文也。

洛 书

本义曰："洛书盖取龟象，故其数戴九、履一、左三、右七、二四为肩，六八为足。"

蔡元定曰："洛书之象，自汉孔安国、刘歆，魏关朗子明，有宋康节先生邵雍尧夫皆谓如此。至刘牧始两易其名，而诸家因之。故今复之，悉从其旧。"

居安先生张绍价范卿先师云："宽厚人须有断制，始不流于姑息，此金克木之义也。聪明人须要诚实，方不入于变诈，此土克水之义也。"即此可悟洛书相克之义。

河图之文，顺行相生；洛书之文，逆行相克。河图之数，三八木生二七火，火生五十土，土生四九金，金生一六水，水生三八木。洛书之数，北方一六水，克二七火，火克四九金，金克三八木，木克中五土，土克一六水，是逆转相克也。相生则生机延续，生生不息，故永世无穷。相克则相互制约，互相为用，乃所以相成。盖不生则生机灭息而无续，不克则太过无制而相害。故河图顺行相生，以示生生不息之仁，洛书逆行相克，以示范围裁成之义。观图书之文，可以悟仁义之全体大用，而知所以修己治人之道矣。

五经大全曰：圣人于河图也，虚其中十五以为太极，阳数一、三、七、九合为二十，阴数二、四、六、八，合之亦二十，两仪象也。太阳居一连九，少阴居二连八，少阳居三连七，太阴居四连六，四象也。折四方之合，以为乾坤坎离，补四隅之空，以为巽震兑艮，八卦象也。

圣人之于洛书也，虚其中五以象太极。一、九、三、七合为二十而居正，二八四六合为二十而居隅，两仪象也。四正以为坎离震兑，四隅以为乾坤艮巽，何莫非造化之自然者哉！

伏羲六十四卦次序图

前八卦次序图，即系辞传所谓八卦成列者，此图即其所谓因而重之者也。故下三画，即前图之八卦，上三画，则各以其序重之，而下卦因亦各衍而为八也。若逐爻渐生，则邵子所谓八分为十六，十六分为三十二，三十二分为六十四者，尤见法象自然之妙也。

坤	艮	坎	巽	震	离	兑	乾
阴	太	阳	少	阴	少	阳	太
		阴				阳	
				大			
				极			

六十四卦（自右至左，每卦下卦为八卦，上卦各以其序重之）：

- 乾：乾 夬 大有 大壮 小畜 需 大畜 泰
- 兑：履 兑 睽 归妹 中孚 节 损 临
- 离：同人 革 离 丰 家人 既济 贲 明夷
- 震：无妄 随 噬嗑 震 益 屯 颐 复
- 巽：姤 大过 鼎 恒 巽 井 蛊 升
- 坎：讼 困 未济 解 涣 坎 蒙 师
- 艮：遁 咸 旅 小过 渐 蹇 艮 谦
- 坤：否 萃 晋 豫 观 比 剥 坤

伏羲六十四卦次序图

卦变图

象传或以卦变为说，今作此图以明之。盖《易》中之一义，非尽卦作《易》之本指也。

凡三阴三阳之卦各二十，皆自泰、否而来

泰 归妹 节 丰 既济 随 恒 井 困 咸 渐 旅 涣 未济 益 噬嗑 贲 损

损
贲 噬嗑
蛊 未济 旅
咸
困 井
随 既济 节
丰 归妹 泰
益
涣 渐
恒
否

凡二阴二阳之卦各十有五，皆自临、遁而来（四阴四阳，卦同图异）

大壮 需 兑 革 大过 观 晋 艮 蒙 颐

大畜
睽 离 鼎 巽
中孚
无妄 讼
遁
小畜 家人

凡一阴一阳之卦各六，皆从复、姤而来（五阴五阳，卦同图异）

夬 剥 比 大有 小畜 豫 谦 履 同人 师 复 姤

比
大有 小畜 豫
小过 坎 震
履 谦
明夷 解
师
升
同人 临
复

凡五阳之卦各六，皆自夬、剥而来（一阴一阳，图已见前）

复 师 谦 豫 比 姤 同人 履 小畜 大有 夬

剥

凡四阴四阳之卦各十有五，皆自临、遁而来

临 明夷 震 屯 升 解 坎 小过 蹇 萃 遁 讼 巽 鼎 无妄 家人 离 中孚 睽

颐 蒙 艮 晋

观

凡四阴四阳之卦各十有五，皆自大壮、观而来（二阴二阳，图已见前）

大畜 需 兑 大壮

革

大过

兑 大壮

上易之图九，有天地自然之易，有伏羲之易，有文王周公之易，有孔子之易。自伏羲以上，皆无文字，只有图画，最宜深玩，可见作易本原精微之意。文王以下，方有文字，即今之周易。然读者亦宜各就本文消息，不可便以孔子之说，为文王之说也。

伏羲八卦次序图

八	七	六	五	四	三	二	一
坤	艮	坎	巽	震	离	兑	乾
阴	太	阳	少	阴	少	阳	太
阴				阳			
太　极							

系辞传曰："易有太极，是生两仪，两仪生四象，四象生八卦。"邵子曰："一分为二，二分为四，四分为八也。"说卦传曰："易逆数也。"邵子曰："乾一、兑二、离三、震四、巽五、坎六、艮七、坤八，自乾至坤，皆得未生之卦，若逆推四时之比也。后六十四卦次序仿此。"

伏羲八卦方位图

（图：乾一、兑二、离三、震四、巽五、坎六、艮七、坤八 八卦方位图）

说卦传曰："天地定位，山泽通气，雷风相薄，水火不相射，八卦相错。数往者顺，知来者逆。"邵子曰："乾南，坤北，离东，坎西，震东北，兑东南，巽西南，艮西北。自震至乾为顺，自巽至坤为逆。后六十四卦方位仿此。"

天地风雷水火山泽八者，为造化发育之具，万物之所自出也。伏羲画八卦，以象造物之情状，使人观而玩之，以默识天地神化之妙，而知人物之所从来，思有以全其性而践其形也。有天地，然后有万物，而山泽通气，雷风相薄，水火不相射，以成天地生物之功，周子所谓乾道成男，坤道成女，二气交感，化生万物也。震为雷为电，乃天地之生机，万物所资以发生者也。巽为风为气，万物以之呼吸充体，以延续生命者也。坎为水，为雨露，离为火为日，雨以润之，日以暄之，以生成万物者也。兑为泽，为海洋，艮为山，为陆地，山泽海陆者，生物生息之所也。八卦者造化发育之具，伏羲画之以垂教，遂开神州文明之先也。

伏羲六十四卦方位图

朱子曰："伏羲四图，其说皆出邵氏，盖邵氏得之李子才挺之，挺之得之穆修伯长，伯长得之华山希夷先生陈抟图南者，所谓先天之学也。此圆图布者乾尽午中，坤尽子中，离尽卯中，坎尽酉中，阳生于子中，极于午中，阴生于午中，极于子中，其阳在南，其阴在北。方布者，乾始于西北，坤尽于东南，其阳在北，其阴在南。此二者，阴阳对待之数，圆于外者为阳，方于中者为阴；圆者动而为天，方者静而为地者也。"

文王八卦次序图

坤　　　　　　　　　乾
母　　　　　　　　　父

兑　　　　　　　　　艮
离　　　　　　　　　坎
巽　　　　　　　　　震

兑少女	离中女	巽长女	艮少男	坎中男	震长男
得坤上爻	得坤中爻	得坤初爻	得乾上爻	得乾中爻	得乾初爻

　　周子曰："无极之真，二五之精，妙合而凝。乾道成男，坤道成女。二气交感，化生万物，万物生生，而变化无穷焉。"邵子曰："此文王八卦，乃人用之位，后天之学也。"

文王八卦方位图

诗云　一数坎兑二数坤

三震四巽数分中

五寄中宫六乾是

七兑八艮九离门

洛书之文，阳居四正，阴居四隅，居四正者，当时用事，居四隅者，或自退处，或为从属，此乾坤六子之位，所由定也。老阳老阴，既老不能勤于事，故退处以任使子女；震为长男主家政，而长女少男左右辅相之，以成其事；中男少女左右奉养老父，以遵其道；中少二女左右孝养老母，以承其教。西北险阻，诸阳居之以济险，东南平易，诸阴居之以育物，此文王八卦之位所由分也。

筮　　仪

择地洁处为蓍室，南户，置床于室中央。

床大约长五尺，广三尺，毋太近壁。

蓍五十茎，韬以纁帛，贮以皂囊，纳之椟中，置于床北。

椟以竹筒或坚木，或布漆为之，圆径三寸，如蓍之长，半为底半为盖，下别为台函之，使不偃仆。

设木格于椟南，居床二分之北。

格以横木板为之，高一尺，长竟床，当中为两大刻，相距一尺，大刻之西，为三小刻，相距各五寸许，下施横足，侧立案上。

置香炉一于格南，香合一于炉南，日炷香致敬。将筮，则洒扫拂拭，涤砚一、注水、及笔一、墨一、黄漆板一于炉东上。筮者齐洁衣冠北面，盥手焚香致敬。

筮者北面，见仪礼。若使人筮，则主人焚香毕，少退，北面立。筮者进，立于床前少西，南向受命，主人直述所占之事，筮者许诺，主人左还西向立，筮者左还北向立。

两手捧椟盖，置于格南炉北，出蓍于椟，去囊解韬，置于椟东，合五十策，两手执之，熏于炉上。

此后所用蓍策之数，其说并见启蒙。

命之曰：假尔泰筮有常，假尔泰筮有常，某官姓名，今以某事云云，未知可否？爰质所疑于神于灵，吉凶得失，悔吝忧虞，惟尔有神，尚明告之。乃以右手取其一策，反于椟中，而以左右手中分四十九策，置格之左右两大刻。

此第一营，所谓分而为二以象两者也。

次以左手取左大刻之策执之，而以右手取右大刻之一策，挂于左手之小指间。

此第二营，所谓挂一以象三者也。

次以右手四揲左手之策。

揲（shé）：分成份儿，此第三营，每四策为一份，所谓揲之以四，以象四时者也，最末一份为余策。

次归其所余之策或一、或二、或三、或四，而扐之左手无名指之间。

此第三营之半，所谓归奇于扐以象闰者也。

次以右手反过揲之策于左大刻，遂取右大刻之策执之，而以左手四揲之。

此第四营。四分右大刻之策而求其余策。

次归其所余之策如前，而扐之左手中指之间。

此第四营之半，所谓再扐以象再闰者也。一变所余之策，左一则右必三，左二则右亦二，左三则右必一，左四则右亦四，通挂一之策，不五则九。五以一其四而为奇，九以两其四而为偶，奇者三，而偶者一也。

次以右手反过揲之策于右大刻。而合左手一挂二扐之策，置于格上第一小刻。

以东为上，后仿此。

是为一变。再以两手取左右大刻之蓍合之。

或四十四策，或四十策。

复四营如第一变之仪，而置其挂扐之策于格上第二小刻。是
为二变。

复、反复。营、运营。二变所余之策，左一则右必二，左二则
右必一，左三则右必四，左四则右必三，通挂一之策，不四则八。
四以一其四而为奇，八以两其四而为偶，奇偶各得四之二焉。

又再取左右大刻之蓍合之。

或四十策，或三十六策，或三十二策。

复四营如第二变之仪，而置其挂扐之策于格上第三小刻，是
为三变。

三变余策，与二变同。

三变既毕，乃视其三变挂扐过揲之策，而画其爻于版。

挂扐之数，五、四为奇，九、八为偶，挂扐三奇，合十三策，则过揲三十六策，而为老阳。其画为□，所谓重也。挂扐两奇一偶，合十七策，则过揲三十二策而为少阴，其画为"－－"，所谓拆也。挂扐两偶一奇，合二十一策，则过揲二十八策而为少阳，其画为"─"，所谓单也。挂扐三偶，合二十五策，则过揲二十四策，而为老阴，其画为"×"，所谓交也。

如是每三变而成爻。

第一第四第七第十第十三第十六，凡六变并同，但第三变以下不命，而但用四十九蓍耳。第二第五第八第十一第十四第十七，凡六变亦同。第三第六第九第十二第十五第十八，凡六变亦同。

凡十有八变而成卦，乃考其卦之变，而占其事之吉凶。

卦变别有图说，见启蒙。

礼毕，韬蓍，袭之以囊，入椟，加盖，敛笔砚墨版，再焚香致敬而退。

如使人筮，则主人焚香，揖筮者而退。

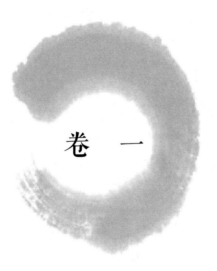

卷　一

上　经

　　周易者，周之文王与周公按伏羲所画之卦与爻，而系以象象之辞，以明卦爻之吉凶；使人观象玩辞，观变玩占以趋吉避凶者也。以其辞系于周，故称周易。第以简帙重大，故分为上下两篇，上篇三十卦为上经，下篇三十四卦为下经，并孔子所作之传十篇，凡十二篇。今为学者便于诵习，遂分附彖传、象传、大象、文言于经文之下，其余六篇合为一卷，并上下经凡三卷。

　　☰乾上　乾
　　☰乾下

　　乾：元，亨，利，贞。

　　本义曰："六画者，伏羲所画之卦也。""—"，奇也，阳之数也。乾者健也，阳之性也。本注乾字，三画卦之名也；下乾内卦也，上者外卦也。经文乾字，六画卦之名也。伏羲仰观俯察，见阴阳有奇偶之数，故画一奇以象阳，画一偶以象阴。见一阴一阳有各生一阴一阳之象，故自下而上，再倍而三，以成八卦。见阳之性健，而其成形之大者为天；故三奇之卦，名之曰乾，而拟之于天也。三画已具，八卦已成，则又三倍其画，以成六画，则拟于八卦之上各加八卦，以成六十四卦也。此卦六画皆奇，上下皆乾，则阳之纯而健之至也。故乾之名，天之象，皆不易焉。**元亨利贞，文王所系之辞，以断一卦之吉凶，所谓彖辞者也**。元，大也；亨，通也；利，宜也；贞，正而固也。文王以为乾道大通而至正，故于筮得此卦而六爻皆不变者，言其占当得大通，而必利在正固，然后可以保其终也，此圣人所以作易，教人卜筮，而可以开物成务之精义，余卦仿此。

本义解经之辞义，即所谓文王之易也。孔子盖以为天之生物，四时行，百物生，而元为生物之始，亨为生物之通，利为生物之遂，贞为生物之成，故以元亨利贞为乾之四德。乾，健也，健则不息，故四德由元而亨、而利、而贞。始则有终，终而复始，如环无端，无有止息也。惟其无息，而乾之健，更为昭著矣。中庸曰："诗云'维天之命，於穆不已'，盖曰天之所以为天也。'於乎不显，文王之德之纯。'盖曰文王之所以为文也，纯亦不已"。是以元亨利贞健运不已，而乾之所以为乾可知矣。学者观乾之象，而玩其辞，则道体可识，而作圣之功，可于此取法矣。

象曰：大哉乾元，万物资始，乃统天。

此夫子释经之辞（象传—孔子著），而赞乾之元也。乾元天德之大始，万物资之以为始者也。始则有终，元亨利贞，乃天德之始终，而悉统于元，由元而亨而利而贞，周而复始，而天之生物之功，无有已时，此乾元所以统天也。

云行雨施，品物流形。

此释乾之亨也。地气上为云，天气下为雨，天地气交，云行雨施，万物被其滋养，流露形迹，此时雨之化，品物所资以长养壮大者也。

大明终始，六位时成，时乘六龙以御天。

此言学易法天之事也。圣人观乾之象而玩元亨利贞之辞，则知天德至刚，健而不息，贞下起元，终则有始。大明终始，乃见卦之六位，各以其时而成潜、见、惕、跃、飞、亢之六龙，因自审其所居之时与地，乘此六龙以运用天道，而不失其经纶参赞之时焉，乃圣人之元亨也。

乾道变化，各正性命，保和太和乃利贞。

此释乾之利贞也。本义曰："变者化之渐，化者变之成，物所受为性，天所赋为命，太和，阴阳会和冲和之气也。各正者，得于有生之初；保和者，全于已生之后。此言乾道变化，无所不利，而万物各得其性命以自全，以释利贞之义也。"

变者化之渐，言量变也，其变渐以微，时时在变而未易察也。

化者变之成，言质变也，突尔而化，迥异于昔也。乾元始物，非能遽而成形也。由无形渐至于有形，其间须经历无数岁月，及其即化，则形定矣。万物之生，由二气、五行之精气聚合而成形，而元亨利贞，乃乾始所以大生之理，周子所谓无极之真也。无此则阴阳五行之气，懥忒不定，而不能以生物矣。此有生之类所以无不禀受此理，而各正性命也。保和太和，物之所以自成，有性命而不知保和太和，则无以自全，而生理或几乎息矣。罔之生也幸而免，圣人之言，为禁深矣。夫人生而不得贤师友以教育而辅导之，能自知保和太和以自全者盖寡矣，可慨也夫。

首出庶物，万国咸宁。

此言圣人之利贞也。圣人首出庶物，经纶天下，犹乾道之变化也，圣化所及，人人自新，渐至九族既睦，百姓昭明，万邦协和，黎民於变时雍，则万国各得其所而咸宁，犹万物各正性命而保和太和也。

象曰：天行健，君子以自强不息。

此夫子观乾之象而取法乎天行（大象—孔子著），示人以希天之学也。天体之行，无所止息，乃乾之象而健之至也，君子法之，不以人欲害其天德之刚，而天理流行，如川流之不舍昼夜，则其自强不息，一如天之健行也。

周易卦解（2015 年修订版）

初九，潜龙，勿用。

此周公所系之辞，以断一爻之吉凶，所谓爻辞者也。初九者，卦下阳爻之名。凡画卦者自下而上，故以下爻为初。阳数九为老，七为少，老变而少不变，故谓阳爻为九，以动则观其变而玩其占故也。故凡筮得乾卦而初爻变者，既为初九，当观其象而玩其占也。乾卦六爻皆阳，天之体也。天道善变而莫测，故乾之六爻，皆取象于龙，以龙为阳物而善变故也。初九居卦之下，如龙之在渊，隐而未见，故其象为潜龙。有龙德而未见知于世，处在侧陋，未可施用，故其占曰勿用。

九二，见龙在田，利见大人。

二谓自下而上第二爻也，后仿此。九二出潜离隐，为见龙在田之象，其德刚健而中，足以辅世长民，身虽在田，而德泽及于物，物所利见，此大人之德也。孟子曰："君子居是国也，其君用之则安富尊荣，其子弟从之则孝弟忠信。"正谓大人之德及于民，人所利见也。本义曰："此以爻与占者相为宾主，自为一例，若有见龙之德，则为利见九五在上之大人矣。"

九三，君子终日乾乾，夕惕若，厉，无咎。

九，阳爻；三，阳位。以九居三，重刚不中，居下之上，乃危地也，安得无咎，然在乾体，龙德善变，故能资其刚健之性，终日乾乾不息于诚，至夕犹警惕不懈，日夜忧勤惕厉，以进德修业，则在彼无恶，在此无戰；故虽处危地而亦无咎也。

九四，或跃在渊，无咎。

九四以阳处阴，刚而能柔，居上之下，又当改革之时，进退未定，有待拟议，故或之，或之者，疑之也。或跃或在渊，惟欲及时，进退无恒，义之与比，仕止久速，不失其时，故无咎。

九五，飞龙在天，利见大人。

九五阳刚中正以居尊位，为圣人在天子之位，以行其道于天下，而民莫不仰其德。犹如飞龙在天，兴云致雨，以润泽下土，故其象为飞龙在天；而其占为利见大人。盖大德之君，天下所利见，而圣天子在上，又利见夫在下之大人，以共成巍巍之功也。

上九，亢龙有悔。

九既阳刚，又居乾卦之终，刚之极，亢之至，过于上而不能自下者也，故其象为亢龙，亢极则复，刚极则折，危势已成，能无悔乎？惟圣人为能随时处中，位愈高而德愈恭，必不至于亢而有悔也。

用九，见群龙无首，吉。

用九用六，为揲蓍筮卦之凡例。故阳爻皆用九，阴爻皆用六。所以不用七八者，则以占用其变，而少阴少阳不变故也。凡筮得乾卦而六爻皆变者，谓之用九，阳变为阴而成乾之坤，故为群龙无首之象。六爻既变，刚而能柔，吉之道也。

象曰：潜龙勿用，阳在下也。

此以下皆夫子之言，以释象辞也（象传—孔子著），阳谓九，在下谓潜。阳处于下，为圣人处微之象，故未可施用也。

见龙在田，德施普也。

龙见地上，虽未飞跃而泽已及物，如圣人虽不在君相之位，而至诚动人，所过者化，其德施已普于物也。

终日乾乾，反复道也。

反复，重复践履之意。君子于子臣弟友之道，反复践履，终日乾乾，忧勤惕惧，未敢或懈也。

或跃在渊，进无咎也。

时虽可进而犹疑之，不轻于进也，审慎如此，是以其进无咎也。

飞龙在天，大人造也。

造，犹作也，飞龙在天，兴云雨以利天下，如圣人作而在君位，施仁政平治天下，而泽及万国也。

亢龙有悔，盈不可久也。

亢龙何以有悔？为其盈也，日中则昃，月盈则食，盈则人恶之，鬼神害之，变生不测，如何能久也。

用九，天德不可为首也。

天德纯刚，不可以为物先，故用九为乾之六爻皆变，刚而能柔，如群龙之无首乃吉也。盖阴阳相资，刚柔相济，则相反相承，若以刚用刚，则遇事不暇深思，而率意为之，其过必多，故当济之以柔，如群龙之无首则吉也。

文言曰：元者，善之长也；亨者，嘉之会也；利者，义之和也；贞者，事之干也。

此夫子以文言引申象传之义，以尽乾坤二卦之蕴，而示人以学易之道也（文言—孔子著）。举此二卦以为例，余卦可类推矣。乾元为天德之大始，统天之始终，而为善之长也。元亨利贞，乾之四德。元者，生物之始；亨者，生物之通；利者，生物之遂；贞者，生物之成。始于元而终于贞也。乾之四德，无有不善，而元为之始，故为善之长也。物之生长，至于亨通之时，则无不嘉美，故曰：嘉之会也。利者宜也，物生既遂，各得其宜，不相妨害，则是义之和，而无不利也。贞者，正而固也，物生既成，实理备具，历尽风霜冰雪，而生机益强；一旦怒发，金石为破；此谓贞下起元，而为众事之干也。此申言乾之四德也。

君子体仁，足以长人；嘉会，足以合礼；利物，足以合义；贞固，足以干事。君子行此四德者，故曰：乾，元亨利贞。

本义曰："以仁为体，则无一物不在所爱之中，故足以长人，嘉其所会，则无不合礼，使物各得其所利，则义无不和。贞固者，知正之所在而固守之，所谓知而弗去者也，固足以为事之干。"君子体仁，故爱人如己，视民如伤，至诚恻隐之心，不能自己。凡所以为民物谋者，无不尽其仁爱之诚，故足以长人。君子之道，礼义三百，威仪三千，动容周旋中礼，嘉美会于一身，所谓嘉会足以合礼也。君子之于民也，制其田里，教之树畜，导之老老、长长、幼幼，使天下之人，各得其分之所愿，所谓利物足以合义也。大人者，正己而物正者也，己正物正事事不离乎正，此之谓贞固。是故己身正，则身修而后家齐。邦国天下正，则国治而天下平。此内圣外王之事，而贞固实为之干也。元亨利贞，乾之四德，则天而天矣；君子体而行之，与天同德，则人而天矣。故曰：乾，元亨利贞。

初九曰："潜龙勿用"何谓也？子曰："龙德而隐者也。不易乎世，不成乎名；遁世无闷，不见是而无闷；乐则行之，忧则违之；确乎其不可拔，潜龙也。"

龙德而隐，谓圣人在下，而世莫之知也，不易乎世，言不为浊世所移也，举世昏迷，独己醒醒，世弃伦常，己必讲明，人灭礼义己独遵行，此之谓不易乎世也。隐而未见，行而未成，故不成乎名。遁世无闷，不见是而无闷，即中庸所谓遁世不见知而不悔也。道之将行，君子所乐也，则出而行之；道之将废，君子所忧也，则违而去之，行止必由乎道，确然坚守，举世莫能夺其志，潜龙之德也。遁世无闷，非忘世也，其悲天闵人之意，未尝一息忘怀。是以乐则行之，初非有心于潜也，不易乎世，不以世变而改其节也，忧则违之，不见是而无闷，虽举世非之，亦不恤也。

九二曰："见龙在田，利见大人。"何谓也？子曰："龙德而中正者也。庸言之信，庸行之谨，闲邪存其诚，善世而不伐，德博而化。易曰：'见龙在田，利见大人。'君德也。"

九二龙德中正，常言亦信，常行亦谨，其于子臣弟友之道，尽其诚心，犹以为未能，故其德有进而无已。闲邪存其诚，视听言动，罔有非礼，则其诚自存。善世而不伐，谓圣人之行，为法于天下，可传于后世，其盛德熏陶，四海风动，而自视阙如，犹恐不可以为人，岂知有可伐者乎？德博而化者，正己而物正，所过者化所存者神，不假尊位，而厥施斯普，是以身虽在田，而君德已著，物所利见，此九二之所以为大人也。

九三曰："君子终日乾乾，夕惕若，厉无咎。"何谓也？子曰："君子进德修业，忠信所以进德也。修辞立其诚，所以居业也。知至至之，可与几也。知终终之，可与存义也。是故居上位而不骄，在下位而不忧，故乾乾，因其时而惕，虽危无咎矣。"

终日乾乾，君子所以进德修业也，内积忠信，主于心者，无一念之不诚，所以进德也。择言笃志，见于外者，无一言之不实，所以居业也。知德之进，以忠信为至，而日进以至之；至诚如神，故可与几；几者动之微，吉凶之先见者也。一念初萌，鬼神莫如，而己独知之；于是自省自验，至于无一念之不诚，则忠信为主，而德日进矣。知业之所修，以诚为终，而力行以终之，则言无不实，行无不中，可与存义矣。进德修业以主忠信立诚为工夫，亦以为本体，此悠远、博厚、高明之德，所以必由至诚无息以致之也。

九四曰："或跃在渊，无咎。"何谓也？子曰："上下无常，非为邪也。进退无恒，非离群也。君子进德修业，欲及时也，故无咎。"

本义曰："内卦以德学言，外卦以时位言，进德修业，九三备矣，此则欲其及时而进也。"九四居上卦之下，当改革之际，进退未定之时也，故有或跃在渊之象。或跃者，其跃与否，无意必也。其所以上下无常，进退无恒，初非为邪而离群也。盖以时可进，而不急于进，将以自试其行之通塞，以为进退，故或之也。君子进德修业，欲及时以行其道于天下，故其出处进退，无适无莫，义之与比，其慎于进如此，故无咎也。

九五曰："飞龙在天，利见大人。"何谓也？子曰："同声相应，同气相求；水流湿，火就燥；云从龙，风从虎。圣人作而万物睹；本乎天者亲上，本乎地者亲下，则各从其类也。"

本义曰："作，起也；物，犹人也；睹，释利见之意也。本乎天者，谓动物，本乎地者谓植物，物各从其类也。圣人，人类之首也，故兴起于上，则人皆见之。"九五阳刚中正，以居尊位，首出庶物，君临天下，为政以德，四海向风，如水之流湿，火之就燥，风云之从龙虎，此则同声相应，同气相求之理，自然而然者也。夫龙，水族也，水气上为云，龙飞则云兴，云从龙也。虎居于岗，风发于陵，虎啸风生，风从虎也。人与鸟兽虫鱼因乎气，本乎天者亲上也。百谷草木丽乎土，本乎地者亲下也。万物各从其类，是以圣人作而万物睹也。子贡曰："夫子之得邦家者，所谓立之斯立，导之斯行，绥之斯来，动之斯和。"其过化存神之妙，有非思议所能及者，此则圣人既作，四海归心，而天下之民，安得不尊亲而瞻仰之也。

上九曰："亢龙有悔。"何谓也？子曰："贵而无位，高而无民，贤人在下位而无辅，是以动而有悔也。"

上九以刚居乾卦之终，过高志满而不能恭俭礼下，求贤以自辅，遂至孤高无助如此，是不知进退从亡之道也。上之亢，时位使然也，虽有龙德，亢则有悔，孤高者危，志满人离，能无悔乎？惟圣人能知进退存亡而不失其正，必不至自亢以致悔。若为时位移其志，则不得为圣人矣。是以无位、无民、无辅，第就爻象言之，以为戒耳，非谓圣人亦不免于亢也。本义曰："此第二节，申象传之义"。

潜龙勿用，下也。

初九有圣人之德，而潜隐于下，世莫能知，故未可用也。程传曰："此以下，言乾之时。"

见龙在田，时舍也。

时舍者，为时所舍也，未为时用，故在田也。

终日乾乾，行事也。

履行进德修业之事，惟日不足，故终日乾乾，因其时而惕也。

或跃在渊，自试也。

试其行之通塞，以为进退，义之与比，无意无必也。

飞龙在天，上治也。

位乎天位，以治天下也。

亢龙有悔，穷之灾也。

物穷则变，变则通，将穷而不变，以至于极，则灾害生，故
有悔也。

乾元用九，天下治也。

乾卦六爻皆变，刚而用柔，刚柔相济，以治天下，故天下治
也。本义曰："此第三节，再申前义。"

潜龙勿用，阳气潜藏。

阳气谓九，潜藏谓在初，九虽有龙德而潜藏于下，未可施用，故以勿用戒之也。

见龙在田，天下文明。

圣人在田野，而君德已著，德施已普，天下已呈文明之象也。

终日乾乾，与时偕行。

时处危地，身具健德，故能主忠信以进德，修言辞以立诚，而与时偕行，以期无咎，故乾乾因其时而惕，而圣功有进无已矣。

或跃在渊，乾道乃革。

四居上下之际，离下而上，乃乾道变革之时；占得此爻而有此德者，宜顺时为进退，故静处则在渊，或跃而起，则上于天矣。俞琰曰："革者，变也，下乾以终，上乾方始犹天道更端之时也。"

飞龙在天，乃位乎天德。

飞龙在天，以形容圣人在天子之位也，天德即天位，不曰位乎天位而曰天德者，以明天子之位，惟具有天德者居之，无是德则不当居是位也。

亢龙有悔，与时偕极。

居乾之终而位穷于上，其势难反，由识之不早，乃至与时偕极，故有悔也。夫子此语，所以教人者至深切矣。占者得此，宜尊高明柔克之训，以变化气质，使已之德，平康正直，方能不违天则也。

程传曰："或问乾之六爻，皆圣人之事乎？曰：尽其道者圣人也，得失则吉凶存焉，岂特乾哉，诸卦皆然也。"本义曰："此第四节，又申前意。"

乾元用九，乃见天则。

立天之道曰阴与阳，乾卦六爻皆变，刚而用柔，阴阳相济，天之则也。

乾元者，始而亨者也。

乾元，天德之大始，万物资之以为始者也。始则必亨，理势固然，物生则长，莫之能御，此乾道之所以健而无息也。

利贞者，性情也。

物生既成，各正性命，保和太和，乃利贞；故君子体乾道之收敛归藏，以洗心藏秘，而致静养之功，则私意不萌，天德常昭，乃得性情之正。

乾始能以美利利天下，不言所利，大矣哉。

乾之始，即元也。始则必亨，美即亨，利天下，则利也，不言所利者，贞也。乾元、物之大始，由元而亨、而利、而贞，一理统贯始终，终而复始，此所以健而不息也。大矣哉！赞其所利者大也；为其所利者大而普，语言不足以尽之，是故不言，而亦不待言也。

程传曰："乾始之道，能使庶类生成，天下蒙其美利，而不言所利者，盖无所不利，非可指名也。故赞其利之大曰：大矣哉！"

大哉乾乎！刚健中正，纯粹精也。

此赞乾道之大也。乾之所以大，以其德刚、健、中、正，而无一毫阴柔之杂而纯粹；其纯粹又至于精也。学易者能不以人欲害其天德之刚，则天君泰然，百体从令矣。

六爻发挥，旁通情也。

象辞断一卦之吉凶，而爻辞则就各爻之情而发挥之，以旁通其义，而著其开物成务之功，此可见圣人忧天下后世之心也。

时乘六龙，以御天也。云行雨施，天下平也。

六龙既乾之六爻，圣人以其所处之时，乘乾之六龙以运用天道，经纶天下，则万邦协和，黎民变雍，其德泽远被，普及四表，施于庶类，如天之云行雨施，而天下平也。本义曰："此第五节，复申首章之意。"

君子以成德为行，日可见之行也。潜之为言也，隐而未见，行而未成，是以君子弗用也。

未成犹未著也，初九德为圣人身在草芥隐居以求其志，其德行才美未见于世，而世莫能知，未可施用，是以君子弗用也。

君子学以聚之，问以辨之，宽以居之，仁以行之，易曰："见龙在田，利见大人，君德也。"

君子谓九二也，之：指事物之理，乾之四德而言也。虽有生知之资，而无勤学好问笃行之功，则不能以造其极。故君子博学以聚天下之理，而观其会通；好问以辨天下之言行，而别其善恶；宽以居之，以立天下之大本；仁以行之，以履天下之达道。是以龙德中正，德施斯普，身虽在田，而君德已著，天下所利见也。

无天地之量则无以居乾之四德，故曰：宽以居之，由仁义行，非行仁义也，故曰仁以行之。

九三重刚而不中，上不在天，下不在田。故乾乾因其时而惕，虽危无咎矣。

九三以阳爻居阳位，是重刚也。卦之六爻，惟二五为得中，三则不中矣。居上之下，未至于天，无天子之尊。在下之上，已离于田，有臣子之职，以重刚不中之资而居此，其危甚矣！然九三龙德也，神于变化，而不为气禀所拘，能乾乾因其时而惕，进德修业，有进无已，是以居危地而无咎也。

九四重刚而不中，上不在天，下不在田，中不在人，故或之。或之者，疑之也，故无咎。

九四非重刚，重字疑衍。以九居四，刚而用柔，又处变革之际，进退未定者也。四处人位，而言不在人者，以其在更端之际，动而将跃，既跃则不在人矣。将跃未跃之时，则上下中皆非所在，能无疑乎？故或之也。惟其疑之深，是以虑之熟而处之当，仕止久速，不失其时，故无咎也。

夫大人者，与天地合其德，与日月合其明，与四时合其序，

与鬼神合其吉凶。先天而天弗违，后天而奉天时。天且弗违，而
况于人乎？况于鬼神乎？

程传曰："大人与天地日月四时鬼神合者，合乎道也。天地者
道也，鬼神者造化之迹也。"本义曰："人与天地鬼神，本无二理，
特以蔽于有我之私，是以梏于形体而不能相通。大人无私，以道
为体，曾何彼此先后之可言哉！先天弗违，谓意之所为，默与道
契。后天奉天，谓知理如此，奉而行之"。

人与天地鬼神，气相通，理相同，本无间也；特以蔽于有我
之私，而不能相通耳。大人以道为体，故与天地之德，日月之明，
四时之序，鬼神之吉凶，无不合也。与天地合其德者，亲亲而仁
民，仁民而爱物；如天地之无不持载，无不覆帱也。与日月合其
明者，光被四表，格于上下，如日月之代明，上下四方，无所不
照也。与四时合其序者，仁义礼智根于心，见于事业，万事以理，
万物以安，犹天之四时行，百物生也。与鬼神合其吉凶者，礼乐
刑政，生杀予夺，质诸鬼神而无疑也。先天弗违，后天奉天，天
且弗违，人与鬼神又焉能违之，是以圣人作而万物睹也。学易者
必尽去其有我之私，使其所以梏我形气，而不得与天地日月四时
鬼神相通者荡然无存，庶几与道为体，而有以进于大人也。

亢之为言也，知进而不知退，知存而不知亡，知得而不知丧。

天下之物，无独必有对，进退存亡得丧，犹生之必有死，昼

之必有夜，皆相对也。此阴阳互根之理，自然如此，而万事万物莫不皆然，在人能察知之耳。第知其一，不知其二，是不知阴阳之有对待也。惟其急于进，耽于存而务于得，故不知其相对待者为退为亡，为丧，是以至于亢极而不自知，以至动而有悔也。

其惟圣人乎？知进退存亡而不失其正者，其惟圣人乎？

一阴一阳之谓道，幽明、死生、动静、阖辟、升降、聚散、昼夜、寒暑相推相代，莫非自然，无有存而不亡之理。其象昭然于天地之间，而其数可推而知之，惟明于天之道，而察于物之理，其视进退存亡，得丧，如阴阳之相对待，而不能相无，故能处之不失其正。若为时位所移，至于已亢而不知，则狂悖失道矣。故夫子再言圣人而疑其辞，以明亢龙非圣也。乾卦六爻皆奇，上下皆乾，则是阳之纯，健之至，如天之健行不息，而天命之於穆不已也。故羲卦以乾为天，圣人通权达变，随时处中，可上可下，能见能隐，如神龙之潜见跃飞，随时变化，故六爻皆取象于龙，其占非圣人不足以当之，学易者以圣贤自期，进德修业，自强不息，效六龙之随时处中，以法天行，及至无私，无我，天理流行而不息，亦如乾之元亨利贞，而至诚无息焉，则继往开来之功在斯矣。

本义曰："此第六节，复申第二第三第四节之意"。

䷁ 坤上 坤下 坤

坤：元亨，利牝马之贞。君子有攸往，先迷后得，主利，西南得朋，东北丧朋。安贞吉。

本义曰："（--）者，偶也，阴之数也；坤者顺也，阴之性也。注坤者，三画卦之名也，经坤者，六画卦之名也。阴之成形，莫大于地，此卦三画皆偶，故名坤而象地，重之又得坤焉，则是阴之纯，顺之至，故其名与象，皆不易也。"牝马顺而健行为正，而固守之也，君子有攸往以下，言占得此卦，而六爻皆不变者，当玩其占，以为处事之指针也。先迷后得者，谓阴当从阳，若先于阳，则悖逆迷乱而失道。后于阳而从之，则顺而得常矣。西南为巽离坤兑之方，阴方也，坤之朋类也。东北为乾坎艮震之方，阳之方也。占得坤卦而能顺以从上，则不失坤顺之道而贞吉，反之则凶矣。西南得朋，众阴附也，东北丧朋，亡其朋类，从阳以成化育之功也。众不附则功不成，朋不亡则人不亲，故必与众从阳，而安于顺正则吉也。

程传曰："主利，利万物，则主于坤，生成皆地之功也。臣道亦然，君令臣行，劳于事者，臣之职也。西南阴方，东北阳方，阴必从阳，离丧其朋类，乃能成化育之功，而有安贞之吉。得其常则安，安于常则贞，是以吉也。"本义曰："安，顺之为也；贞，健之守也。"

象曰：至哉！坤元，万物资生，乃顺承天。

此夫子释坤之元也。至，极也，生者形之始也。夫子赞之曰，至哉坤元，万物之所资生，乃顺承天施，以赋形于万类也。

坤厚载物，德合无疆，含弘光大，品物咸亨。

此赞坤之亨也。坤之厚德，无不持载，合于无疆之天矣。而其德之含容，弘伟、光辉、博大，著见于宇宙者，可于品物咸亨见之。因知坤之生物，恩勤备至，而万物蒙其涵育，以生以长乃坤之亨也。

牝马地类，行地无疆，柔顺利贞，君子攸行。

此释利贞也。牝马乃地之类，顺而健行者也。行地无疆，以明坤之承天时，以育万物也。坤之柔顺利贞，终古如斯，乃君子所仪型而奉行者也。

先迷失道，后顺得常，西南得朋，乃与类行，东北丧朋，乃终有庆。

阴以从阳为道，若先于阳，则迷乱失道，后于阳，则顺而得常。西南得朋，是与朋类行也；东北丧朋，从阳以成化育之功，乃终有喜庆也。

安贞之吉，应地无疆。

君子之行，安常贞固，以应地之德合无疆，可以参天地，赞化育，然后动罔不吉矣。

象曰：地势坤，君子以厚德载物。

此君子法坤之学也。地之势高下相承如重坤然，益见其厚也，君子法之以尊贤容众，泛爱民物，可谓善法坤者矣。

初六，履霜，坚冰至。

六，阴爻之名，阳进阴退，故阴之成数，八为少，六为老。老变而少不变。故凡筮得坤卦，而初爻变者，当观其变而玩其占。霜，阴气所结，阴盛则水冻结而为坚冰矣。君子初履霜，即知坚冰之将至，惧夫阴气之积，其势可畏也。而世之养恶成奸与夫积恶不悛者，盖不知祸之将至，而乐其所以亡者也，噫！本义曰："此爻阴始生于下，其端甚微，而其势必盛，故其象如履霜则知坚冰之将至也。夫阴阳者，造化之本，不能相无，而消长有常，亦非人所能损益也。然阳主生，阴主杀，则其类有淑慝之分焉。故圣人作易，与其不能相无者，既以健顺、仁义之属明之，而无所偏主。至其消长之际，淑慝之分，则未尝不致其扶阳抑阴之意也；盖所以参天地，而赞化育者，其旨深矣。不言其占者，谨微之意，已可见于象中矣。"

周易卦解（2015年修订版）

六二，直方大，不习无不利。

六二柔顺中正，得坤道之纯者，故其直方大之德，出于自然，不待学习，而无不利焉。

本义曰："柔顺正固，坤之直也，赋形有定，坤之方也，德合无疆，坤之大也，六二柔顺而中正，又得坤道之纯者，故其德内直外方，而又盛大，不待学习而无不利，占者有其德则其占如是也。"

六三，含章可贞，或从王事，无成，有终。

六，阴爻；三，阳位。以六居三，阴中含阳，含章之象也。内含章美，可贞以守，然居下之上，不终含藏，如或出而从上之事，弗敢成也。居上之下，事无大小，无得专行，惟有顺承上命，以终其事耳。

六四，括囊，无咎，无誉。

坤有囊象，而阴性收敛，括囊之象也。当阴盛之际，群小用事，动辄得咎，而六四以重阴善退，能卷而怀之，闭口不敢言事，故得无咎，又以其无所建白，故亦无誉。盖在天地闭塞之时，君子在野，不得不括囊，以期免于杀戮也。

六五，黄裳，元吉。

黄，中色；裳，下服。六五以阴居尊，其中顺之德，充诸内而见于外，为黄裳之象。谓其居尊位而虑以下人，不敢当尊，如黄裳之在下体，斯其中德内充，而光辉外现，其美益彰。是以卑而不可逾，而有元吉之占也。占者有是德，乃可以当此占，否则辞虽吉，而占亦不应矣。

上六，龙战于野，其血玄黄。

上六处坤之终，阴盛之极，敢与阳争而相战，遂至见血。其血玄黄者，天玄地黄，以见阴阳具伤也。系辞传曰："初辞拟之，卒成之终。"坤卦初六言履霜，示以阴祸之将至也，于上六言龙战，则其祸卒成，竟以戎服相见，所谓履霜坚冰至也。有国家者，可不防微杜渐，弭祸于未然也哉。

用六，利永贞。

人之卜筮，将以观变玩占，以测未来。阴数六为老，八为少，老变而少不变，故用六而不用八，此与乾之用九而不用七同，皆通例也。以坤卦纯阴居首，故特发之，言筮得坤卦，而六爻皆变者，则其占为利永贞。盖以阴柔不能固守，变而为乾，则能固守矣。故筮得坤之乾者，利于永久固守其正也。

象曰：履霜坚冰，阴始凝也，驯致其道，至坚冰也。

按魏志作初六履霜，今当从之。六居坤之初，其象为阴寒之气始凝为霜也。驯，顺习也；致，极也。顺习阴之寒凝，至其盛极，则坚冰至矣。盖当阴气始凝之时，露结为霜，凋伤草木，由此阴气日盛，渐至隆冬盛寒，遍地冰封，而生机或几乎息矣！君子慎微，知阴气之不可以长也，故举直措枉，彰善瘅恶，弭乱孽于将萌，防逆乱于未然，不使小人道长，以祸国殃民也。

六二之动，直以方也，不习无不利，地道光也。

六二得坤道之纯者，故其德如坤焉。是以二之直，即坤之至柔而动刚也。二之方，即坤之至静而德方也。二之大，即坤之含万物而化光也。坤以简能，是以不习无不利，而地道乃光也。《通书》曰："动直则公。"《大学》书曰："君子有絜矩之道。"矩，所以为方也，方则公矣。六二之动则直矣，故其发于事业，大公至正，而使上下四方无有不方矣。其承天而时行，出于本性，是以不待学习，而无不利也。

含章可贞，以时发也，或从王事，知光大也。

知音智，含章可贞，非终藏也，将以待时而发也。或从王事，无成有终者，由于智之光大，明察于事物之理，是以含晦章美，对扬王休，事事奉命而行，无专成也。

括囊无咎，慎不害也。

四居于天地闭塞之时，惝于群小，多忧多惧，惟宜谨言慎行以避祸，不可有所建白以招尤，故必慎密不出，如括囊然，始可以免害矣。

黄裳元吉，文在中也。

文在中，谓其黄裳之文，在于中顺之德，充于内也。六五柔顺而中，秉坤之德，在上位而甘居下体，不敢当尊，则是美在其中，而畅于四肢，成为黄裳之象，故其占元吉也。以黄为裳，正位居体，乃坤道安贞承天之美德，而臣子妻之所当取法而奉行者也。

龙战于野，其道穷也。

龙之战于野，以阴已盛极，敢与阳争也。其道穷，则因辨之不早，制之不力，一任阴气渐长，驯致至于穷极而然也。

用六，永贞，以大终也。

阳大阴小，故坤小而乾大，坤变为乾，则是以大终也。故占得坤卦而六爻皆变者，是谓坤之乾，柔变为刚而有守，故其占为利永贞，而乃以大终也。

文言曰：坤至柔而动也刚，至静而德方。

此赞坤道之直方也。坤道以顺为正，至柔也，而能承天而时行，斯其动亦刚矣。坤体重镇，至静也，虽有沧海桑田，地震山崩之变，然在坤体，则微不足道，故不失其为至静。至其生物不测，万类并育，而赋形有定，各具色形，各有特性，虎豹驴马，其形各殊，犬狐牛犀，其性各异，未见牛变为兕，猴变为猩之事，是其德至方也。

后得主而有常。

程传曰："主下当有利字。"阳先阴后，阳主义，阴主利，后得主利，坤之常也。是故承天以利物，在坤则为有其常矣。

含万物而化光。

此赞坤之大也。含万物而化光，申言含弘光大也。惟其含弘光大，故品物得以咸亨也。

坤道其顺乎？承天而时行。

申言至柔而动刚之义，以明坤道至顺，承天而时行，此所以德合无疆也。

程传曰："坤道至柔，而其动则刚，坤道至静，而其德则方。动刚故应乾不违，德方故生物有常。阴之道不唱而合，故居后为得，而主利成物，坤之常也。含容万类，其功化光大也。承天之施，行不违时，赞坤道之顺也。"本义曰："此以上，申象传之意。"

积善之家，必有余庆，积不善之家，必有余殃。臣弑其君，子弑其父，非一朝一夕之故，其所由来者渐矣，由辨之不早辨也。易曰："履霜坚冰至。"盖言顺也。

顺当作慎，古字通用，此推论初六爻辞也。夫阳善阴恶，进退异趣，阳盛则万物生长，阴盛则万类凋伤。积善之家阳长阴消，父子、兄弟、夫妇，各尽其道，恩义兼尽，子孙受其熏陶，遵其礼法，世济其美，必有余庆矣。积不善之家，伦常乖舛，礼法废弃，家人父子之间，情同陌路，患若贼仇，子孙蹈其覆辙，世济其恶，必有余殃矣。惟是阴阳消长之几，善恶意念之萌，其端甚微，其终则霄壤不侔，要在早辨之耳。彼臣弑其君，子弑其父，岂一朝一夕之故哉！当其恶念初萌，但见其君父有不是处耳，苟不于此时大悟其非，斩绝恶念根株，及至恶恨日积，仇视日甚，则良心枯死，遂视君父如仇敌，一旦凶杀之气一发而不可遏，则弑逆之难作矣。此由君父无知，昧于履霜坚冰之戒；臣子忍心，不念昊天罔极之恩也。呜呼！积善积恶，乃盛衰兴亡之所由分，而履霜之戒，君子所宜深慎也。

直其正也，方其义也。君子敬以直内，义以方外，敬义立而德不孤。直方大，不习无不利，则不疑其所行也。

六二得坤道之纯者，故其德直方而大，如坤之承天安贞，出于性成也。德之直，以其正也，德之方，出于义也。君子敬以直内，义以方外，敬义夹持，则内直外方，德乃盛而不孤矣。德既盛，则无往不利，故不疑其所行也。

程传曰："直言其正也，方言其义也。君子主敬以直其内，守义以方其外。敬立而内直，义形而外方；义形于外，非在外也。敬义既立，其德盛矣。不期大而大矣，德不孤也，无所用而不周，无所施而不利，孰为疑乎？"

阴虽有美，含之以从王事，弗敢成也。地道也，妻道也，臣道也。地道无成，而代有终也。

以六居三，阴中含阳，在下之上，而居坤体，柔顺而有才，足以有为也。故当含晦章美以从王事，事无大小，必奉命而后行，不敢自恃才美，专成其事。此乃地道、妻道、臣道之常。故复申之以地道无成而代有终之义，以明象辞先迷后得之意也。

天地变化，草木蕃；天地闭，贤人隐。易曰："括囊，无咎无誉，"盖言谨也。

天地相交，而变化发育以生物，则草木蕃荣，世运昌盛。天地闭塞，则凛冽肃杀，百物凋残，世乱国危，贤人隐退。生当此时，惟有缄默不语，方可避害，不可有所讥议，以招横祸，重蹈党锢东林之覆辙，造成人之云亡，邦国殄瘁之败局，而遗生灵以水深火热之祸也。要知括囊非畏死，盖效龙蛇之蛰以存身，待至天开地辟，梅报早春之时，将以有为以解天下之难耳，不敢果于忘世也。

君子黄中通理，正位居体，美在其中，而畅于四肢，发于事业，美之至也。

黄，中之色也，黄中，谓中德在内。通理者，通明于为臣为子为妻之道也。六五秉坤顺之德，柔中居尊，而不失为下之道，其中德充诸内而形于外，而子臣妻之懿行，随时著见，如黄裳之饰下体，而才美功业，无不可嘉也。故夫子既称之以美在其中而畅于四肢，发于事业，而又以美之至以深赞之也。

阴疑于阳，必战。为其嫌于无阳也，故称龙焉，犹未离其类也，故称血焉。夫玄黄者，天地之杂也；天玄而地黄。

疑为疑似，谓势均力敌也。阴盛之极，则昏暗险恶，敢与阳争。阴本在内，今战于野，是出外以与阳争也。阴已盛极，人或疑其无阳，易称龙战，以明其与阳战也。气阳而血阴，血者阴之类也。伤则见血，其血玄黄，言阴阳俱伤也。上六居坤卦之终，阴之极，乘阳之衰极而欲殄灭之，但以阳虽极衰，而刚性犹存，故不屈服于阴而与之战也。自古小人势盛之极，往往形成篡逆之祸，而致两败俱伤，危及社稷，殃及生灵，是乃为国者，昧于履霜之戒，信任阴小所致也。

本义曰："此上申象传之意也。"

坎上
震下　屯

屯：元亨利贞，勿用有攸往，利建侯。

本义曰："震坎皆三画卦之名，震一阳动于二阴之下，故其德为动，其象为雷。坎，一阳陷于二阴之间，故其德为陷为险，其象为云为雨为水。屯，六画卦之名也，难也，物始生而未通之意，故其为字，象草穿地始出而未申也。其卦以震遇坎，乾坤始交，而遇陷险，故其名为屯。"

六十四卦之初，一奇一偶而已，由于刚柔相摩，八卦相荡，而后易卦立焉。惟天地万物父母，有天地然后有万物也。乾坤成列而易立乎其中矣。有乾坤，然后有六十四卦也。屯卦继乾坤之后，刚柔始交而难生，故名曰屯。其德则震动坎陷，动而遇险，而不为其所阻，则阳气发处，金石为破，故得大亨。然时方屯难，只宜固守其正以待时，未可遽有所往，而有欲速不达之误也。当天造草昧，天下无主之时，而初九以贵下贱，大得民心，宜建以为侯而君之，则天下有主，百官立而庶政理，乃克有济。此济屯所以利建侯也。

象曰：屯，刚柔始交而难生。

屯者物之始生也，乾刚坤柔，刚柔始交以化生万物，经历亿万斯年，而后有形，乃生之难也。及其既生，则又有千难万险，须得经受，此则生后之难也。如此者，即所谓难生也。

动乎险中，大亨贞。

动于陷险之中，生机勃勃，一发而不可遏，故得大亨。然非固守其正，则不能日进其德，何以出屯而致亨通也哉！

雷雨之动满盈，天造草昧，宜建侯而不宁。

阴阳交而雷雨之动，盈于天地之间，而品物初露形迹之时，天运草乱晦昧，正在洪荒，人文未开，天下未定，名分未明，无典章之守，礼义之防，急宜建立聪明圣智，足以辅世长民者以为侯，以经纶天下，而济天下之屯，未可遽以为安也。

象曰：云雷屯，君子以经纶。

云密雷震而不雨，膏泽未下，屯之象也。经纶皆治丝之事。经者，理其绪而分之；纶者，比其类而合之也。天下屯难，人心思治，君子当以旋乾转坤之才，以经纶天下，伦叙五品，治分六官，理其绪而分之也。诚贯九经，仁兼万善，比其类而合之也。以圣贤之心术，施仁人之德政，继天立极，以垂教万世，则政教行而天下平矣。

初九，盘桓；利居贞，利建侯。

初九为震之主，处屯难之世，能震动奋发，而不为屯难所困，可与有为者也，然以陷险在前，故盘桓而不进，而其占则利于居贞也。时方屯难，天造草昧，天下无主，初九处于诸阴之下，而能以贵下贱，大得民心，故又为建侯之吉占也。

六二，屯如邅如，乘马班如。匪寇婚媾，女子贞不字，十年乃字。

邅：邅回不进之状；班，分布不前也。匪：同非。字，许嫁也。礼曰："女子许嫁，笄而字。"六二柔顺中正，上应九五，下乘初刚，时方屯难，名分未定。九五陷于阴中，不知下交以求贤，而初九以贵下践，亲比于二，恭求婚媾。二既乘刚，为其执维，而屯遭难进，故乘马班如也。然以二之中正，非可干以非礼，初九虽求之切，终非正应，故不字也。十者数之终，十年乃字，其岂以不字终也。十年乃字，或以为字五，或以为字初。夫六二之字，关乎出处之大节，不可苟也。当屯难之世，名分未明，中男九五，屯膏于上，长男初九得民于下，初与五谁当为侯，不待智者而后知也。况九五陷于阴中，为险之主，惑于群阴，岂能下交以求贤，二虽与五相应，亦无往见之理；且九五屯膏失众，行将灭亡，十年之后，安能自存？若谓字初，则非正应，二将谁归，因知十年乃字，所以示出处之不苟也。

六三，即鹿无虞，惟入于林中，君子几不如舍，往吝。

即，就也。即鹿者，就鹿之所在，而猎取之也。虞，虞人，掌山林鸟兽之官。六三以阴居阳，才弱志刚，不中不正，当屯难之世，居于震体之上而妄动，趁名分未明之时，欲以猎取君侯之位，故有逐鹿之象；但以己既阴暗，又无刚明之应，无有辅相于左右者，犹如逐鹿而无虞人以导之，则道路之险夷，鸟兽之游息俱不知，如此而往，只能陷于林中，徒取困危，安有获鹿之理。君子知几，不如舍之而勿逐，倘若不舍而往逐，必致徒入林中，以自取羞吝也。

六四，乘马班如，求婚媾；往吉，无不利。

六四以阴居阴，虽得其正，然在屯难之时，其才不足以有为，故乘马班如，而不能进也。然初九与己为正应，得民于下，思贤如渴，于其求贤之时，往而从之，刚柔相济，以亨其屯，则无不利也。

九五，屯其膏，小贞吉，大贞凶。

九五当屯之时，陷于阴中，不能自拔，虽有六二之贤为之应，而不知致敬尽礼以求之。又值初九得民于下，众皆归之，使五孤立而无辅，虽有中正之德，为坎之主，足以施膏泽于民。第以为群阴所掩，蛊惑甚深，不能求贤以自辅，以致膏泽不能下于民，故其象为屯其膏。既屯其膏，则失其民心，而不为之用，是以举小事而得其正，犹可获吉。若举大事，则虽正亦凶；天下固未有孤立无辅，民心不附，而能举大事成大功者也。

上六，乘马班如，泣血涟如。

上六处屯之终，险之极，而阴柔无应，居则屯难，进无所之，故为乘马班如之象。坎为血卦，为加忧，上六处屯之终，而阴柔不能济屯，又无正应，是以忧惧之甚，而泣血涟如也。

象曰，虽盘桓，志行正也；以贵下贱，大得民也。

初九处屯难之时，前途有险，未可轻进，故盘桓也。然当屯难之初，务在能动以济屯，而初居得其正，为震之主，有济屯之才，而能震动奋发以有为，是以虽盘桓而志行正也。以贵下贱，众心归之，得众得国，故利建侯也。

六二之难，乘刚也；十年乃字，反常也。

刚谓初九，二在初上，故曰乘刚。反，复也。六二之难，由于初九思贤如渴，诚心求之，縶之维之，而不得去也。然以本非正应，义不可从，故不之许，至于十年之久，则妄求者去，而正应者合矣。

即鹿无虞，以从禽也；君子舍之，往吝，穷也。

从禽，谓随而逐之，不能获之也。穷，困危也。逐鹿而无虞人以导之，则山林之夷险，鸟兽之游息，皆无由知；且失三驱之法，不能使鸟兽来集；但从其后逐之，必致入于林中，为株木坑坎所困，而不得出，又安能获禽也。惟君子知几，为能舍之。贪获者，利令智昏，不度其势之可否，而往逐之，必致途穷难反，以自贻羞吝也。

求而往，明也。

君子之仕也，必待人君迎之致敬以有礼，非以为高也。盖其求贤之忱不如此，不足与有为也。若不待求而往就之，欲枉己以直人，则彼必不信，又岂能舍己以从我哉？故必待求而后往，乃为明乎出处之义也。

屯其膏，施未光也。

虽有膏泽，而为群小窃扣，不得下于民，惠民之政，竟成虚文，故其施未光也。不信仁贤，则国空虚，九五之谓也。亲近群小，聪明壅蔽，能不灭亡，亦云幸矣，又安能举大事乎？

泣血涟如，何可长也。

上六阴柔无能，处于屯难之世，而无戡乱之才，终日忧畏泣血，无计可施，但有坐而待毙耳，时穷势迫如此，又何能久也。

艮上 坎下 蒙

蒙：亨，匪我求童蒙，童蒙求我。初筮告，再三渎，渎则不告。利贞。

告音谷，三，去声。本义曰："艮亦三画卦之名。一阳止于二阴之上，故其德为止，其象为山。蒙，昧也。物生之初，蒙昧未明也。其卦以坎遇艮，为山下有险，蒙之地也；内险外止，蒙之意也；故其名为蒙。"亨，通也。卦之九二，有刚中之德，当发蒙之任者也。而六五以柔中应之，阴阳相求，中德相应，有感必通，故蒙有亨道也。我，谓九二，童蒙，谓五也。礼闻来学，不闻往教。九二以刚中之德，统治群阴以发蒙，为能中以行正，无求于五，而六五柔静而中，能虚心下交，尽礼求教，故有非我求童蒙，童蒙求我之象。筮谓揲蓍穷数，以占吉凶，犹童蒙请业请益，以修行学文也。初筮告，始问则告也。既告之后，而不好学深思以通其义，以习其事，乃又再三泛问焉，则是亵渎轻慢，无求学之诚，故不告也。九二以阳刚行时中之教，视其可否而告之，所以惩其渎，而使之纯一其心，以受教也。蒙以养正，实为作圣之基，修齐治平之本，乃发蒙之先务也。故教者以正养蒙，而学者以正自养，然后能尽发蒙之道，而贤豪英俊从此出焉。此关乎世道之升降，国家之盛衰，不可或忽也。

象曰：蒙，山下有险，险而止，蒙。

以卦象卦德释卦名。卦象山下有险，山高水深，又有林莽掩蔽，蒙昧之地也。其德内险而外止，止于险地，莫知所为，蒙之意也。故其名为蒙。

蒙，亨，以亨行时中也。匪我求童蒙，童蒙求我，志应也。

初筮告，以刚中也。再三渎，渎则不告，渎蒙也。蒙以养正，圣功也。

以卦体释卦辞，九二以可亨之道发人之蒙，而又得其时之中，此蒙之所由以亨也。六五柔中处尊能虚心下交，一听九二之训己，则是非我求童蒙，童蒙求我。以二与五同德，其志自相应也。初筮告，以刚中也。言以刚中行时中之教，其诱掖启发，无不适当其可，而贤愚皆受其益也。既告之而不果行，又再三问之，则是但欲辨诸口，而未能见诸行，是谓渎，渎则不告。若告，则是渎蒙也。蒙以养正，是曰圣功，此发蒙所以利贞也。

程传曰："匪我求童蒙，童蒙求我，志应也。二以刚明之贤处于下，五以童蒙居上，非是二求于五，盖五之志应于二也。贤者在下，岂可自进以求于君。苟自求之，必无能信用之理；古之人所以必待人君致敬尽礼而后往者，非欲自为尊大，盖其尊德乐道不如是，不足与有为也。"

象曰：山下出泉，蒙；君子以果行育德。

山下出泉，阻于泥沙，陷于坑坎，其行艰难，亦莫知流向何方，蒙之象也。君子观之，但见流水之行，不舍昼夜，终归于海，则果决其行以育德，必造于至善之地而后止；见渊泉混混，时出不穷，而知有本者如此，则养育其德，敦化源以果行。内外交致其力，以期德明行修，此启蒙之要，作圣之功也。

初六，发蒙，利用刑人，用脱桎梏，以往吝。

初六以阴居下，不中不正，蒙之甚也。不有以发之，则终于昏昧矣。为其蒙之甚，故是非不明，善恶不分，必至反道败德，自取罪戾。是故发蒙之道，始则利用刑人而桎梏之，使其不得纵恣以习恶；继则待其能自抑损以受教，则脱其桎梏，使之修行学文以向善。盖不威之以刑，则习于恶而智益昏，不舍之以观其后，则蒙者欲改无由，而自弃益甚。如此而往，则悖于发蒙之道，而施教无功，为可吝也。

九二，包蒙吉，纳妇吉，子克家。

九二以阳处阴而得中，刚而用柔，有包容之量，故其象为包蒙。幼子无知，言行失检，非其罪也，当包容之，开导之，使之辨是非，别善恶，以趋于明。亦不可急于责成，当雅量含容，尽心培育，使其讲习洒扫应对进退之节，爱亲敬长隆师亲友之道，以养其德；又教之诵诗读书习艺以启其蒙；期以岁月，自有德成才达之效，此包蒙之占，所以吉也。二与五同德相应，情志相通，而九二以阳受阴为纳妇之象，乃纳妇之吉占也。二居下位，而能任上之事，犹人子才德素裕，能承父母之命，以理家政，故其象又为子克家。占者有是德，则应斯占矣。

六三，勿用取女，见金夫，不有躬，无攸利。

金夫，男子多金者。不有躬，谓身不自主，任人贱污也。卦惟上九九二以阳刚为师，诸阴皆为蒙，蒙者当求师以发之，故蒙卦皆是阴求阳。六三以阴居阳，不中不正，当求阳之时，密迩九二，见其得时用事，遂舍其正应而欲从之，故有见金夫，不有躬之象。其性行如此，岂可取乎？美其多金而从者，金尽则必离，无攸利，所以警觉取女者也。

六四，困蒙，吝。

六四阴柔蒙昧而无应，下远于九二，上远于上九而无师，又居艮体，不欲远游以从师，是故不得贤师以发之，而终困于蒙，为可吝也。若使不安于蒙，寻师访友于千里之外，求得天下之善士以为师，谁谓柔正之资，不足为善人哉！身居穷乡僻壤而无贤师以启其蒙者，慎勿以千里求师为远也。

六五，童蒙，吉。

六五柔中之德，出于性成，方在童时，即知求师以训己，忘己之尊，下求九二，童蒙之象也。幼子而有中德，天真烂漫，未染世习，养之以正，则智益开而德日新，作圣之功在斯矣。故其占曰吉。推而言之，则为人君求贤之象，五以中德之君，下求九二之贤以自辅，学焉而后臣之，则可以不劳而王，泽及于时，德垂后世，吉莫大焉。

上九，击蒙，不利为寇，利御寇。

上九当蒙卦之终，下与六三为应，三蔽于欲，其蒙已甚，教之不从，威之不惧，而上九刚而不中，不能容忍而击之，是为寇也。人当蒙极，将由恶终，而教者但知威之以夏楚，使其惧而知改，岂知蒙者之恶，习以成性，已不自知其非，其视教者之严，不以为德，反以为虐，不惟不改，且将寇仇视之，而怙恶益甚矣，故不利为寇也。若以上九之刚明，对蒙童严加防范，使之不近声色，不比匪人，凡所以惑其心者，皆使远之，又使之与恶人隔绝，以杜其诱惑，此之谓御寇也。然后导之以德，怀之以恩，辅之以良友，诱掖激励，期其逊志于学，期之岁月，任其优游厌沃，渐渍于善，如此则蒙者感德而革面，而教者发蒙之功以成矣。此所以利御寇也。

象曰：利用刑人，以正法也。

法谓法规，人所遵守者也。发蒙之初，当严加防范，使之时时处处事事，遵守教规，如罪犯在狱，不许妄动。如有蔑视学规，敢于违法者，则威之以夏楚二物，所以正法以警惧之，使之循规蹈矩，以杜绝其非僻之萌也。

子克家，刚柔接也。

子克家，谓子能承父母之命，以齐其家也。刚柔接，指六五下应九二也。二居下位，所以得承上命以成其功者，由六五以柔中下应，而信用之，使之得以尽其心，而展其才猷也。苟上下之情不相接，则动辄受制，二虽刚明，岂敢违上之命，以擅主其事也。伊尹造商，周公造周，苟非其君信任之专，亦不能以有为也。

勿用取女，行不顺也。

顺与慎通，行不慎，谓其见金夫，不有躬也。其行如此，故勿用取，推之选士交友，无不皆然。若见其趋时附势，阿谀逢迎，即当谢绝，为其行同六三，缓急无所益也。

困蒙之吝，独远实也。

实谓阳也。阳为师，远实，即远师也。蒙童赖师以发之，则可以进于明，远于师，则困于蒙矣。蒙卦诸阴，惟六四独远于阳，又以阴柔不中之质，虽有明师以教之，而进德亦不易，况无贤师以教导之，安得不为困蒙乎？卦惟六四独得其正，特以远实而不能进于道，故羞吝也。

童蒙之吉，顺以巽也。

顺，柔顺也。巽，卑巽也。六五柔顺而中，下应九二，忘己之尊而师事之，惟九二之为听，其巽顺如此，故为童蒙之象而其占吉也。

利用御寇，上下顺也。

寇贼犯境，不御之，则国破而宗社为屋。邪恶害心以贼仁，不御之则德日丧而智益昏，故寇不可不御也。上九以刚明艮介之资，为蒙童之师，而恶恶如雠，故能如保赤子，御其所以为害于蒙童者，使之远于物诱，革其非心，以趋于善，期其渐知尊师敬学，以启其愚昧，则上无击蒙之过，下受善教之益，而蒙养之功成矣。此之谓利用御寇，上下顺也。

☵坎上
☰乾下　需

需：有孚，光亨，贞吉。利涉大川。

需，待也。乾道刚而健行，前有坎险而不得进，只得需以待时，故其卦名需。九五阳刚中正，为需之主，而坎体中实，为有孚之象。需而有孚，则其德充实而有光辉，故能不陷于险，而得亨通矣。以此为正，而固守之，则吉也。凡事时机未至，而不可进者，皆当需，而涉大川，尤利于需也。不需而轻进，以犯大难，其祸有不可测者，故当需以待时也。

彖曰：需，须也，险在前也。刚健而不陷，其义不困穷矣。

此以卦德释卦名义。险在前谓坎在外也。坎险在前，不可轻进，故需也。乾德刚健，能自胜其欲速之心而不进，故不为险所困也。

需，有孚，光亨，贞吉。位乎天位，以正中也。利涉大川，往有功也。

此以卦体释卦辞，需之所以亨且吉者，以九五阳刚中正，以居尊位，需而有孚，而不陷于险也。大险在前，而不为其所困，以其德明光也。光明中正，则可以洪济于艰难，故利涉大川也。大川者，险之大者也。涉大川，必待舟楫俱备，舟人毕集，风雨既息而后往，则有功，否则，危矣！是知涉大川，尤利于需也。

象曰：云上于天，需；君子以饮食宴乐。

乾下坎上，云上于天之象也。云上于天，必待阴阳之和而后雨，需之意也。君子观需之象，而思欲为天下作霖雨，必须待时以乘势，时若未至，则不宜有所作为，但当饮食宴乐以待之。时至则经纶参赞，以济天下之艰难，跻天下于升平之世，此君子以需为法也。

初九，需于郊，利用恒，无咎。

初九当需之时，尚远于险，为需于郊之象。郊，旷远之地，未近于险也。未近于险而需，则处之裕如，而无临险恐陷之虞，故利于久需也。能久需，则无犯难之咎矣。初九以刚正居下，有应于上，恐其不能久需，故告之以利用恒也。

九二，需于沙，小有言，终吉。

需于沙，则近于险矣。需而近险，故有言语之伤。盖以九二刚而得中，足以有为，乃以大险在前，需而不进，不知者以为畏葸，以为偷生，以为苟全性命而忘天下国家，此谓小有言也。然当需时，不可不需，人虽有言，不能乱其刚中自守之心，故终吉也。

九三，需于泥，致寇至。

九三居下之上，健之极，而逼近于险，需于泥之象也。重刚不中，轻于犯难以致寇，有乖于需道矣。寇之至，由己致之，可不戒哉！

六四，需于血，出自穴。

坎为血卦，为穴。血者杀伤之地，穴者，险陷之所。四交坎体，故其象为需于血。然其以阴居阴而得正，当需之时，需而不进，乃可脱险而出自穴矣。

九五，需于酒食，贞吉。

九五阳刚中正，以居尊位，当需则需，不欲强为，但以酒食养其身体，增其精神，为异日进而有为，建其根基，以此为正，而固守之，一旦时机一到，则沛为霖雨，以泽润生民，使天下皆被其泽，则吉也。

上六，入于穴，有不速之客三人来，敬之终吉。

速，召也；不速，谓不召自来也。三人，谓乾之三阳也。上六居需之终，险之极，而阴柔不足以济，已入于穴矣。当斯时，乾之三阳需极而并进，涉险以济时，是不速之客三人来也。上与九三为正应，而三与二初，相逐并进，与之俱来，故上六幸其能来，而敬礼之以求助，则可以出险而得终吉也。

象曰：需于郊，不犯难行也。利用恒，无咎，未失常也。

初九之需于郊，是不犯险难以行也。需当用恒，乃需道之常，利用恒无咎者，以其未失需道之常也。

需于沙，衍在中也。虽小有言，以吉终也。

衍，宽绰也。需沙虽近险，而不陷于险者，以其有刚中之德，无急进之意，当需之时，而处之裕如。故虽不免人言之中伤，亦必以吉终也。

需于泥，灾在外也。自我致寇，敬慎不败也。

三虽逼近于险，而未陷于险，是险难之灾，尚在外也。九三刚而不中，且健于行而不能需，致寇之道也。寇由我致，则责不在寇而在己，若能自克其刚躁之心，而不急于进，而敬慎以需，则无致寇之祸，故不败也。

需于血，顺以听也。

六四以阴居阴而得正，当需之时，处于血卦杀伤之地，而阴柔不足以有为，惟有顺从天命，以听其祸福之自至耳。顺以听之而无为，需道之常也。得常则安，故虽处杀伤之地，犹能出自穴也。

酒食贞吉，以中正也。

需于酒食能贞而吉者，以其刚健中正，而善于需也。

不速之客来，敬之终吉，虽不当位，未大失也。

阳之性，上升前进者也。乾之三阳，本欲上进，第以前有险阻，故需于下耳。需既终，则竞竞上进矣，是不速之客来也。客来相济，则幸甚矣，能不敬乎？所以谓不当位者，为其不能自立自主，但听客之所为也。借客之力以涉险，虽不当位，而得终吉，故未为大失也。

讼 乾上 坎下

讼：有孚，窒，惕，中吉。终凶。利见大人，不利涉大川。

讼，争讼也。下坎上乾，内阴险而外健强，其人则暴，以险遇健，其势必争，此讼之所由兴也。九二中实，为有孚之象。直在己也。当讼之时，上无应与，其情窒塞而不得通，为被诬而情不伸之象，故讼也。坎为加忧，故惕惧也。惕而用中，然后其情得申，故吉也。为人所讼，情申则己，不可求胜。若恃其刚以终讼，虽胜亦凶。如上九之终讼受服，而有终朝三褫之辱也。九五刚健中正，以居尊位，为大人之象，善于听讼者也。故利见之，以伸其不白之冤。卦体上乾下坎，刚以履险，有冯（ping）河之勇，而不顾灭顶之祸，其人如此，安能涉险？且以金投水，势必沉没，故不利涉大川也。

象曰：讼，上刚下险，险而健，讼。

以卦德释卦名义。讼之为卦，上刚下险，其势必争；险而且健，有争无让，遂成讼。

本义曰："健而不险，不生讼也。险而不健，不能讼也。险而又健，故为讼也。"

讼，有孚，窒，惕，中吉，刚来而得中也。终凶，讼不可成也。利见大人，尚中正也。不利涉大川，入于渊也。

以卦体卦变卦象释卦辞。九二为讼之主，其体中实为有孚。当讼之时，在下而无应，情不得伸为窒塞。实情见窒，性刚不能屈服，故兴讼。以下讼上，势难求胜，故惕惧。惕而用中，情申则止，乃吉也。刚来而得中，谓卦自遁变来，刚来居二，而当下卦之中也。终凶者，争讼之事，得已则已，不可自逞险健，终成其讼，以招祸也。九五刚健中正，以居尊位，听讼无私，大人之象也。利见大人，以其尚中正也。不利涉大川者，卦体以刚履险，有冯河之危，卦象金在水上，有必沉之势；而风雨同舟，务在同心共济，今相讼争，惟有覆舟胥溺于水中耳，故不利涉大川也。

象曰：天与水违行，讼，君子以作事谋始。

程传曰："天上水下，相违而行，二体违戾，讼之由也。君子观讼之象，知人情有争讼之道，故凡所作事，必谋其始，绝讼端于讼之始，则讼无由生矣。谋始之义广矣，如慎交接，明契券之类是也。"

初六，不永所事，小有言，终吉。

初六阴柔居下，当讼之初，才弱力微，不永讼事者也。与人相讼，构怨结仇，得已则已，岂可久也。在讼之中，虽不免于小有言，但以不永所事，其讼自息，故得终吉也。

九二，不克讼，归而逋，其邑人三百户，无眚。

九二为讼之主，上与九五敌应，而不相能，当讼之时，欲讼者也。为其以刚处柔而得中，能达于理，审于势，自知以下讼上为犯义，与之相讼，不但情不得伸，且有诛戮之祸，是以不克讼，归而逋也。逋，逃也。自知不敌，不讼而逃，避居小邑，隐伏其迹，则无眚灾也。坎为隐伏，九二为坎之主，故其象如此。

六三，食旧德，贞厉，终吉。或从王事，无成。

食，食邑之食，言所享也。爵禄所以赏有德。食旧德，言不争讼，但享旧物也。六三当讼之时，阴柔不能兴讼，故其象为食旧德。然以其承、乘、应，皆刚；又居险体，动辄得咎，虽正亦危，况不正乎？戒占者坚固守正，而不与之讼，则虽处危地，终必不失旧物而得吉。如或出而从上之事，则无敢专成，但从上命则吉也。

九四，不克讼，复即命，渝安贞，吉。

九四，刚而不中，当讼之时，涉于讼事者也。为其以阳居阴，刚而用柔，上承九五，义不可讼，而其势亦不克讼也。即，就也。命，正理也。渝，变也。谓变其欲讼之心也，临讼而自觉理屈，复就正理，变初心以安于正则吉也。观其一变而获吉，则知吉凶祸福，非由外至，惟人自招。变而从善，可以转祸为福。怙恶不悛，害人终必自害。详玩辞语则圣人开物成务之义，昭然若揭矣。

九五，讼，元吉。

讼非争讼，谓听讼也。九五刚键中正，以居尊位，大公无私，乃听讼之大人，人所利见，以诉其冤，以质厥成者也。得见大人，则无情者不得尽其辞，而冤抑者得免于刑，由听讼而致无讼，使小人革面，寇贼灭迹，而囹圄空虚，刑措不用矣。此之谓元吉。

上九，或锡之鞶带，终朝三褫之。

鞶带，命服之饰。褫，夺也。上九以健之极，居讼之终，终讼而胜者也。讼非善事，终则必凶，健讼而胜，则构怨结仇，凶咎随之矣。上在高位，宜尚谦让，第以刚健善讼，卒以受服，遂致终朝三褫之辱，此足以为健讼者戒矣。

象曰：不永所事，讼不可长也。虽小有言，其辨明也。

阴柔处下，当讼之初，才弱力微，不能终讼，故不永所事也。争讼之事，不但结仇构怨，旷业耗财，且足以遗父母忧危，岂可长乎？既涉于讼，不无言语之争。然以阴柔处下而加忧，无强梁之行，虽速于讼，而非其罪，故不待多言，而是非已明辨矣，是以有终吉之占也。

不克讼，归逋窜也。自下讼上，患至掇也。

掇，自取也。窜，走也。当讼之时，不克讼而逃窜者，盖以自下讼上为非义，又畏九五之威，自度讼则必败而取祸，故不克讼而逃也。

食旧德，从上吉也。

安享旧德，谨从上命，躬自厚而薄责于人，则讼不兴，而得安吉也。无讼则风清俗美，乡邻和睦，而有安居乐业之吉也。

复即命，渝安贞，不失也。

人之争讼，患其失也。岂知狱讼一兴，胜则与人结怨，不胜则伤财受辱，所失多矣！若能自克，复就正理，变其初心，一安于正，则忿怒之念息，争讼之事绝，心平身安，无忧无惧，其吉大矣，夫何失之有。

讼，元吉，以中正也。

中则听不偏，正则断合理。听讼而致元吉者，以中正也。唐虞之际，上有尧舜神圣之化，下有皋陶为士，明于五刑，以弼五教。是以，其时刑罚清，五品逊，民协于中而天下无讼矣。尚中正，使民协于中，则万邦协和，而符元吉之占也。

以讼受服，亦不足敬也。

命服所以彰有德，偿有功也。若以终讼受服，则可耻之甚，而为人之所贱恶也。虽无三褫之辱，亦不足敬，而况不可终朝乎？终讼之凶如此，何险而健者之昧昧也。

坤上坎下　师

师：贞，丈人吉，无咎。

师，众也；贞，正也；丈人，长老之称，德高望重，人所尊重者也。为卦下坎上坤。坎，险也；坤，顺也。坎为水，坤为地。为地中聚水，顺内藏险之象。古者寓兵于农，伏至险于大顺，藏不测于至静之中，卦有此象，故其卦名师。师贞者，师众而正也。

丈人吉无咎者，卦惟九二阳刚得中，上下诸阴顺而从之，又得六五之信任，命以为帅，即丈人也。师众既正，又得丈人为帅，则有神武不杀之吉，而无失中老师之咎矣。

彖曰：师，众也，贞，正也。能以众正，可以王矣。

此以卦体释师贞之义。以，谓能左右之也。一阳在下而得中，而上下五阴皆其所以也。德为丈人，位居统帅，正己而物正，能以众正者也。王者之师，用以伐暴救民，行一不义，杀一不辜，而得天下，不为，所谓贞也。师众知之，以为吾师之出，将以正天下，非富天下也。是故上下同心，以吊民伐罪，师之所过，秋毫无犯，师之所临，天下无敌。王者之师，能以众正，而天下归服，则可以王天下矣。

刚中而应，行险而顺，以此毒天下而民从之，吉又何咎矣。

此以卦体卦德释卦辞。毒，害也。师之兴，将以赴敌，劳役杀伤，凶危甚矣！所谓毒也。九二一阳，刚而得中，而六五以柔中应之，赋畀之重，信任之专，使九二得以展其才猷，所谓刚中而应也。而卦德坎险坤顺，为行险而顺之象；兵凶战危，用兵即是行险，兴师动众，必得民心悦从而后可。而民之悦从，亦以其顺天下之心以出师，所谓行险而顺也。夫以刚中之丈人受命出征，顺天下之心以吊民伐罪，而其用兵之时，犹不免徭役惊扰，破斧缺戕，岂无毒害；但师出以义，而民皆从之，则足以执擒平乱，是以吉而无咎也。

象曰：地中有水，师，君子以容民畜众。

畜：畜众，犹聚众也。坎水在坤地之下，水聚地中，犹寓兵于农，卦之所以名师也。君子观师之象，法坤之厚德载物，制井田以养民，薄税敛以厚民，兴孝弟以教民，则万姓悦服，天下归心，平时无养兵之费，师兴则庶民子来，从军勤王，此之谓容民畜众也。

初六，师出以律，否臧凶。

律谓纪律，否臧，谓纪律不善也。师之始出，当以军纪严明，军容严整，军法严威为重。若纪律不善，必致行伍不齐，军令不行，而致丧师之凶。初当行师之始，故首言行师之道，而以否臧为戒也。占得此爻者，必谨始守法，以趋吉避凶也。

九二，在师中吉，无咎。王三锡命。

九二以刚中之德，当兴师之时，上应六五，为其所宠任，身在师中，专制其事而得中，视缓急以禀命，察军情以令众，临事而惧，好谋而成，奋其神威，以讨有罪，进退攻守，不失时机，窥敌制变以取胜，凯旋而不居其功，是以吉而无咎也。天子嘉之，三锡命以隆其礼数，风云际会，斯为盛矣。由此观之，将帅之功成，实由明王信任之专也。后之命帅者，每虞其专，而使亲信监师以掣其肘，使元老不得展其猷，而欲其取胜，不可得矣。

程传曰："居下而专制其事，唯在师则可，自古命将，阃外之事，得专制之。在师专制而得中道，故吉而无咎。盖恃专则失为下之道，不专则无成功之理，故得中为吉。凡师之道，威和并至则吉也。"

六三，师或舆尸，凶。

舆尸，谓师徒挠败，舆尸而归也。以阴居阳，才弱志刚，暴虎冯河，死而无悔，故其象占如此。如六三之阴险粗暴，不中不正，岂能临事而惧，好谋而成？以之行师，必至刚愎自用，不遵上命，不纳众谏，而轻敌挺进，故或有舆尸之凶也。

六四，师左次，无咎。

六四，柔顺而正，善于审时度势，而不轻敌以进，故左次。左次谓退舍也。知难而退，兵家之常，故无咎。

六五，田有禽，利执言，无咎。长子帅师，弟子舆尸，贞凶。

六五柔顺得中，以居尊位，为用师之主，故示以兴师命将之道。而就六五之所能与不足以开导之，圣人开物成务之心，跃然纸上矣。五之柔中，非为兵端者也。敌加于己，不得已而应之，如禽害我田，不得不搏执之也。兵凶战危，不宜轻用，然敌兵压境，不得已而兴师以伐之，则何咎之有？命帅之道，当任命丈人，五之所知也。然以阴柔之质，每多疑猜，或听信人言，而不专于委任，至使弟子如六三者参与之，必有舆尸之凶矣，可不戒哉！有宋之君，不明此义，当其大敌压境之际，不知兴师迎击之以挫其锋；妄想奉币割地，以图旦夕之安，遂致国势日危，故国益横，而成不可复振之局。及其季世，又任奸相秉政，偾帅用兵，而宋以亡！非天亡宋，宋自亡也。

上六，大君有命，开国承家，小人勿用。

上六居师之终，顺之极，禽就执而兵戈息，君威震而四夷服，天下已定，论功行赏之时也。开国承家，封之山川土田，以赏有功也。坤为地，为国，为邑，故有此象。行赏之时，先论其功。功大者，开国为君侯，其次承家为大夫。虽有功而阴贼险很，飞扬跋扈者为小人，只可赐以金帛，不得封以爵土。小人而有爵土，必将据险恃众，不服王命，以起兵端。故戒之曰："小人勿用，"以防患于未然也。

象曰：师出以律，失律凶也。

师出以律，行师之道也，若纪律不严则军令不行，师不用命而行伍失序，必有丧师之凶矣。

在师中吉，承天宠也。王三锡命，怀万邦也。

天谓天王。在师虽以刚中而得吉，然非天王信任之专，何以得专阃外之事，以成征讨之功乎？因知九二之终吉，由上承天宠所致也。王三锡命，岂徒厚遇一将哉！乃以强敌压境，或强藩逆命，其事危急，栖栖不可终日。故王命出征，以讨有罪，及其渠魁即歼，天下以宁，凯旋之日，王三锡命，隆其礼数，以褒其成功，所以怀来万邦也，岂徒以有功于己而宠信之哉！

师或舆尸，大无功也。

命将出征，将以克敌以安天下也。将之良否，关乎师之胜败，国之存亡，民之死生，岂可使才弱志刚，不中不正之人帅师哉！六三之大无功，责在命将失人。而师徒挠败之凶，由于命将者不以万邦为怀，而自弃其民也。

左次无咎，未失常也。

本义曰："知难而退，师之常也。"六四阴柔得正，能知己知彼，自度才弱敌强，难以取胜，故全师以退，未失兵家之常也。

长子帅师，以中行也；弟子舆尸，使不当也。

长子谓九二，弟子谓三四也。命丈人以帅师，则在师中吉而有功。若使弟子参与其事，以致舆师之凶，则其责不在于帅，而在王之信任不专，而使小人参之，以败其谋也。荀林父邲之战，郭子仪相州之败，皆由于此，为国者，可不以为殷鉴哉！

大君有命，以正功也。小人勿用，必乱邦也。

正功者，视功之大小，以定封赏，而不使之稍偏也。惟是爵土重器，所以命有德，褒有功，而不可以予小人。若使小人受封土，势必恃功骄横，而致乱邦之祸，以开兴师之端矣。圣人为戒之深如此，可不戒哉！

坎上
坤下 比

比：吉，原筮，元永贞，无咎。不宁方来，后夫凶。

比，亲辅也。卦惟九五阳刚中正，以居尊位，而上下五阴亲而辅之，为以一人而抚万邦，以四海而仰一人之象，故其卦名比。上下之间，亲密无间，天下如一家，中国犹一人，痛痒相关，肝胆相照，忧以天下，乐以天下，则万邦咸休，兆民同庆，故吉也。元者善之长，永者德之恒，贞者正而固。人之相比，必以其道，元永贞，比之道也。比不以道为涉于私比，则有咎，故必推原其筮，占其所以比人者，不失元善永久贞固之道，则无咎。否则，有党同伐异，比非其人之咎矣。夫相比则相安。未得其比，而不能安者，方来亲比于元永贞之人，以求安己。而或有负固不服，后而不来者，则是利令智昏，不知审时度势，以自取凶祸也。

象曰：比，吉也。

本义曰："此三字疑衍。"

比，辅也，下顺从也。

此以卦体释卦名义。九五阳刚中正，以居尊位，而诸阴比而辅之，相与顺从以成其比辅之象，卦之所以名比也。而其吉则不待言矣。

原筮，元永贞，无咎，以刚中也。不宁方来，上下应也。后夫凶，其道穷也。

亦以卦体释卦辞。九五之比，符合元永贞之占而无咎，以其有刚中之德也。刚中则无欲而有善，元者，善之长也。刚健则不息，不息则久，久，即永也。中则不离于正，正而固，乃贞也。三者皆原于刚中，而为相比之道也。为其相比以道，故无咎也。其未及比而心有不安，正在争相来归者，以上下五阴应之也。后夫凶，为其不识时务，自恃其强，而不归服于有道，卒至恶迹已著，比道已穷，则丧亡无日，故凶也。

象曰：地上有水，比，先王以建万国，亲诸侯。

地上有水，水比于地，地水相比，亲密无间，比之象也。先王观比之象，知人类有相互依存，相生相养之道，于是建万国，亲诸侯以亲万民，上下亲比，同心协力，以理天下之事，保天下之民，则海隅苍生，皆在亲比之中，乃比道之大者也。

初六，有孚，比之，无咎，有孚盈缶，终来有他吉。

孚，信在中也。坤为缶，盈缶，谓充满其量也。来，自外至也。初六当比之始，首先自比于上，比之易亲者也。与人亲比，必有诚敬之心，然后可久，故有孚比之则无咎。若忠信内积而充实，如物充满于缶，则以诚信相感，久而益亲，故其终又来有他吉也。在比之初，而重言相比之道，为教深矣。

六二，比之自内，贞吉。

六二柔顺中正，而九五以阳刚中正应之，是以中正相比也。二之在柔中，不轻于进，以其与九五志同道合而后比，其比出自内心，以亲辅其上，此谓比之自内，吉之道也。

程传曰："二与五以中正之道相比者也。二处于内，自内谓由己也。择才而用，虽在乎上，而以身许国，必由于己；己以得君，道合而进，乃得正而吉也。以中正之道，应上之求，乃自内也。不自失也。汲汲以求比者，非君子自重之道，乃自失也。"

六三，比之匪人。

以阴居阳，不中不正，其德如此；而乘承应皆阴，其所比又如彼，是其所比者，皆非可比之人也。不言其占者，所比既非人，其凶咎盖不假言矣。

六四，外比之，贞吉。

外比之，谓外比于五也。以阴居阴而得正，亲比于五，与之相比，而无间之者，当以此为正，而固守之则吉也。己虽阴柔，而外比阳刚中正之大贤，薰其德而身益修，附骥尾而行益显，人间之吉，未有大于此者也。

九五，显比，王用三驱失前禽，邑人不诫，吉。

显比者，显其比道，使天下莫不喻其意也。王用三驱失前禽，以喻王者比天下，大公无私，德施万方，仁覆四海，而不有其功，民人来归者抚之，去者听之，初无意于比己也。犹如王者之畋，虞人自三面驱之，前开一面，使之可去，来者取之，去者不追也。先王为护农田，不废四时之畋，其于猎取，则制为三驱之法，使禽兽有逃亡之路，所以寓爱物之意，而不忍尽杀也。好生之德，洽于民心，而邑人皆喻其意，不相警备，以求必得也。王者之比天下，显其比道，而臣民皆喻其意亦如此，则天下为公，吉之道也。

程传曰："五当君位，处中得正，尽比道之善者也。人君比天下之道，当显明其比道而已，如诚意以待物，恕己以及人，发政施人，使天下蒙其惠泽，是人君亲比天下之道也。如此，天下孰不亲比于上。若乃暴其小仁，违道干誉，欲以求天下之比，其道亦已狭矣。岂能得天下之比乎？"又曰："非惟人君比天下之道如此，大率人之相比莫不然，以臣于君言之，竭其忠诚，致其才力，乃显其比君之道也。用之与否，在君而已，不可阿谀逢迎，求其比己也。在朋友亦然，修身诚意以待之，亲己与否，在人而已，不可巧言令色，曲从苟合，以求人之比己也。于乡党亲戚，于众人，莫不皆然，三驱失前禽之意也。"

上六，比之无首，凶。

上六居卦之上，比之终，而阴险不中，无以比下，比之无首之象。五为卦主，其下诸阴，皆顺从而亲辅之，独上六在后而不服，象所谓后夫凶者也，既不能令，又不受命，是绝物也，能不凶乎？

象曰：比之初六，有它吉也。

初六当比之始，无有应与，惟九五一阳，为众阴所亲辅，初乃首以诚心比之，既未失比之之时，又遂其亲上之心，故无咎。若其诚信充实于内，足以感物，则又有它吉也。至诚而不动者，未之有也。上下相孚，恩义相感，一心一德，事无不济，故终有它吉也。

比之自内，不自失也。

六二柔顺中正，当比之时，上有九五之应，是以中正相比也。以中正相比，则上有亲贤之诚，而下不失中正之义，所谓不自失也。夫择才而用，虽在于上，而以身许国，必由于己。二以中正之道应上之求，乃为比之自内也。降志辱身，非中正之道，故阿衡武侯，必待礼聘而后出也。

比之匪人，不亦伤乎？

人不能孤立以自存，故必与人亲比，以相辅助，则有德业相劝，患难相恤之益，此君子所以交游也。若比之匪人，则思想为其腐蚀，志意为其蛊惑，不惟无辅助之益，且有凶祸之累，是不能赖以生存，而适为其所害也。不亦伤乎之语，所以悯之警之者深矣。

外比于贤，以从上也。

九五刚明在上，当比之时，实受天下之比，乃贤君也。四之比五，既比于贤，而又从上，得乎臣子之道矣。所以吉也。

显比之吉，位正中也。舍逆取顺，失前禽也。邑人不诫，上使中也。

显比之所以吉，以九五位正中也。其所为无不正，而又随时以处中，则其事无不中，故能显其比辅之道于天下，而人无不知，故天下悦服而亲辅之也。悖逆者舍之，顺从者取之，修文德以敦风教，而不期远人之必来，是犹天子不合围，失去前面之禽也。邑人所以不诫者，由上之所为无不中正，而民人受其熏陶，潜移默化，亦能用中也。

比之无首，无所终也。

本义曰："以上下之象言之，则为无首，以终始之象言之，则为无终，无首则无终矣。"当比之时，九五以一人抚万邦，诸阴以敬顺仰一人，自西自东，争相来比，独上六在后，而妄自高大，不肯下贤，适当后夫之凶，又何能有所终也。

☴上 小畜
☰下

小畜：亨，密云不雨，自我西郊。

巽，三画卦之名，一阴伏于二阳之下，故其德为巽为入，其象为风为木。阳大阴小。畜，止也。六四一阴得位，而上下应之，为以一阴畜众阳，故名小畜。以卦体言，则二与五刚中而志行，以卦德言，则内健而外巽，有健顺之德而能行其志，是以有亨道焉。以小畜大，阴阳不和，加之所畜不固，未能阻止阳之尚往，是以密云不雨也。西郊，阴方。我，文王自谓也。文王演易于羑里，视岐周为西郊。

象曰：小畜，柔得位而上下应之，曰，小畜。

以卦体释卦名义。柔得位，谓六四以阴居阴，为得其位也。上下谓诸阳。小畜之为卦，以六四一阴居得其位，为卦之主，而上下五阳，从而应之，遂为其所畜，故名曰小畜。阳大阴小，小固不能以敌大，所以能畜大者，以诸阳自应之也。以一阴畜众阳，而不被谪者，责在诸阳崇尚阴德，而为其所畜耳。然亦以巽体居上，同力畜乾，而乾之三阳，甘守臣节，自不能进，文王之在羑里，正小畜之时也。

健而巽，刚中而志行，乃亨。

以卦德卦体释亨义。阳为阴畜，本无亨义，但以卦德言，则内健而外巽，内健则不屈于欲，外巽则行顺乎理。以卦体言，则二与五刚而得中，虽当小畜之时，尚得以行其志，是以有亨道焉。

文武之造周也。上有殷纣为君，而不能阻止二南之化，其小畜亨之谓与？

密云不雨，尚往也。自我西郊，施未行也。

密云蔽空，阴象也。西郊，阴方也。阴盛如此而不雨，以其需之小而阳气犹上行也。地气上为云，天气下为雨，畜未极而阳犹尚往，使天气不得下肃，是以西郊之云虽密，而雨尚未施也。

象曰：风行天上，小畜，君子以懿文德。

上巽下乾，风行天上，小畜之象也。以阴畜阳，能系而不能固，则其所畜亦小也。君子观风之行，吹放群芳，使大地似锦，山川生色，而思文德之足以布法令，施政教，启聪明，垂久远也。故于力行之馀诵诗读书，学六艺以懿文德，则礼义威仪足以应事接物，而文章亦可名世矣。

初九，复自道，何其咎，吉。

初九以阳刚居乾体，本欲上进而有为，以其居小畜之初，为六四所畜止，而不得行其道于天下，乃以刚正自守，独善其身，为进复其道之象，故其象占如此。君子德成才达，而不逢世，则处于畎亩之中，以乐尧舜之道，既非绝人逃世，又不随时浮沉，如是则无咎而吉也。

九二，牵复，吉。

二以刚中之德居乾体，有猷有为有守，足以辅世长民，行其道以善天下。第以为阴所畜，不得进而有为，故与初九牵连以复其道，是以吉也。

九三，舆说辐，夫妻反目。

本义曰："九三亦欲上进，然刚而不中，迫近于阴，而又非正应，但以阴阳相悦，而为所系畜，不能自进，故有舆说辐之象。然以志刚，故又不能平而与之争，为夫妻反目之象，戒占者如是，则不得进，而有争也。"

六四，有孚，血去，惕出，无咎。

以阴畜阳，以小畜大，以臣畜君，若素无孚信以感之，则必有伤害与忧惧，为有咎也。六四柔顺而正，以居巽体，其德为入，且互卦为离而中虚，中虚则无私无妄而有孚，有孚则能动人，而又以巽而入，有善处之术，故能遂其畜君之志，以免于伤害忧惧，而得无咎也。君臣相悦之乐曰：畜君何尤，畜君者，好君也。明之二杨，其忠节足以感天地，动鬼神，卒至血肉溅于暴君奸相之杖下，身陷囚系，乃至见杀者，由其君不知畜君为好君，而奸相恶其揭发阴私也。观六四之以阴居阴，以巽顺而入以畜君，而得血去惕出而无咎，则知畜暴君之道，三谏而不听则当去，不宜用刚也。

九五，有孚挛如，富以其邻。

当小畜之时，巽体三爻，同心畜乾，而九五居中处尊，势能有为，以兼乎上下，故其象如此。言其以富厚之力，以左右其邻，而同力畜乾，卒致有既雨既处，月几望之象，而君子以征则凶也。由此可见，四以一阴能畜众阳，实由九五信任之专也。自古宦宫妾奸佞所以操纵一时者，皆由时君用富厚之力以左右之也。爻象如此，而不言吉凶者，以九五刚中而志行，理当吉亨；但以孚信其邻太过，而不知其恶，终必有祸。祸福无门，惟视九五能否巽以行权耳。何去何从，学易者宜深思熟虑，以善处之耳。

上九，既雨既处，尚德载，妇贞厉，月几望，君子征凶。

上九居卦之终，既雨既处矣。然非一阴能制众阳，乃诸阳崇尚阴德，至于积满而然也。当是时，畜道已极，虽九五亦为所畜矣，尚德之讥，所以责九五也。然以一阴畜众阳，虽以正固自守，其势亦危，故为妇贞厉之象。但当阴盛如月之几望之时，小人用事，以害正道，君子如征，则凶祸立至，此崇尚阴德之祸也。可不戒哉！

象曰：复自道，其义吉也。

阳刚乾体，当小畜之时，不得进而有为，乃自守正以复其道，故其义则吉也。四以一阴畜众阳，而初为之应，乃能以正自守，不为阴小所利诱，但知有道义，而不知有权势者也。其无咎而吉，非世俗之所谓吉，谓于义为吉也。

牵复在中，亦不自失也。

初与二皆以乾体刚健，不屈于欲，当小畜之时，自复其道，而不为阴所系。二则渐近于阴，乃亦不为所系，而下与初九牵连以复，其出处进退，不离乎中，故亦不自失也。

夫妻反目，不能正室也。

夫妻反目，虽由其妻不遵妇道，而九三实不能辞其责也。三与四本非正应，但以亲比于阴，阴阳相悦，而为其所畜，其合固不正矣！又以刚而不中，不能自平其气，以受六四之制，故有反目之变，责在九三身不行道，而循于欲，无以正其室也。自古其身不修者，未有能正其室家也。

有孚惕出，上合志也。

六四以下畜上，以阴畜阳，而能血去惕出者，为其有孚也。积至诚以巽于上，为上所喜，而与之合志，是以谏行言听，以止其过举，而复于无过也。

有孚挛如，不独富也。

富以其邻，故不独富也。惟其有孚挛如，故巽体合志以畜乾，而五以富厚之力左右其邻也。九五身居尊位，而心系于六四之阴，当小畜之时，与其左右合力以止乾阳之上进，当其时而为其事，固不自知其非矣。独不思阳善阴恶，阴盛则乱，助小人以畜君子，而致乱亡之祸，此岂君人之道哉！观上爻尚德之讥，岂独上九之过，而九五不得辞其责矣！易固随时取义，然于其承乘应相互之间，亦必详玩辞义以参证之，然后得见圣人之情与其开物成务之意也。

既雨既处，德积载也，君子征凶，有所疑也。

畜已极而密云为雨，既雨既处矣。推其致此之由，则以巽之两阳崇尚阴德，至于积满而然也。夫以一阴畜众阳，虽至于极，其势则危。然阴盛如此，君子不可以征，征则凶矣。所以然者，以其有所疑也。五上之于四也，其信已孚，其交已固，君子如欲讨四之罪，则有犯君之疑，而从之者寡，其势必败，凶祸随之矣！此由人主不信仁贤，而亲信小人所致也。为国者能以此为鉴而早为之所，勿使君子征凶，则何亡国败家之有？

乾上 兑下 履

物畜然后有礼，故受之以履。履，礼也，礼，人之所履也，为卦上天下泽，上下之分定，尊卑之义明，理之常也。礼之本也，常履之道也。

履：履虎尾，不咥人，亨。

本义曰："兑三画卦之名，一阴见于二阳之上，故其德为说，其象为泽。履，有所蹑而进之义也。以兑履乾，和悦以蹑刚强之后，有履虎尾而不见伤之象，故其卦为履，而占如是也。人能如此，则处危而不伤矣。"履，践履也，为卦上天下泽，上下之分定，尊卑之义明，此乃礼之本，人之所履者也。兑以和说履藉于乾，有履虎尾之危，而无咥人之患，是以亨也。

五经大全曰："凡危机所伏，皆为虎尾之象。大抵刚躁者易败，柔逊者善处；然和非阿容，悦非佞媚，亦恭顺而不失其正耳。于初之素履，而知达不离道，于二之履道，而知穷不失义，至三以志刚自用而凶，四以居柔能惧而吉，五以夬履自恃而厉，上以视履考祥，其旋然后元吉，此见祸福无门，惟人自招，可不慎其所履乎？"

彖曰：履，柔履刚也。

以卦体释卦名义，卦之所以名履者，因兑以和悦蹑于乾刚之后也。

说而应乎乾，是以履虎尾，不咥人，亨。

以卦德释卦辞，卦德兑说乾健，为悦而应乎乾，乾以刚健居上，有君之尊严，而兑以柔悦履其后，故有履虎尾之象，既履虎尾，其势甚危，然以兑体柔悦以顺藉之，故有不咥人之亨也。

刚中正，履帝位而不疚，光明也。

九五阳刚中正，以履帝位，而内省不疚，得履道之至善。如日月之明，而光辉无不照也。

象曰：上天下泽，履，君子以辨上下，定民志。

天在上而泽居下，上下之分至明也。君子观履之象，制礼以辨上下之分，用以定民之志，民志定，然后可以言治也。

程子曰："古之时，公卿大夫而下，各称其德，终身居之，得其分也。位未称德，则君举而进之，士修其学，学至而君求之，皆非有预于己也，农工商贾勤其事，而所享有限。故皆有定志，而天下之心可一。后世自庶士至于公卿，日志于尊荣；农工商贾，日志于富侈，亿兆之心，交鹜于利，天下纷然，如之何其可一也。欲其不乱难矣，此因上下无定志也。君子观履之象，而分辨上下，使各当其分，以定民之心志也。"

初九，素履，往无咎。

初九以阳在下，居履之初而无应，未为物牵，能率其素履者也。素履者，平生之所践履，居仁由义，士之所履也。占者如此而往，则穷不失义，达不离道，故无咎也。

程传曰："人不能安于贫贱之素，则其进也，乃贪躁而动，求去乎贫贱耳，非欲有为也。既得其进，骄溢必矣，故往则有咎。贤者则安履其素，其处也乐，其进也，将以有为也。故得其进则有为而无不善，乃守其素履者也。"

九二，履道坦坦，幽人贞吉。

九二兑体在下，刚而得中，上无应与，乃悦于处下，遵道而行，而无外慕者也。故为履道坦坦、幽人守贞之象，占者如此则吉也。贫与贱，是人之所恶也，不以其道得之不去也。履道坦坦，乐善不倦，箪瓢陋巷，不改其乐，所谓履道坦坦也。

六三，眇能视，跛能履，履虎尾，咥人凶，武人为于大君。

六三以阴居阳，才弱志刚，不中不正，其所履非当履者也。兑为毁折，又互卦为离，为巽，离为目，目毁则眇，巽为股，股折则跛，六三阴暗而眇，本不能视，以其志刚而自以为能视。阴弱而跛，本不能履。亦以志刚，而自以为能履。如此而蹑乾刚之后，其危如履虎尾然，能无咥人之凶乎！兑为附决，而三以一阴为群阳所与，故无所顾忌，敢于自决，而妄行触祸，如刚武之人，不知天人性命之理，二帝三王之道，而以暴虎冯河之勇，为于大君，自以为功高五帝，德过三王，而天下可以力征。如秦政项籍之流，岂能久也。

九四，履虎尾，愬愬终吉。

九四以阳居阴，不中不正，而履九五之后，其势甚危，然以刚居柔而能危惧，儆戒无虞，故有愬愬终吉之占。以其位虽近君，而畏惧小心，不犯其逆鳞，故终吉也。

九五，夬履，贞厉。

九五阳刚中正，以居尊位，下无应与，当履之时，上健下悦，忠谏之言不上闻，人由我举，礼由我制，政由我出，法由我行，无有敢阻之者，故其象为夬履，以此为正，而固守之，其危甚矣。以舜之智，犹好问好察，舍己从人，况其下者乎？不知咨询善道，察纳雅言，而一意孤行，偏听独断者，未有不败者也。

上九，视履考祥，其旋元吉。

上九当履之终，其生平善恶是非，历历可考，而吉凶祸福，当视其所履以为断，若其所履，周旋无亏，则当得元吉，否则瑕瑜互见，或为善不终，内省有疚，其气自馁，又有何吉祥之可言哉。

象曰：素履之往，独行愿也。

率其素履，不为物牵，毁誉欢戚，不以动其心，爵禄名位，不以移其志，吾行吾素，何知其它，所履如此，乃所以独行其愿也。

程传曰："安履其素而往者，非苟利也，独行其愿耳。独，专也。若欲贵之心，与行道之心交战于中，岂能安履其素也。"

幽人贞吉，中不自乱也。

履道坦坦，唯幽静守贞之人能如此，若稍有妄动而不静，则方寸乱矣，又恶能履道坦坦也。故知幽人所以能贞，由于二有中德，而中心安静，不以利欲自乱也。

眇能视，不足以有明也，跛能履，不足以与行也，咥人之凶，位不当也，武人为于大君，志刚也。

六三以阴居阳，才弱志刚，不中不正，本眇也，而自以为能视，实不足以有明也。本跛也，而自以为能履，实不足以与行也。如此而履乾刚之后，如履虎尾，不免有咥人之凶，则以六三以阴居阳，其位不当故也。又如刚武之人，乘时以武力征服群雄，而为于大君，自恃其强以残害万姓，则覆亡随之，秦政焚书而不师古，眇能视也，及其既没，余威震于殊俗，跛能履也。然而不旋踵而七庙隳，阿房焚，岂谓之有明与能行耶？自古刚武之人以暴力夺取君位者，未有不覆亡者也。

愬愬终吉，志行也。

九四上承夬履之君，如履虎尾，其势甚危，然以九居四，刚而用柔，故愬愬然畏惧，敬慎以事之，致其身、尽忠诚以感格之，则可以获乎上，膏泽下于民，而有终吉之占也。

夬履贞厉，位正当也。

彖言刚中正，履帝位而不疚，光明也。爻言夬履贞厉。彖爻之辞不同如此何也？盖彖以履卦整体言，而九五刚健中正以履帝位，其履无不中正，而其德明光于上下，无疚于心。爻辞据一爻之象言，则见九五以刚居尊，而下以柔悦从之，凡事得以独断专行，而无与人为善之意，故爻辞既以贞厉戒之，而象传复以位正当警之，欲使占者深以为戒也。

程传曰："古之圣人，居天下之尊，明足以照，刚足以断，势足以专，然而未尝不尽天下之议，虽刍荛之微必取，乃其所以为圣也。若居至尊之位，据能专之势，而自任刚决，不復畏惧，虽使得正，亦危道也。"

元吉在上，大有庆也。

当履之终，若得元吉在上，则所履无不善而泽及万方，教垂百世，盖不惟一人之福，而天下后世皆受其福矣，是大有福庆也。

坤上乾下 泰

泰：小往大来，吉，亨。

小谓阴，大谓阳，小往大来，谓阴往居外，阳来居内也。泰之为卦，乾下坤上，内阳外阴，故其象为小往大来，如君子来处于内而用事，小人往居于外而退去也。泰，通也，天本在上，今处下，是天气下交也，地本在下，今在上，是地气上交也。天地交而二气通，氤氲交感，发育万物，生意盎然，天地之泰也。在人事则内君子外小人，君子道长，小人道消，天下之泰也，故其占吉而且亨。占得此卦，而有刚健之德者，则吉而亨矣。

彖曰：泰，小往大来，吉，亨。则是天地交而万物通也；上下交，而其志同也。内阳而外阴，内健而外顺，内君子而外小人，君子道长，小人道消也。

泰小往大来吉亨者，以天道言，则是天地交而万物亨通也。以人事言，则是上下交而其志同也。如汤之与伊尹，学焉而后臣之，以伐夏救民，而安天下，其吊民伐罪之志同也。以卦体言，则内阳而外阴，阳长阴消，阳为主也；以卦德言，内健而外顺，内健则私意无所容，而其心纯乎天理，而无一毫人欲之私；外顺则对越在天，不识不知，顺帝之则，君子之德也。阳主生，阴主杀，有淑慝之分，故阳为君子，阴为小人，阳在内而渐长，阴在外而日消，是内君子而外小人，君子道长，小人道消也，故吉亨。小人道消，是化小人为君子，消其道，非消其人也。乔中和曰："善治国者，化盗贼为良民"。王应麟曰："君子道盛，小人自化，故舜汤举皋伊而不仁者远，所谓君子道长，小人道消也。"

象曰：天地交泰，后以裁成天地之道，辅相天地之宜，以左右民。

财裁通，相（xiàng），左音佐。

本义曰："裁成以制其过，辅相以补其不及。"天地气交而为泰，君后观其阴阳交通而为泰之象，用以财成天地之道以制其过，辅相天地之宜，以补其不及，视民如伤，为民立极，制为礼乐刑政，以匡直辅翼而左右之，使之遂其生，复其性，与臣民同心同德，以开天下之泰也。

初九，拔茅茹，以其汇，征吉。

君子进而小人远，天下之所由以泰也。初九当泰之始，有刚正之德，上遇六四之荐拔，进而有为之时也。夫天地交而成泰，故乾之三阳，皆为其所荐拔而牵连以进，为拔茅连茹之象，而有以其汇征吉之占也。

程传曰："自古君子之进，必以其类，不惟志在相先，乐于与善，实乃相赖以济，故君子小人，未有能独立不赖朋类之助者也。自古君子得位，则天下之贤，萃于朝廷，同心协力，以成天下之泰，小人在位，则不肖者并进，然后其党胜，而天下否矣！盖各从其类也。"

九二，包荒，用冯河，不遐遗，朋亡，得尚于中行。

九二以刚居柔而得中，上应六五为其所宠任，当开泰之任者也，惟其以阳刚之德而用柔，故能雅量容物，包含荒秽，有载物之厚德，而无疾恶偾事之失。惟其刚中，故能奋不顾身，不畏强御，不避艰险，以冯河之勇，致其身以开泰平之治，惟其刚中而用柔，故能怀远人，子庶民，思贤如渴，荐扬侧陋，举措悉当，以覆冒苍生，而不遗遐远。惟其刚中，故能大公无私，惟善是与，而不昵朋比；必如此，然后得尚于中行也。尚，配也。谓九二有中行之德，占者必须包荒用冯河不遐遗朋亡，然后能与九二之中行相配也。

程传曰："包荒用冯河，不遐遗，朋亡，得尚于中行，四者处泰之道也。人情安肆，则政舒缓，而法度废弛，庶事无节，治之之道，必有包含荒秽之量，则其施为宽裕详密，弊革事理，而人安之。若无含弘之量，有忿疾之心则无深远之虑，有暴扰之患，深弊未去，而近患已生矣，故在包荒也。用冯河：泰宁之世，人情习于久安，安于守常，惰于因循，惮于更变，非有冯河之勇，不能有为于此时也。冯河，谓其刚果足以济深越险也。自古泰治之世，必渐至于衰替，盖由狃习安逸，因循而然，自非刚健之君，英烈之辅，不能挺特奋发以革其弊也。故曰用冯河。或疑包荒，则是包含宽容，此云用冯河，则是奋发改革，似相反也。不知以含容之量，施刚果之用，乃圣人之为也。不假遗：泰宁之时，人心狃于泰，则苟安逸而已，恶能复深思远虑，及于遐远之事哉！治夫泰者，当周及庶事虽遐远不可遗。若事之隐微，贤才之在侧陋，皆遐远者也，时泰则固遗之矣。朋亡：夫时之既泰，则人习于安，其情肆而失节。将约而正之，非绝去其朋党之私，则不能也，故云朋亡。自古立法制事，牵于人情，卒不能行者多矣。若夫禁奢侈，则害于近戚。限田产，则防于贵家。如此之类，既不能断以大公而必行，则是牵于朋比也。治泰不能朋亡，则为之难矣。治泰之道有此四者，则能合于九二之德，故曰得尚于中行，言能配合中行之义也。尚，配也。"

九三，无平不陂，无往不复，艰贞无咎，勿恤其孚，于食有福。

周易卦解（2015 年修订版）

有平必有陂，有往必有复，泰否转化，阴阳往复，势有必至，未有泰而不否往而不复者，是以天下之生久矣，一治一乱。九三处泰极将否之时，而重刚不中，举措辄违中道，致否之由也，故元圣以无平不陂，无往不复之理告之，使之戒其刚躁，以艰难守贞处之，然后得无致否之咎。又当遵道而行，日积德善，艰难以处泰极，不得稍有怠荒之意，则可以保其泰，不劳忧恤，而得其所求也。如此则得以于食有福矣。

程传曰："德善日积，则福禄日臻，德逾于禄，则虽盛而非满，自古隆盛，未有不失道，而丧败者也。"

六四，翩翩不富，以其邻，不戒以孚。

阳实阴虚，故谓诸阴为不富。以，犹春秋以某师之以，言能左右之也。六四以阴居阴，处变革之际，泰过中而否将至，诸阴乘时合交，以害正道，而翩翩飞集，相与妨贤病国，不待戒令，而自相信从，故其象如此。夫泰之必有否，犹昼之必有夜，乃世运之自然，何用忧惧！然而运否之世，小人在位，率天下以暴，以残害万姓，必致是非颠倒，纲纪废弛，政刑苛察，生灵涂炭，其祸有不可胜言者。君子观其翩翩之状，而知小人合谋，否运将至，能不有戒于心乎？四海困穷，将自此始，能不惊扰乎？然在事变之初，乱迹未显，故不告以吉凶，但以其象示之，使之知所警惧，早为之所也。

六五，帝乙归妹，以祉元吉。

六五柔中居尊，下应九二，虚中以从贤圣之谟，而致泰安之治，因以受祉而得元吉也。天下既泰，则不但一家一国之吉，故谓之元吉，而殷王帝乙归妹之时，亦尝占得此爻。以帝女之尊，下嫁以顺其夫，亦如六五忘己之尊，而宠任九二之贤圣，学焉而后臣之，用其道以成泰宁之治，而天下皆受其福也。

上六，城复于隍，勿用师，自邑告命，贞吝。

掘隍土筑以成城，犹用贤以致泰，城倾则土复归于隍，犹运否而贤圣被弃，国家将亡也。上六居泰之极，而不中不正，阴暗无知，凡其所为，无非反泰为否之举，故致人心背叛，国势倾危，如城倾而复为隍也。坤为地、为邑、为文、为众，故有为城、为隍、为师、为邑、为告命之象。泰极而否运已至，民心离散，难以力争，势不能用师，惟有从私邑告命，以勉喻亲近，用以维持摇摇欲坠之残局，其事虽正，然其倾城之祸，咎由自取，至于危亡之际，而后诰命亲族，为可羞吝也。

象曰：拔茅贞吉，志在外也。

泰运之初，人君尊贤贵德，恭俭下士，君子有为之时也，故乾之三阳，皆为其所选拔，而相连以进，其所以贞吉者，以贤者志在天下，欲行其道以济时，而适逢可仕之时，得以行其志也。

包荒，得尚于中行，以光大也。

光谓光明，大谓弘大，言九二之得尚于中行，以其心志光明，气宇弘大，惟其大也，故能容物而有为；惟明也，故能照临而烛私。此九二所以有包荒，用冯河，不遐遗，朋亡之象。而有得尚于中行之占也。占得此爻者，必光明正大如九二，然后为能如九二之中行也。

无往不复，天地际也。

阴阳升降，乃天地之际，二气屈伸往来之常道，未有复而不往，往而不复者，此则天地之际，自然而然，有不期然而然者，故否极泰来，泰极复否，理之常也。有国者，常念惟命不于常，而能致治于未乱，保邦于未危，然后可以保其泰也。

翩翩不富，皆失实也，不戒以孚，中心愿也。

坤体三阴合交，而阴姿翩翩不富者，以其皆失实也。其所以不戒以孚者，以其中心自愿也。

以祉元吉，中以行愿也。

六五之元吉，以其有柔中之德任用九二刚中之贤，上下交而其志同，使九二得以展其作砺作舟作霖雨之大用，而天下蒙其惠泽，同享泰宁之福也。而得元吉，则是朝野上下用中以行致泰之愿也。

城复于隍，其命乱也。

本义曰："命乱故复否，告命所以治之也。"城复于隍，虽属天运之常，亦由命乱所致，良以天命人事交相胜负，未有命乱而命不否者也。时当运泰之世，海内升平，年丰人乐，阴暗之君狃于治安，耽于逸豫，外不虞敌国外患，内不亲法家弼士，渐致政教不修，纲纪废弛。凡其所命，无非反泰为否之事，如唐之明皇，但好游乐，不亲临国政，委任李林甫，杨国忠之流以妨贤病国；宠爱杨贵妃，任其淫乱败德，又为之赐洗儿钱，卒招安史之乱，几至亡国。此城复于隍之祸，实由命乱所致，自邑告命，所以治之，然已晚矣，故不免于羞吝也。

☰乾上
☷坤下　否

否之匪人，不利君子贞，大往小来。

否，闭塞也。匪人，谓非人道也。盖仁者人也。仁者以天地万物为一体，无内外人己之私，视天下犹一家，中国犹一人，痛痒相关，肝胆相照，情相通而志相应，乃人道也。否者上下不交，而情不通，民各有心，群小得志，政乱事废而不恤，此岂人道哉！所以不利君子贞者，则以阳往居外而见弃，阴来居内而用事，内小人而外君子，故不利君子之正道也。

彖曰，否之匪人，不利君子贞，大往小来，则是天地不交，而万物不通也。上下不交而天下无邦也。内阴而外阳，内柔而外刚，内小人而外君子，小人道长，君子道消也。

彖所谓否之匪人不利君子贞，大往小来者，则是天地之气不相交通，而万物生机闭塞也。其在人事，为上下不交、纲纪废弛，上不恤民之困，下不念国之危，上下之情隔绝不通，而天下无邦交之礼也。以卦体言，则内阴而外阳，阴长阳消，肃杀之气胜，而生机闭塞也。以卦德言，则内柔暗而外刚很，色厉内荏，犹穿窬之盗，乃所谓匪人也。以卦象言，则内小人而外君子，小人道长，君子道消，群小用事，贤豪放逐，天下所由以否也。

象曰：天地不交，否，君子以俭德避难，不可荣以禄。

天地不交则生机否塞，而肃杀之气胜，百物凋残。君子观其象，而知否塞之时，小人合交，以害正道，仕途维艰，正道难行，若欲存身待时，必效龙蛇之蛰，然后可免于杀害。故当敛藏其德，勿形于外，以避群小之害，而人不得以爵禄荣之也。

初六，拔茅茹，以其汇，贞吉亨。

当否之初，小人连类以进，有拔茅连茹之象，然初六以阴柔居否之初，上应九四，而不相害，为能固守其正之象。盖阴之害阳者为小人，其不害阳者为君子，固守其正，乃君子处困之道，故有吉亨之占，言能守贞，则身虽否，而道自亨也。

六二，包承，小人吉，大人否，亨。

六二柔顺中正，当否之时能包承九五，而不相害，则未造成乱亡之势，乃小人之吉也。大人则不以被人包承而与小人为伍，惟当以道自守，俭德避难，不可荣以禄，则身虽否，而道自亨也。泰卦之包荒，谓包容群小之荒秽，将欲化小人为君子也。否卦之包承，谓包容君子之道，承顺其德教也。六二居下卦之中，柔顺中正，当否之时，而能包承君子，卫护正道，故吉也。然仍目之为小人者，则以否塞之祸，由阴小以酿成，而六二亦阴类也，若能以中正自守而不失，则变为君子人矣。

六三，包羞。

六三以阴居阳不中不正，当否之时虽有上九为之应，而情不相通，反而包藏祸心，欲伤害之，第以其力不足，而未敢发耳。盖其内心之恶，非不自知，而其羞恶之心，时或使其内愧，此所谓包羞也。然其恶未见于外，故无凶咎之戒耳。

九四，有命，无咎，畴离祉。

命，天命。畴，类也。离，丽也。九四处于否运过中之时，变革之际，而在下之上，上之下，刚而能柔。以应否极泰来之命，其才其德，足以倾时之否，故其占为无咎，而其同类，亦因九四之善于应命，而获其福也。

九五，休否，大人吉，其亡其亡，系于包桑。

九五阳刚中正，以居尊位，当否运将尽之时，而其下顺从之，能休止天下之否者也。故其占大人吉。惟大人深知安危存亡治乱之几，故于泰时，常有其亡其亡之虞，而忧勤惕厉，深谋远虑，以休否而保泰，是以安而不忘危，存而不忘亡，治而不忘乱，故身安而国家可保，如系于包桑之固也。

上九，倾否，先否后喜。

上九以阳刚乾健之德与才，处否极泰来之时，能倾时之否者也。虽在否时未能离乎否，而其才德与其所乘之时，有足以倾其否者，故其占为先否后喜。后喜云者，谓否既倾而泰来，天下之所同喜也。

象曰：拔茅贞吉，志在君也。

否塞之初，小人连类以进，天下之所由否也。然初六以阴居阳，能以固守其正，其进也，志在于君，而不为身谋，承阳而不害阳，乃为君子人矣，所以吉也。君子之道或出或处，惟义所在，然其致君泽民之心，未尝一日忘也。

大人否亨，不乱群也。

大人居否之时，虽为小人所承奉，终不乱于小人之群，如孟子之于王欢，不恶而严，身虽否而道亨也。若为小人所利用，则无义无命，而不得为君子矣。

包羞，位不当也。

六三以阴居阳，不中不正，当否之时在下之上，不当其位，志欲害正，而势不能，乃包藏祸心，以承其上，其谋欲云为，无非自欺欺人之事，为可耻也，而良心终不可掩，势必有自羞之时，所谓包羞也。

有命无咎，志行也。

四当否已过中之时，处变革之际，天运将泰，人心厌乱，而九四之德，刚而能柔，得众心之说从，乘天时之运转，得展其谟猷，而不失反否为泰之机，故其所事无咎，而其拨乱反正之志得行也。

大人之吉，位正当也。

大人之所以休否而吉，固以其德与才，然不得九五之位则事权不属，无所施其挽救，安能转否为泰乎？圣人之大宝曰位，有其位，有其权，有其德，则德之流行，速于置邮而传命，而休否之功可成矣。

否终则倾，何可长也。

物极则反，理之常也，否极则倾，势不能长，圣人之言，所以勉励，居上九之位者要审时度势，以倾否而致泰，则有事半功倍之效矣。惟此时为然，宜乘势乘时以为之，勿失其机也。

☰ 乾上
☲ 离下　同人

同人于野，亨，利涉大川，利君子贞。

离，三画卦之名。一阴丽于二阳之间，故其德为丽。其象为火为日为电。同人之为卦，天在上，而离火炎上以同之，所谓同也。不曰同天，而曰同人者，圣人作易，以开物成务，乃为人类设也。郊外曰野，旷远之地也。同人于旷远之地，则无家邑亲昵之私，而得其大公，所同者正，乃天下大同之道，故亨也。天下大同，则所同者众，上下同德，则事无不济，故利涉大川也。惟是与人同者，必以君子之正道与之同，乃为大公，一有比昵之私，则失其道矣，安得亨哉！

象曰：同人，柔得位得中，而应乎乾，曰同人。

以卦体释卦名义，柔谓六二，乾谓九五。六二以阴居阴而得中，上与乾之九五为正应，故曰：柔得位得中而应乎乾，曰同人。

同人于野，亨。利涉大川，乾行也，文明以健，中正而应，君子正也。唯君子为能通天下之志。

以卦德卦体释卦辞，同人之为卦，离明乾健，明则光华远被，健则至诚无息，明健相资，则无蔽、无私，故能同人于野，得与众同，则上下同心同德，可以洪济于艰难，故利涉大川也。卦之德，内文明而外刚健，而六二九五以中正相应，其德同，其志同，乃君子之正道也。唯君子为能明察于理，乾行不息，而应天下以中正之道，故能通天下之志也。孟子谓君子所过者化，所存者神，民日迁善而不知为之者，正谓能通天下之志也。能通天下之志，然后能同人，而致天下于大同也。盖人无智愚贤不肖，其秉彝之良，则同也。是以圣人视亿兆之心犹一心，老吾老以及人之老，幼吾幼以及人之幼，以絜矩之道治天下，而万姓无不悦服者，以其能通天下之志也。此安所容其私意于其间哉！故夫子首以乾行为言也。

象曰：天与火，同人，君子以类族辨物。

天在上，而火炎上，其性同，同人之意也。君子有鉴于此，遂以类族辨物，察其异以致其同，则事物之理明，而有以通天下之志，处天下之事矣。

初九，同人于门，无咎。

初九居同人之初而无应，不以私昵比周者也，故其象为同人于门。出门同人，则无偏党之私，而近于同人于野之义，有以近于君子贞矣。故其占为无咎也。夫文明以健，中正而应之德，虽非初九所能及，然在明体而以刚居刚，有此刚明之姿，以胜其私心，则私昵远，而良朋至，亲君子以远小人，则所与同者皆君子，与君子同，则可以近于君子贞矣。

六二，同人于宗，吝。

宗，党也。六二以中正之德，上同于九五，所谓中正而应，君子正也。其占曰吝，何哉！盖二以中正之德，失其大同之义，而同人与其宗，其所同者狭，失其同人之道矣，故可羞吝也。

九三，伏戎于莽，升其高陵，三岁不兴。

离为甲胄，为戈、兵，戎之象也，而卦次居三，故以三纪数。三在互卦居巽，为林莽之象，九三变柔其互为艮，为高陵之象，故有伏戎于莽，升其高陵，三岁不兴之象。九三以刚居刚，而不中，有武力而无德，当同人之时，无有应与，不得其同，欲下同六二，既非正应，又惧九五之攻，故伏戎于莽以待之，升其高陵以望之，然以理屈，而力不敌，故畏葸观望，至于三岁之久，而不敢兴，小人之情状如此，殊为可耻，而无吉凶之占者，以其藏恶未发也。

九四，乘其墉，弗克攻，吉。

九四刚而不中，当同人之时，无有应与，靡所与同，乃欲下同于二，而六二与九五为正应，既同于宗矣，岂能同于野乎？又为九三所隔，不得与之同，乃至兴师以乘其墉而欲攻之。但以其处阴用柔，故能以义胜欲，而弗克攻，则无犯义取祸之凶，而有安常处顺之吉矣。能克制其私，而勇于改过，趋吉避凶之道也。

九五，同人，先号啕而后笑，大师克相遇。

卦唯六二一阴，而诸阳皆欲与之同，二五正应，为三四所隔，不得相遇，以致悲伤号啕，不能自已。然邪不胜正，久必相逢，唯是三、四过强，必用大师克胜之，去其阻力，然后可以与二相遇，此见三、四之强也。夫天下之事，公则平，而私则争，故同人于野则亨，于宗则吝，九五以刚健中正之姿，乃以系于私昵，而无以通天下之志，行大同之道，乃至形成战争之局，与强暴混战，战胜然后遂其相遇之愿，得其笑语之乐，此以不知大同之道所致也。以九五之刚健中正，一涉于私同，遂引起大战之祸，而失其君人之度，是以君子和而不同也。

上九，同人于郊，无悔。

上九居同人之终而无应，终无与同者也，郊在野之内，非旷远无人之地，所以无与之同者，以居外无应故也。卦唯上九独远于二，无相求之义，故虽无与同，而亦无九三、九四、九五兵戎之援。是以无悔也。

象曰：出门同人，又谁咎也。

出门同人，则无私昵之偏、私情之合，近于同人于野之道矣，故无咎。以公心同人，人谁咎之，而卦之二、三、四、五诸爻则反是，舍大同而求私同，造成乖争，至于用铖，岂同人之道哉！

同人于宗，吝道也。

二当同人之时，与九五相应，而与之同，唯同于宗，而不能大同，为可吝也。同人之道，公则平，而私则争，以私昵为同，则不可施于一家，况天下乎？三四五之伏戎，乘墉。卒至用大师，皆由同于宗党，为乱之阶也。党同之为害如此，故君子群而不党、和而不同也。

伏戎于莽，敌刚也，三岁不兴，安行也。

三之伏戎，将以敌九五，己弱敌强，力不能胜，伏之三岁犹不敢兴，是终不能兴矣，况以刚而不中之资犯义作乱，以伏戎，安能行也。幸其居于明体，能审时度势，而不敢冒昧以兴戎，故无凶咎之占也。

乘其墉，义弗克也。其吉，则困而反则也。

既乘其墉矣，非力不能攻也，义弗克也。以邪攻正，实为负义，知其不义而不攻，以复于义，则有安常处顺之吉矣。观三四之所为如此，而圣人不深斥之者，盖与其能自克，而不果于犯义也。夫为下而伏戎乘墉，将以犯上，固君子之所恶也。而不以凶咎加之者，喜其伏而不兴，困而反则，犹有改过不吝之行也。夫人而不仁，疾之已甚，乱也。九五之用大师，殊非君子之用心矣。

同人之先，以中直也，大师相遇，言相克也。

五之先号啕而后笑，为其与六二以中正相应，其理直也。然必以大师战胜三、四，然后得与六二相遇，见三四之强也。五居君位，而不以君目之者，为其同人以私，失其大同之体，而无君人之度也。德不称其位，则如无位，故三四之伏戎乘墉而无犯上作乱之诛，而九五之大师，止有克，而无讨伐之文焉。故知同人一卦第取其同人耳，而不以尊卑上下言之也。

同人于郊，志未得也。

上九最远于二而居外，故有于郊之象，然居同人之终而无应，莫与之同，虽无私系之悔，亦未遂同人之志，离群索居，孤陋寡闻，学谁与讲，过谁与规，德业道义，谁与共勉，艰难险阻，谁与共济，志未得之训，所宜深玩，勿以无悔自安也。

予读同人之卦而叹私之为害之大也，以二五之中正，一涉私同，而不免有号啕之伤感！大师之攻克！况下此者乎？唯圣人大公无私，大同无我，虽眇然一身在天地之间，而与天地无以异也。得人心之大同，则险难可济，无往不通，乃君子同人之正道，宜固守之也。

䷍ 离上乾下 大有

大有：元亨。

大有，所有者大也。卦唯六五一阴居尊得中，而上下五阳应之，皆为其所有，故名大有。卦之德，刚健文明，离照当空，应乎天而时行不息以生万物，乃天道之亨也，在人则以刚健文明之德，以善身善世，乃人之元亨也。

彖曰：大有，柔得尊位，大中，而上下应之，曰大有。

此以卦体释卦名义，六五以柔体得居尊位，而有大中之德，上下诸阳皆与之相应，而为其所有，故名曰大有，谓其所有者大也。

其德刚健而文明，应乎天而时行，是以元亨。

此以卦体卦德释卦辞，卦体内乾外离明，为刚健文明之象，六五以大中下应乾之九二，是应乎天也。有刚健文明之德，应乎天而时行，则智周乎万物，而神应万机，德施天下，光被四表，无往不通，此大有之所以元亨也。

象曰：火在天上，大有，君子以遏恶扬善，顺天休命。

火在天上，照临天下，大有之象也。天之生物，栽者培之，倾者覆之，君子法之，而知所有既大，则当首重彰善殚恶，遏妖孽于将萌，弭凶恶于未动，所以顺天福善祸淫之休命也。以修己言之亦必好善如好好色，恶恶如恶恶臭，必使私欲尽尽，天理流行，然后为能顺天休命也。

初九，无交害，匪咎，艰则无咎。

大有之时，人来求我者必众，有求必应，则干犯法纪，一切谢绝，则怨恨纷至，乃交害也。九居大有之初，而无应，为无交害之象，故其占为非咎也。然大有之时，不易处也，富则易骄，裕则易侈，取咎之道也，唯有其难其慎，艰以处之，则可以无咎矣。

九二，大车以载，有攸往，无咎。

九二当大有之时，刚健而中，为大中文明之六五所倚任，而能以刚处柔而得中，刚健则足以任重致远，柔则不方命躁动，得中则所行无不中之理，如此则足以任重致远，故有大车以载之象，而其占为无咎。有攸往无咎者，盖以其才德如此，足以任天下之重，以光大大有之业，而不负上之委任之隆也。

九三，公用亨于天子，小人弗克。

亨通享，九三当大有之世，居下之上，公侯之象也。以九居三有刚正之德，上有六五，虚中下贤之君，与之共成大有之业，上下合德，赐享尽礼，故有公用亨于天子之象。若小人处之，则据其大有之势，而侈泰生，嚣张跋扈，岂复知用享于天子之道哉！故知小人不能当此占也。

九四，匪其彭，无咎。

程传曰："彭，盛多之貌。九四以刚明之体当大有过中之时，以近柔中之君，易招僭逼之嫌，能无咎乎？然以刚明之德，居阴用柔，刚则能胜私，明则能知几，用柔则能深自抑损，使其势不至于彭盛，故得无咎也。自古居人臣之位，其功震主，而能保其终者盖寡矣，故韩信被杀，彭越菹醢，英布以叛诛，萧何下狱，唯张良避谷以幸免，读易者，详玩此爻之辞，可以知其然矣。世之功震人主者，可不深思此爻之意哉！"

六五，厥孚交如，威如吉。

六五当大有之世，以柔中文明之德，处至尊之位，虚己下贤，以孚信交于下，而上下交孚，以诚心相与，上下之间厥孚交如，而成大有之盛世。占者有此德、处此位者，当思此爻以柔处刚而得中，柔而用刚，非柔弱者比，为当振其君纲，以威继之，则王纲不替，而大有可保。若专尚柔德，一味宽容，则纲纪渐弛，而凌慢将生矣。威如吉之教，所以示人者至深，可不念哉。

上九，自天佑之，吉无不利。

上九以刚明之德，处大有之终，能以大有终者也。以大有终者虽由人事之至善，实由行顺乎天，而自天佑之也。唯其自天佑之，是以能大有终，而天下同享大有之福，故有吉无不利之占也。

象曰：大有初九，无交害也。

在大有之初，以刚居卑，上无系应，无私交之害也。然当大有之时，求我者众，若有求必应，用财如粪土，而不知艰以处之，则骄溢之心生，奢侈之习成，渐至侈泰恣肆，轻蔑礼法，以自取凶咎，而不得有其有矣。

大车以载，积中不败也。

九二当大有之世，其德刚健而中，其材力足以任重，为大车之象。上应六五大明之君，虚中尽诚，委以天下之重任，大车以载物之象也。以刚中之德与才，以任重任，辅明王以治大有之天下，而积中以位天地，育万物，可使其君光被四表格于上下，而成唐虞之盛世。所谓积中者，时时处处事事一依乎中也。惟其能积中，故其任虽重而不败也。

公用亨于天子，小人害也。

九三当大有之世在下之上，公侯之象也。其刚德足以胜其有我之私，故富贵不能淫，而以道自守，位益高，力益厚，而德益恭，故能用享于天子。若小人处之，则专其富有以为私，擅其强大，以雄踞一方，而为害于天子也。

匪其彭，无咎，明辨析也。

天位乎上，地位乎下，尊卑有定也。日中则昃，月盈则亏，法象至明也。身为人臣而功烈震主，德加于民，名显天下，势疑于君，能无陵逼之嫌乎？以周公之圣，成王之贤，而流言犹得行乎其间，况其下者乎？唯九四以刚明之体而用柔，能常存敬畏，以明辨尊卑之分，善处大有，而不使其近于彭盛，故得无咎也。

厥孚交如，信以发志也。威如之吉，易而无备也。

厥孚交如，由于六五之孚信有以感发上下之志也。威如之吉，则以君德贵刚；若太柔，则臣下见其易与，而无畏备之心，渐至文恬武嬉，而庶事废隳，衅孽得以萌于其间矣。将何以有其大有也。然所谓威者，盖谓谨威仪，尊瞻视，严号令，明法纪，导臣民于礼法之中，范天下于轨度之内，而使大有之盛世，不致陵夷而已，非谓以威猛为治也。

大有上吉，自天佑也。

物极则反，月盈则蚀。而上九居大有之终，在一卦之上，而吉无不利者，为其履信思顺而尚贤，居上而不高亢，自处于无位，而下尊六五，是不自有其有也，故能以保其终而吉无不利。若自天佑之者也。上九以刚明之资，处离之上，明之极，而不蔽于物者也。不蔽于物，故于理无不明，而神光远烛，善于知几，而命由我立，是以不自居其有，而无盈满之灾，位虽极，而未至于穷也。此所以得以逍遥自得，优游卒岁，乃由履信思乎顺，又以尚贤，而有自天佑之，吉无不利之胡福，盖非侥幸得之也。

坤上
艮下　谦

谦：亨，君子有终。

谦，逊让也。有而不居，卑以自牧，谦逊以处人下，不自知其德行功业，高出于人也。卦体以艮山之高，安处坤地之下，谦之象也。占者如此，则人敬而仰之，无往而不亨矣。始虽自屈，而终必得亨，此谓君子有终。五经大全曰："吾人身托宇宙，虽有盖世勋猷，返之本体，原不加些子，只因自家德器浅薄，便承载不起，稍有功勋，辄不自禁。谦则真见，事业即等若尧舜，亦如一点浮云，心如大虚，不见所有，所以有而不居。"有而不居，非自知其有而不居也。乃以有若无，实若虚，君子之量若天地，虽功盖天下，德垂万世，亦不自知其有也，故不居。有而不居，乃人见其为然耳！若自以为有，其心亦不虚矣，安能谦哉！

彖曰：谦亨，天道下济而光明，地道卑而上行。

天，阳也。艮为少阳，有光明之义，艮阳居下，故有天道下济而光明之象。坤地居上，故为地道卑而上行之象。以艮山之高自处于坤地之下，谦之象也，天至高也，其道不济，而时行物生，生物之迹，遍于天下，而光明昭著；地在人物之下，其道卑也，而德合无疆，其气上交于天而成物。夫下济处卑者谦也，光明上行，则亨矣，此以天地之道，言谦之必亨也。

天道亏盈而益谦，地道变盈而流谦，鬼神害盈而福谦，人道恶盈而好谦，谦，尊而光，卑而不可逾，君子之终也。

日中则昃，月盈则食，是天道之亏盈也。复始于阳微之极，姤见于阴消之后，是天道之益谦也。高岸为谷，深谷为陵，沧海桑田，桑田沧海，地道变盈而流谦也。鬼神者，造化之迹也，奇花争艳，佳木葱茏之余，继之冰风霜雪，而草木零落，百物凋残，是鬼神害盈也。冰天雪地蛰虫深藏之后，承之以和风雨露，而草木萌芽，百卉竞芳，此则阴阳消长之常，鬼神害盈福谦之迹也。骄横自满者人恶之，谦虚逊让者，人好之，此人道好谦而恶盈之事也。此谦之所以必亨，而为神人之所共与，是故位尊而能谦，则其德愈光，位卑而能谦，则德盛礼恭，而人莫之逾，逾者跨而过之，谓困辱之也，此谦谦君子所以有终也。

周易卦解（2015年修订版）

象曰：地中有山，谦；君子以衰多益寡，称物平施。

山本高，而下居地中，内崇高而外卑下，谦之象也。君子观谦之象，以衰有余，益不足，称物之宜，而平施之，使之趋于均平，而不至多寡悬殊，贫富不均，而成上下不安之势也。论语曰："盖均无贫，和无寡，安无倾。"衰多益寡，所以安天下也，峻壁岩崖，下临于谷，则易崩，称物平施，则倾颓之患，消于无形也。

初六，谦谦君子，用涉大川，吉。

六当谦卦之初，处卦之下而柔静谦逊，谦而又谦，君子之行也人道恶盈而好谦，初乃谦谦君子，众所好也，有谦德而得多助，虽涉大险，亦无不济，况处平易乎？故无不吉也。

六二，鸣谦，贞吉。

六二以柔顺中正之德，谦退居下，而无外慕，谦德积中，见于声音颜色，声名闻于遐迩，故其象为鸣谦。以此为正而固守之，故有贞吉之占也。有柔静中正之德而谦德内充，发于声色行动，令闻及于上下故吉也。

九三，劳谦，君子有终吉。

卦惟九三一阳，居下之上，刚而得正，为卦之主，乃上下诸阴所钦服，而谦退不居其功，故其象为劳谦。有劳而谦，惟君子能之，亦唯君子为能以谦德终，故其占为君子有终吉。

系辞传曰："劳而不伐，有功而不德，厚之至也，语以其功下人者也。德言盛，礼言恭。谦也者，致恭以存其位者也。"

程传曰："夫乐高喜胜，人之常情，平时能谦，固亦鲜矣，况有功劳可尊乎？"吾友长安郭居贞，尝三复此言，故其德至老而弥光，易之有益于人也如此。奈何今之学易者，竟不遵居则观其象而玩其辞之训，而但以卜筮自误也，噫！

六四，无不利，撝谦。

六四柔顺得正，居下之上，上之下，上而能下，谦德已盛，故其占为无不利。然其上承柔中之君，下乘劳谦之臣，而居多惧之地，难以自安，故必时时处处撝施其谦德，使之更为盛大，而后无不利也。

六五，不富以其邻，利用侵伐，无不利。

六五柔顺而中，以居尊位而谦逊自处，故有不富以其邻之象。阳实阴虚，故阴爻为不富。夫以富厚之力，施恩惠于人，则人从之者众。今六五不富而能以其邻，是以之以德也，是能以善养人，而能左右天下之民也。六五忘己之尊谦恭下士，尊贤才以安百姓而万姓悦服以从上，诸侯公卿大夫无不爱戴，所谓以其邻也。然德足以感万姓，而不足以服乱贼，如有无视王法、负固不服者，利用侵伐以征服之。不可专尚谦德，任其方命虐民，而替王纲也。以六五阴柔而谦让，故以此教之，推之一切施为，亦必德威相济，而后有成功，所谓无不利也。

上六，鸣谦，利用行师，征邑国。

上居谦之极，顺之至，故有鸣谦之象而为众所顺从，故其有所事，而人多助之，行师之吉占也。坤为地、为邑、为众、土地人民、邑国之象也。六以阴柔居上而无位，为无知者所轻忽，故利用行师以征之，然其才力，不足以及远，故但征己之邑国而已。以上六之谦退，至于用师，实非得已，师徒虽众，亦不欲远征也。杨氏时曰："君子行有不得，则反求诸己，故曰利用行师征邑国，自治也，不用刚克，而能胜己之私者，未之有也。"

象曰：谦谦君子，卑以自牧也。

牧，养也。自牧者，自养其德也。满招损，谦受益，谦谦君子，有海阔天空之量，而无自满之意。故受益无穷，而其德之进，无有已时。是以心愈谦而德愈尊，卑以自处，乃所以自牧也。

鸣谦贞吉，中心得也。

二以柔顺中正，居于下位，得以遂其谦让之志，故曰：中心得也。谓谦德出于至诚，身处下位，谦德弥光，自幸得其本心也。

劳谦君子，万民服也。

功愈高而礼愈恭，乃君子之行，而万民之所归服也。小人悻而有功，其鸱张跋扈之意，既不能自克，岂能谦乎？是以上怒下怨，而不得保其终也。如九三者，刚足以胜私，明足以烛理，而谦恭由于性成，德施天下，功盖一世，而自视如无，是以万民皆钦服也。

无不利，㧑谦，不违则也。

则，法则也。四居九三之上，位高于三，而德才俱不及，故当自卑尊人，㧑施其谦，时时处处，谨守法度，不敢或违，不得安于现状，使己相形见绌，而有愧于心也。

利用侵伐，征不服也。

六五谦德已盛，而万姓悦服，位尊而能谦，人所敬佩，其有不服者，不得已而兴师以征之，德威并用，而天下可治也。否则桀骜者效尤，王纲不可复振矣。盖君德贵刚，必须四征弗廷，以安百姓。若谦让未遑，而姑息养奸，一旦祸乱暴发，不免有生灵涂炭、社稷危亡之患矣。有国者，可不深玩圣人之辞，以明其旨意，使所为皆当于理，而不失中道也哉！

鸣谦，志未得也。可用行师，征邑国也。

上六居谦之终，顺之极，而以谦德闻于上下者也。然以阴柔无位，邑国轻之而不服，衅孽既萌，心虽欲谦，而势有不得，可用行师以征之。征之为是也。以刚济柔，文武并重，乃中道也。

震上 坤下 豫

豫：利建侯行师。

豫，和乐也。卦唯九四一阳，为卦之主，而上下应之。卦之德，为顺以动，上动下顺，豫之象也。人心豫悦，则利于建侯行师。盖民不豫悦，而建侯，则无以服众，而有离心离德之忧，人心不悦而行师，则师不用命，而有师徒挠败之患。故必上下悦服，而顺应，然后利于建侯行师也。

彖曰：豫，刚应而志行，顺以动，豫。

此以卦体卦德释卦名义，九四刚而得众，上下应之，得以行其由豫之志，顺理而动，人心悦从，卦之所以名豫也。

豫，顺以动，故天地如之，而况建侯行师乎。

卦之名豫，为其顺以动也，顺以动，天地亦如此，而况建侯行师，能不顺天下之人心以动乎？

天地以顺动，故日月不过，而四时不忒，圣人以顺动，则刑罚清而民服，豫之时义大矣哉！

过，错过；忒，差也。顺以动，乃天地圣人之所共由。天地以顺动，故日月运行有定次而不过，四时错行有定序而不忒，是以万物生生不息，而千岁之日至，可坐而定。圣人顺人之心以动，而民怀其德而畏其威，不忍违犯其法纪，则刑罚清省，而民心悦服，是以令出而民从之，所谓立之斯立，导之斯行，绥之斯来，动之斯和，是以万邦协和，黎民雍睦，称盛世也。豫之时，四海同风，万姓和乐，豫之义，天地圣人之所共由，豫之时义之大，非言语所能尽述，学易者，可不深研其理，优柔涵泳，以默识之哉！

象曰：雷出地奋，豫，先王以作乐崇德，殷荐之上帝，以配祖考。

雷出地奋，震动万物之生机，则生机盎然，欣欣向荣，豫之象也。先王知乐之足以导和也，是故象其声，取其义，以作乐崇德，而以殷盛之乐，荐之上帝，以祖考配享，礼之最隆重者也。正风雅乐，洋洋盈耳，足以涤荡人之邪秽，而消融其渣滓，使私欲尽净，天理流行，乃所以崇德也。其诗歌声容，用于朝廷燕享，则以褒崇功德；用于祭享，而以歌颂功德，皆所以崇德报功也。

初六，鸣豫，凶。

鸣者，发于声也。初六以阴柔不正之姿，居豫之初，而上应九四之强援，为其所宠，豫乐之甚，至于自鸣，其器量浅薄如此，凶之道也。

六二，介于石，不终日，贞吉。

六二，柔顺中正，无有应与，当豫之时而无私系，故能察于物理，明以知几，而独不溺于豫，能自处其无逸者也。其于逸豫足以亡身之理，辨之甚明，而中正自守，其介如石焉，其去之速，不俟终日，以此为正而固守之，则不处于豫，而有贞吉之占也。夫逸豫人所耽恋者也。久于逸豫，则志满情肆，放心不收，而骄奢淫逸之习成，败家亡身之祸，伏于其中矣，惟君子无欲，故能辨之早，去之速也。当举世耽于逸豫之时，而六二独以中正自守，弃而去之，自非辨之明，守之固，行之果，不足以及此，其占贞吉，为教深矣。

六三，盱豫，悔，迟有悔。

盱，上视也。盱豫者，上视权贵而趋附之，以求势位，以为豫乐之资也。六三不中不正，无以自守，当豫之时，上承贵宠之九四，而仰瞻亲附，以盱豫，致悔之道也。当速悟其非而悔改之，若迟迟不改，至于凶咎将至，则悔改已晚，而成终身之悔矣。夫忧劳可以兴国，逸豫足以亡身，惟无欲而明理者能知之，六二中正无欲而知几，故于豫惟恐去之不速。六三则利令智昏，居下之上，处豫乐之地而犹盱豫，则其识见之高下，不可同日而语，故占有贞吉与有悔之异，学易者，观其象而玩其辞，可以知处豫之道矣。

九四，由豫，大有得，勿疑，朋盍簪。

九四以刚处柔，为豫之主，动顺民心，而上下归之，其志得行，天下所由以豫者也。故其占为大有得，然四以人臣，而荷天下之重，位近于君，有僭逼之嫌，危疑之地也。故不免心有疑虞而不能自安，但在天下归心之时，而六五推心任用之，唯当尽其忠诚，以展其才猷，感动奋发，励精图治，为天下谋幸福，则朋类合聚而辅助之，而其志可以大行于天下矣。勿得有所疑虑，而不敢勇于有为，以辜负上下属望之心也。

六五，贞疾，恒不死。

周易卦解（2015年修订版）

六五当豫乐之时，以柔居尊，耽于逸豫，而不知振作，又乘九四之刚，君权下移，其势孤危，尚不悔悟，如患痼疾，无有愈期。然以其柔中故为恒不死之象，占得此爻者，当思逸豫为亡身之道，翻然悔改，处仁迁义，用刚以振王纲，庶几有以自立，而贞疾得愈矣。

上六，冥豫，成有渝，无咎。

上六以阴柔居卦之终，豫之极，耽于豫乐，昏迷不返者也。以此居上岂可久乎？然上六居震之极，而能动善变，知变则能顿改前非，而不至终于冥豫，则其行可以无咎矣。

象曰：初六鸣豫，志穷凶也。

志穷谓自满之极。豫乐者，人之所易溺，乃荒淫之始，凶咎之所伏者也。初六以阴暗无知，上蒙九四之宠，一涉于豫，乃至自满之极，形于声词，以夸耀之，凶之道也。《礼》曰：志不可满，乐不可极。初六不明乎此，必至骄肆日甚，纵欲不反，昏昏不知凶祸之至也。

不终日，贞吉，以中正也。

当豫之时诸阴皆沉溺于豫，而六二独不终日而去之者，为其

以中正自守，其介如石，视不义之富贵荣华如浮云，而不肯一日
处也。

盱豫有悔，位不当也。

六三以阴居阳，不中不正，暗于理，而急于盱豫，故有悔。
则以处非其位故也。处身不正，乃处于足以亡身之逸豫则过矣，
故有悔也。

由豫，大有得，志大行也。

君子之仕也，将以行道济时。九四为豫之主，天下所由以豫
者也。其曰大有得，非谓得其位、得其禄、得其名也。谓得其行
道济时之志，致天下于豫乐也。

六五，贞疾，乘刚也，恒不死，中未亡也。

五有中德而不正，以柔乘刚，威权下移，故为贞疾。所以恒
不死者，以其得中也。中亡，则身亡矣。中未亡，是以恒不死也。

冥豫在上，何可长也。

昏冥于豫，凶殃将至，何可久也。若能速变，犹得幸免。占

者宜深思也。

兑上
震下　随

随：元亨利贞，无咎。

随，从也。卦体震下兑上，是刚从柔；卦德动而悦，则为柔
从刚，刚柔相从，卦之所以名随也。相随则情通，故其占为元亨，
然必以正相从，乃可以无咎，不正而相从，则违道从邪，相随适
所以害道，何元亨之有？

程传曰："凡人君之从善，群下之奉命，学者之徙义，临事而
从长，皆随也。随之道，利在于贞正，随得其正，然后能大亨，而
无咎矣。失其正，则有咎矣，岂能亨乎？"

彖曰：随，刚来而下柔，动而悦，随。

以卦变卦德释卦名义。以卦变言之，此卦由困变来者，九来
居初，由噬嗑变来者，九来居五，自未济来者兼此二变皆为刚来
下柔而从柔；以卦德言，则为动而悦，阳动而阴悦从之，彼此相
从，所以为随也。

大亨贞，无咎，而天下随时。

本义曰："王肃本时作之，今从之。"当大亨之时，能固守其

正，无有过咎，而天下随之矣。极言从之者众也。

随时之义大矣哉！

王肃本："时字在之字下，今从之。"上言大亨贞无咎，而天下随之，因知不正者，天下之所违也。随之时义，所包甚大，学者宜深察也。《论语》曰："子率以正，孰敢不正。"谓正身以正朝廷百官，则天下随之而正矣。又曰："其身不正，虽令不从。"盖言其所令反其所好，而民不从也。从与不从，惟视乎正与不正耳，随之时，与其利贞之义，岂不大哉！

象曰：泽中有雷，随；君子以向晦入宴息。

雷震而泽动，雷藏而泽静，泽之动静，随乎雷也。君子观于此象，随时休息，昼则自强不息，夜则入室晏息，以安其身，随时之义也。

初九，官有渝，贞吉，出门交有功。

官，主守也；渝，变也。初九当随之初，为震为主，动而随物者也。随之初如有偏主，则变其随之常，而以私情相与，非随之道。必去私从正，乃吉也。欲去私从正，莫如出门交。出门随人，则其随不私，惟其贞。所随既正，则资其教诲夹辅之力，而日就月将，下学上达，不自知其入于圣贤之域矣，所谓有功也。

六二，系小子，失丈夫。

六二与九五为正应，乃不随五而随初，故有此象。初在下，为小子，六二与之亲近而随之，是系于私昵也。九五在上为丈夫。丈夫者，大人也。人之所畏也。人情悦私昵而畏刚正，二虽中正，而阴柔，当随之时，以悦而动，故不能自胜其私，终于系小子，失丈夫，乃凶道也。若决然去其私昵，舍小子以随其正应，则吉也。

六三，系丈夫，失小了，随有求得，利居贞。

六三当随之时，上比于四，而下远于初，系丈夫，失小子，随之得其宜者也。人之情，每易随其亲昵，三近于四，故随四而失其初也。丈夫才德，在己之上，随之则可以受其益。小子蒙昧无知，随之则于己无所助。三之系丈夫，为随其所当随，故有求则得。然以其阴柔不正，易涉于私，故教之以利居贞。欲占者勿得有私求也。

九四，随有获，贞凶。有孚在道以明，何咎。

系辞传日："二与四，同功而异位。其善不同。二多誉，四多惧，近也。"又曰："凡易之情，近而不相得则凶，或害之，悔且吝。"九四与九五同德，而近于君，当随之时，随之者众，势凌于五，五所不能堪，是不相得也。故虽正亦凶。然至诚感神，唯德动天，九四如能竭诚事君，以尽臣道，使膏泽下于民，而恩威归于上。则万姓皆随于君，而君心安，猜疑无从生矣。何咎之有。此圣人开物成务之至意，而功高望重，当时之任者，宜审此戒也。

九五，孚于嘉，吉。

九五阳刚中正，以居尊位，当随之时，而下应中正之六二，同德相孚，孚于嘉之象也。嘉者，善也。人之随，首在从善，为人上而能信任善人，咨诹善道，察纳雅言，尽诚以从天下之善，则贤者进，而不仁者远，由是治功以成，盛世可致，吉可知矣。

上六，拘系之，乃从维之。王用亨于西山。

上六居兑之上，随之极，众心悦随，已极于此，故其象为既拘系之，又从而维之，言随之固结而不可解也。人心之悦从，由主上悦民之诚意所感也。诚之至，可通神明。周王占得此爻，用亨于西山，而周室日隆，诚心之足以感通神人也如此。世之不求诸己，而怨天尤人者，可以悟矣。

象曰：官有渝，从正吉也。出门交有功，不失也。

随有偏主，则变其常矣，惟有从正则吉也。又出门以交，则不系于私昵，不囿于疆域，得以广交天下之善士而随之，斯可以收交友之功，而不失随从之道矣。

系小子，弗兼与也。

当随之时，如系小子，则失丈夫矣。安有兼与之理。传曰："不知其人视其友。"所随者为小人，则与小人同类矣。岂能与丈夫为友哉！六二中正震体，如能知变，舍小子以从丈夫，则可以化凶为吉，转败为功，惟在自择而已。占不言凶者，盖望六二变而从善也。

系丈夫，志舍下也。

三之系丈夫，志在从上而舍下也。从阳刚在上之丈夫，则行日修，德日进，理日明，受益无穷。若从小子，则无益而有损，故执志以舍之也。

随有获，其义凶也。有孚在道，明功也。

身居人臣之位而获天下之悦从，其义固已凶矣！必尽诚于臣道，不施私惠，无有比德，虔恭尔位，以勤劳王家，德政咸皆归于君，过则责己。如此，则恩威一出于上，天下感戴而悦随之，臣子之道明，而凶咎可免矣。

孚于嘉，吉，位正中也。

九五之孚于嘉，以其正中也，中正则内外动静，无非天理用事，故其所孚随，无不嘉美，亦无不吉矣。

拘系之，上穷也。

穷，极也。上六居随之极，其相随之诚有拘系从维之状，其所以固结如此者，以上六居随之终，随之穷极而无以复加也。

䷑ 艮上
　　巽下　　蛊

蛊：元亨，利涉大川。先甲三日，后甲三日。

蛊，坏也，坏极而思治也。坏乱之时，能拨乱反正，以臻于升平，故得元亨。然治蛊非易事也，其艰难险阻，常有不及预料者，故利以涉大川之勇，往而治之，以求必济。甲为十干之首，谓治蛊之始也。先甲三日，推原其始以求蛊之所由起。后甲三日，预测其终，以防其复坏也。原始要终，以深研致蛊之由，既蛊之状，治蛊之道，而设既治以后之防也。程传，本义言之详矣，宜深玩也。

彖曰：蛊，刚上而柔下，巽而止，蛊。

以卦体卦变卦德释卦名义。艮刚居上，而巽柔居下，上下不交，而离心离德。下卑顺而上苟止，政荒事废，坏乱已成，故其卦为蛊。

蛊，元亨，而天下治也。利涉大川，往有事也。先甲三日，后甲三日，终则有始，天行也。

治蛊至于元亨，则天下平治也。然升平难以立致，往往历尽艰阻，方克有济，故治蛊之事，必具有涉川之勇，无贰无虞，不避艰险，而往以图之。又必先甲三日，后甲三日，原始要终，以深察治乱之机，而早为之所。法天之运行有序，乘时以拨乱反正，不要操之过急，以致偾事也。

本义曰："甲，日之始，事之端也。先甲三日，辛也。后甲三日，丁也。前事过中而将坏，则可自新以为后事之端，而不使至于大坏。后事方始而尚新，更当致其叮咛之意，以鉴前事之失，而不使至于速坏，圣人之深戒也。"

象曰：山下有风，蛊；君子以振民育德。

山下有风，回旋飘发，草木挠乱、摧折，蛊之象也。君子知治蛊之道，莫如德。导之以德，则民易治，弊易革，事易理。振民育德，必先正人心，乃拨乱反正之急务也。巽为风，风能动物，风教之行，所以振民，振民者，作新民也。艮为山，山则静以镇，静以育德，所以敦治本也。君子观蛊之象，而知治蛊之道以振民育德为急也。盖天下之治乱，在于人心，人心正，则祸根除，治本立，而后天下可治也。

初六，干父之蛊，有子，考无咎。厉，终吉。

干如木之干，蛊者前人已坏之绪，干蛊者，主治已坏之事也。初六在蛊之初，其蛊尚小，易于为力。又初为巽之主，能巽以入，承父之意以干蛊，其事易济。有子如此，其父亦将以无过也。然干蛊非易事。万一有失，则为父之累，故必时时惕厉。以求必济，则得终吉也。

九二，干母之蛊，不可贞。

母，谓六五也。九二以阳刚之质，与五为应，故其象为干母之蛊。不可贞者，谓当几谏，以冀其悔改，不可直言其非，以触怒之也。夫以六五之阴柔，悔悟必难，九二刚中而用柔，亦能巽以入，而犹告之以不可贞者，盖恐不明此义，一时不忍刚忿之心，遽然矫拂以伤恩而败事，失其干蛊之道也。大臣匡辅柔弱之君，亦当如此，乃臣子之中道也。

九三，干父之蛊，小有悔，无大咎。

九三过刚不中，当蛊之时，干父之蛊而过急，致父母怒不悦，而小有悔。然巽体自顺，顺以事亲，以展其刚正之才而治蛊，亦可以无大咎。惟是小悔小咎，亦非事亲之道。所以不深责者，盖嘉其能干蛊，又巽体得正，终当无咎。故不深责之耳。

六四，裕父之蛊；往，见吝。

六四以阴居阴，又在艮体，当蛊之时，不知奋发有为以干父之蛊，而反处之裕如，一任其坏乱而不恤。由此以往，则使其亲无令名，而子孙罹祸殃，扪心自问，能无羞吝乎？

六五，干父之蛊，用誉。

六五柔中居尊，下任九二刚中有为之臣，当蛊之时，上下同德以干蛊，则前人已坏之事，得以及时改正。而成太平之治，垂声誉于无穷。此知人善任之效也。继世干蛊之君，欲盖前人之愆，而成中兴之业者，当详玩此占，以贵德尊士，使贤者在位，能者在职，而后天下可治也。

上九，不事王侯，高尚其事。

上九刚阳居上，在事之外，其象为贤人君子，不偶于时，而高洁自守，独善其身，则是不事王侯，高尚其事者也。夫不事王侯，非果于忘世也。第以时与志违，无以施其才猷，只可优游山林，啸傲烟霞，以乐其道，所谓高尚其事也。

象曰：干父之蛊，意承考也。

子干父蛊，在于继志述事耳。人虽至愚，未必有意欲败其事，自取其凶咎也。第以一时不慎，所为失义，而致蛊坏耳。然岂无悔过之心乎？子能曲体亲心，尽诚干蛊，以盖前人之愆，其事虽不循旧，而其意则在于承考也。

干母之蛊，得中道也。

九二刚中而用柔，又居巽体，为能柔巽以干母之蛊，善于干蛊者也。君子之行，以中为贵，而干母之蛊，尤贵于得中也。

干父之蛊，终无咎也。

九三以刚正之才，而居巽体，当干蛊之时，虽以过刚不中，未免有过激之悔，然能巽以入之，以展其干才，则弊革事治，而终得无咎也。

裕父之蛊，往未得也。

以六居四，而在艮体，柔静安裕，不知及时干蛊以盖前愆，由此以往，则蛊日深，而父之过益著，于人子干蛊之道，为未得也。见客之占，必难免矣。

干父用誉，承以德也。

柔中居尊，亲贤下士，而九二承之以德，故能干蛊以成中兴之业，而致闻誉，如殷高宗、周宣王复兴王业，而为贤圣之君也。贤者有益于国也如此，惟在人君善任耳。

不事王侯，志可则也。

程传备矣。如上九之身处事外，不累于世，不事王侯，进退以道，出处以义，其所存之志，可为法则也。

坤上
兑下　临

临：元、亨、利、贞。至于八月有凶。

临卦兑下坤上，二阳浸长以凌逼于阴，故为临。十二月之卦也。其德兑悦坤顺，而九二以刚中之德，上与柔中之六五相应。当临之时，而以此道临物，当得大亨。然而盛衰相寻，吉凶相倚，方盛之时，尤利于贞固自守，若自恃其盛而不知戒，则自子至未凡八月，而阳消阴长，其卦为遁，而凶已至矣。夫复姤推移，临遁相易，天道之常也。圣人所以抑阴扶阳，盖欲保泰而防否，故于二阳浸长之时，而告之以此，欲其防微杜渐，勿使阴祸潜滋暗长于隐微之中也。

程传曰："自古天下治安，未有久而不乱者，盖不能戒于盛也。方其盛而不知戒，故狃安富，则骄侈生，乐舒肆，则纲纪坏，忘祸乱，则衅孽萌，是以浸淫而不知乱之至也。"

彖曰：临，刚浸而长。

以卦体释卦名，刚谓卦下二阳爻也。自复至临，阳浸进而阴日退，乃刚浸而长也。

说而顺，刚中而应。

又以卦德卦体言卦之善。兑悦坤顺，内和悦而外柔顺也。九二刚中，而上应柔中之六五，刚中而应也。以此相临，临之道也，得其道，则亨矣。

大亨以正，天之道也。

天地之化育不息，而物生不穷者，以其正也。大亨以正，是乃天道，不正不足以保其亨。当刚浸而长之时，能悦顺用中以相应，则是大亨以正也。大亨之时而固守其正，为能顺乎天道矣，临之至善者也。

至于八月有凶，消不久也。

在二阳初长之时，即以消不久戒之，圣人开物成务之意至深矣。阴阳消长，天运之常，盛极必衰，势所必至，而圣人扶阳抑阴，进君子以黜小人，欲使天下日益隆盛，而不至于浸衰也。曰有凶，曰消不久，所以警戒世人，使之预为之防，勿得于盛时自满以招损，则不至于有凶矣。

象曰：泽上有地，临；君子以教、思无穷，容、保民无疆。

泽上有地，地临于泽，临之象也。君子观临之象，效兑之悦，法坤之厚，以教民、容民、保民，其临民之意，无穷无疆矣，此圣人之心也。

初九，咸临，贞吉。

咸，皆也，遍也。初九阳刚得正，当临之初，遍临四阴而得正，故其占为贞吉也。天下事，皆以正为吉，而临民尤不可不正也。

九二，咸临吉，无不利。

九二刚而得中，于阳德方长之时，遍临四阴，和而用柔，无凌逼之意，因得诸阴之悦从，而得行其志，故其占为吉，无不利也。吉者，临民之吉也，无不利者，谓不独临民，凡事若以刚中说顺之德行之，亦无有不利也。

六三，甘临，无攸利，既忧之，无咎。

六三以阴居阳，不中不正，居下之上，无以临下，而但以甘悦临之，口惠而实不至，怨灾及其身，何利之有。然居上而知时识势，必知甘临难以悦君子，而忧心忡忡矣。既忧之，必能改之，由是用刚自克，讲学修德，迁善改过，则无甘临之咎矣。

六四，至临，无咎。

六四柔顺得正，居上之下，下之上，下应初九，当临之时，临以悦顺，临之至也，故无咎。四在人臣之位，上亲于君，下任初九之贤，用其谋猷，以尽临民之道，是以无咎也。

六五，知临，大君之宜，吉。

知音智。六五柔顺得中，以居尊位，当临之时，下任九二之贤，为不自用。而任贤之象，乃智者之事，而大君之所宜也。太甲、成王，为继世之贤君，能任贤也，是以吉。

上六，敦临，吉，无咎。

上六居临之终，坤之极，敦厚于临者也。临以居上临下为义，故上六不言无位，而但取其在上以临下。敦厚于临，吉而无咎之道也。

象曰：咸临，贞吉，志行正也。

咸临贞吉，其志在于行正也。夫阴阳相辅相成者也，是故无阳不生，无阴不长。然而阳用事，则发生长养，阴用事，则收敛归藏，故阳比君子，而阴拟小人。临卦以二阳浸长，以凌逼四阴为义，是君子得时以临小人，欲化小人为君子，以正家正国正天下，其志则在于行正，非欲仇小人而灭绝之也。天下既正，小人实受其福。是君子道长，吉莫大焉。

咸临吉，无不利，未顺命也。

咸临之所以吉无不利，非顺上命而然也。盖以阳浸而长，君子乘时以有为。上得柔中之应，与之合德以临民，如伊尹之于太甲，周公之于成王。尽忠辅导，勤劳王家，以期幼君日新其德，成为贤主。未为顺命，以从上意也。孟子曰："王犹足用为善，王如用予，则岂徒齐民安，天下之民俱安。"其谓用予，非但用其人，谓用其道也。用其道，则是君听臣，非臣顺君之命也。君暗臣明，不听臣，不足以理万机以君临天下，而为贤君也。君听臣，非谓君权下移也，听其言以革心之非，学焉而后臣之，则不劳而王矣。宣王得孟子，宋孝宗得朱子而不能用者，皆欲贤者舍所学而从我，由不知未顺命之道也。

甘临，位不当也，既忧之，咎不长也。

当刚浸而长之时，六三以阴柔居下之上，以乘二阳，而自度才德不足以临之，惟以甘言取悦，为临之计，然又自知君子易事难悦而忧之。既忧之，则当改前之为，尽其悦贤之诚，而师事之，心贤人之心，行贤人之行，则可变而为君子，其咎不长矣。圣人勉人迁善，为教深矣，学者可不观象玩辞，深思圣人之教，以自勉哉！

至临无咎，位当也。

四当临之时，柔顺得正，以承上应下，相临之至也。其所以无咎者，以其位当也。身在臣位，而能柔顺以承上；下应于初，而悦顺以下贤。事上临下，各守其正，故无咎也。

大君之宜，行中之谓也。

天下事，过则失中，不及则未至，故惟中庸之德为至。六五以柔中之德，下任九二刚中之贤，上下合德，临民以中而民服，因以见大君之智也。以智临民，乃大君之宜，而大君之宜，尤在于行中也。

敦临之吉，志在内也。

上六居临之终，坤之极，敦厚于临而获吉者也。说卦曰：临观之义，或与或求。上在事外，而犹敦厚于临者，是己自临人，所谓与也。处高临下，出于自愿，故曰：志在内也。惟其志在内，故与不事王侯，高尚其志者，其迹不同矣。盖遁则宜远遁，而临则宜亲临也。

☷☴ 巽上 坤下 观

观：盥而不荐，有孚颙若。

观（guàn），下大观，以观之观，与大象观字并同。

本义曰："观者，有以示人，而为人所仰也。九五居上，四阴仰之，又内顺外巽，而九五以中正示天下，所以为观。"盥而不荐，言当祭祀之时，既盥以致其诚洁，尚未奉酒食以祭。颙者，尊严之貌。言于临民之际，致其诚敬，如承大祭，内孚信而外尊严，则有以示人，而为人所瞻仰也。

象曰：大观在上，顺而巽，中正以观天下。

大谓阳，阳为君子。九五德才并茂，孚信中正，乃君子也。君子之行，下民之所瞻仰也。九五阳刚中正，以居尊位，而卦德内顺外巽，是以顺巽中正观天下，而为天下所仰也。

观，盥而不荐，有孚颙若，下观而化也。

当观之时，其诚敬能如盥而未荐之际，内孚诚而外尊严，则天下之民观而化之也。

观天之神道而四时不忒。圣人以神道设教，而天下服矣。

忒，差也。日月运行，一寒一暑，寒暑相推而成岁；四时之序，历古今而不忒，乃天道之常规，自然而然，而人莫知其所以然者，乃天之神道也。圣人法之，而于人所当行之道，为天下古今所共由者，而品节之，以为法于天下，则谓之教，所谓以神道设教也。道之大源出于天，人之道，既天之道，圣人因人物之所当行，万世由之而不可易者，以立教，天下之人涵泳其德，鼓舞其化，日日迁善而不知为之者。盖以率己之性，行己之道，如鸢飞鱼跃，神化自然，孰不乐于为善，而服其教也。天地之大德曰生，而其心至公至仁也，是以为之昼夜以生东西方之物，为之春秋冬夏以生南北方之物，而未尝有所偏，其生物之心，至公至仁如此，故四时不得而忒焉，所谓神道也。圣希天，默契乎天之神道，而行于人伦日用之间，其心至公至仁，与天地同，故能为法于天下，可传于后世，而其设教必教之以人伦，是教以率性之道，出于人心之所同然者，是以天下之人，无不服而行之，有莫知其所以然者，此之谓以神道设教也。夫君子所过者化，所存者神，其治邦家也，所谓立之斯立，导之斯行，绥之斯来，动之斯和，杀之而不怨，利之而不庸，民日迁善，而不知为之者，此谓以神道设教，而天下自西自东，自南自北，无思不服矣。

象曰：风行地上，观；先王以省方，观民设教。

观之为卦，坤下巽上，为风行地上之象，先王观风行物动之象，而知风教之足以化民也，故制为省方之礼，以遍观民情风俗，察其美恶，以施政教，彰善瘅恶，树之风声，使民知所向往，以趋于正，然后教化行，而风纯俗美矣。

初六，童观，小人无咎，君子吝。

童谓蒙童，小人君子以位言。卦以观示为义，爻以观瞻为义。初六居观之初，如蒙童初见事物，未明其理，故其所见者浅近，而无远见之明也。小人如此，尚不足咎，若君子居民之上，有治国保民之责，而犹无异于童观，则其施为，必多差谬，而不免有误国殃民之祸，岂不可耻之甚哉！每见狂妄之徒，常以哲人自许，而其所谋为，往往近于儿嬉，类似神话，而不自知其非者，皆童观之类也。

六二，窥观，利女贞。

六二柔顺中正，上与九五为应，当观之时，居内以阚外，阚观之象也。阚观非男子所宜，在女子或可取也。然妇无公事，而以正位乎内为贞，今为阚观，不无干预外事之嫌，故其占为利女贞，谓当正位乎内，不可妄有所阚，而欲休其蚕织也。

六三，观我生进退。

我生，我之所行也。六三居下之上，顺之极，以阴居阳，柔中含刚，可进可退，当观之时，不观于上，但观我所行之通塞，以为进退，则仕止久速，各得其宜，而不失出处之道也。

朱子曰："六三之观我生进退者，事君则观其言听、计从，治民则观其政教可行，膏泽可下，可以见自家所施之当否，而为进退。"

六四，观国之光，利用宾于王。

九五大观在上，中正以观天下，六四最近于五，如入京畿仰瞻天子之邦，见其风化之美盛，德政之光辉，而有感于衷，故其象为观国之光，而其占为利于朝觐仕进也。圣天子在上，宾礼群贤，则诸侯乐于朝觐，而怀才抱德之士，为其宾兴，以入于朝，仰见人君盛德之光辉，而利于辅佐天子，以匡济天下也。

　　九五，观我生，君子无咎。

　　九五阳刚中正，居尊位以观天下，其下四阴仰而观之，有圣人作而万物睹之象，吉之道也。然当阴长阳消之时，五之一言一行，乃天下之所瞩目，为难处也。当观我之所施为，无有不中，足以风动四方，化行宇内，民日迁善而不知为之者，及至朝野上下共睹唐虞之治，则我生乃为君子，而后无咎矣。

　　上九，观其生，君子无咎。

　　上九以阳刚之德，居卦之上，观之终，而观止矣，虽不在尊位，而其德行道义，已为天下所瞻仰，故以观其生君子无咎戒之。言其德业行义，既为天下所瞻仰，则其一言一行，皆有关于世道人心，必反观内省，见其平生之所行，纯是君子之道。足以为天下仪表而无愧，然后可以无咎也。

　　象曰：初六童观，小人道也。

童子之见，不明不远，小民如此，亦不足责；若身居人上，其识见似于童子，则动辄谬误，为害必多，可耻之甚也。

阙观女贞，亦可丑也。

六二与九五为正应，当观之时，居内以观外，阙观之象也。阙观女贞，何以为丑，盖以九五大观在上，中正以观天下，二既与之为应，为当以中正之德，辅相大君，发政施仁，以安百姓。不斯之图，而反不出户庭，以失其时机，而无行道济时之志，故可丑也。

观我生进退，未失道也。

六三居下之上，进则行义以达其道，退则隐居以求其志，进退之际，但观我所行之通塞以裁之，然后不失出处之义。若瞩目于外，随世浮沉，则失其所以扶世长民之道，而为同流合污之人矣，是失道也。惟有观我之生以为进退，方为不失其道。

观国之光，尚宾也。

六四所以得近于君，以观国之光辉者，以九五阳刚中正，以居尊位，能崇尚贤能，而宾礼之，而贤者亦愿作宾于王家也。上下同德，以拨乱反正，则太平之治，可以复见于兹时矣。

观我生，观民也。

《中庸》云："知远之近，知风之自，知微之显，可与入德矣！"又曰："不显惟德，百辟其型之，是故君子笃恭，而天下平。"九五大观在上，天下所瞻仰者也，四海之内，王化之所被也。醇风美俗，出于王者之一心，意念之微，将于天下之风尚见之，是以观我生，必观民俗之善否，以自观省也。

观其生，志未平也。

上九虽不在位，而以阳刚居上，其道德文章，实为天下所师法。是以常自深省，不敢有安逸之意也。惟圣罔念作狂，一时放意，则昏迷斯兆，不矜细行，终累大德，可忽也哉！况在观示之际，上之举止语默，皆为天下所则效，是故其志未能平，而无时不观己之所行为君子者乎？色庄者乎？以自省察也。

䷔ 离上 震下 噬嗑

噬嗑：亨，利用狱。

噬，啮也。嗑，合也。为卦上下两阳而中虚，为颐口之象。九四一阳梗于中，如口中有物，必噬之而后嗑，故为噬嗑。既合，则梗去而亨矣。利用狱者，谓用此卦之德以折狱，则威明相济，无情者不得尽其辞矣。

象曰：颐中有物，曰噬嗑。

以卦体释卦名义，言此卦之象，如颐中有物，噬而后嗑，故名曰噬嗑。

噬嗑而亨，刚柔分，动而明，雷电合而章，柔得中而上行，虽不当位，利用狱也。

以卦象、卦体、卦德、卦变释卦辞。卦名噬嗑而占亨，以其象如食物入口，噬而后嗑，既嗑则无梗，而自亨通也。卦体：阳爻三，阴爻三，是刚柔分，而阴阳正等也。卦德：动而明，明动相资也。离震同卦，其象为雷电合，而相得益彰也。卦变：由益而来，柔自四来居五，是柔得中而上行也。所以利用狱者，则以阴阳正等，不刚不柔，足以威凶犯，哀无罪也。明动相资，明察善断，无情者不得尽其辞也。雷电相合，威明并用，足以大畏民志也。柔得中而上行，戒武断而尚仁柔，罪疑惟轻，既得其情，则哀矜而勿喜。卦才如是，是以诸爻虽不当位，而利用折狱也。

象曰：雷电噬嗑，先王以明罚敕法。

雷电，当作电雷。电雷虽以声光异名，而实为一物，初非有间，犹噬嗑也。先王观噬嗑之象，明刑罚以饬法，如电雷之闪耀震动，惊远而惧迩，使民畏法怀刑，不陷于囚系，此之谓刑期于无刑，所以自尽其若保赤子之心也。

初九，屦校灭趾，无咎。

卦惟初上无位，乃受刑者也，当噬嗑之始而居下，初犯刑罚，即屦校而灭趾，惩于违法之初，使之不敢重蹈前非，止恶于初，故得无咎也。屦，谓着，校，足械也。屦校，谓足着木械，盖欲使之知戒，而不敢进而为恶也。

六二，噬肤灭鼻，无咎。

肤谓肉肤，柔脆易噬之物也。六二居中得正，故其治狱，如噬肤之易。然在初九之上，以柔乘刚，虽用中正之道以治之，而强顽之徒，初亦不服，未免有伤于威严。必深入诘讯，以得其情，始可以服之。故又有灭鼻之象。夫以中道治狱，则刑罚自无不中，罪犯虽强，终必自服其罪。戒占者其难其慎以从事，虽有小伤，而无咎矣。

六三，食腊肉，遇毒，小吝，无咎。

腊肉，谓兽腊，全体骨而为之者，坚韧难噬之物也。六三以阴居阳，不中不正，居下之上，折狱用刑，未能中乎狱情，无以折服凶顽之心，而反为其告讦，故有食腊遇毒之象。是其明不足以断狱，德不足以服人，为可羞吝。然当噬嗑之时，彼实有罪，我则治之以法，亦又何咎？故其占为小吝无咎，盖言当以不善断狱为羞，非谓恶人不可绳之以法也。

九四，噬干胏，得金矢，利艰贞，吉。

胏与胾通，肉之带骨者。金谓金币，矢，箭也。周礼狱讼入钧金束矢，而后听之。九四以阳居阴，有刚明之才，而用柔德以折狱，得用刑之道也。所治虽强很难服之人，如干胏之不易噬。然其有刚明之才，于狱情明若观火，使无情者不得尽其虚诞之辞，而有以折服强横之心，及至用刑，则以柔明为本，务使刑当其罪，故能听讼得当，而得金矢也。夫狱者，天下之大命，刑期于无刑。所以辅政教之不足，故必其无一念轻忽之心，坚固守正，无分毫枉曲之断，则吉也。

六五，噬干肉，得黄金。贞厉，无咎。

六五以柔居刚而得中，当噬嗑之时，居于尊位，以刚济柔，断天下之狱而得其中，故有噬干肉，得黄金之象占。然以身居尊位，不能以德化民，使天下无讼，用刑虽正，殊非安国之道，故有贞厉之戒。惟以断狱言，则用刑得当，为无咎也。

上九，何校灭耳，凶。

何如负荷之荷。刚极之阳，在卦之上，刚很自恃，违法乱纪，对于一切禁令，充耳无闻，恶极罪大，故有荷校灭耳之凶，怙恶不悛，终罹刑狱，系辞所谓恶积而不可掩，罪大而不可解者，谓积恶以灭其身也。

象曰：屦校灭趾，不行也。

屦校灭趾，禁恶于初，使之知戒，不进于恶也。小惩而大诫，欲其向善背恶，行于正路，而不至再陷于恶也。

噬肤灭鼻，乘刚也。

灭，灭没也。以初上爻辞推之，则为灭伤之义。噬肤何以灭鼻，乘刚故也。唯其柔顺中正，用刑无偏，有以折服强梁之心，故无咎也。

遇毒，位不当也。

六三居下之上，以德薄才疏，治人而人不服，为遇毒之象。盖由以阴居阳，位不当也。

利艰贞，吉，未光也。

九四治狱，得其金矢矣，所以戒以利贞者，盖以噬嗑之利用狱在于得中，四虽刚明之体，而不中正，其于治狱之道，犹未能光大也。占者如能以阳刚之资，勉于中正，则折狱无失矣。

贞厉无咎，得当也。

六五治狱，得其中直矣，然居尊位，不能使天下无讼，而第以明断自足，则虽正亦厉，若言其听讼则无咎。以其居中用刚，而折狱得当也。

何校灭耳，聪不明也。

所以至于何校灭耳者，为其聪不明也。善言不能入，禁令如不闻，积恶不悛，以至罪大恶极，身遭囚系，则灭耳之凶，不得免矣。

䷕ 艮上 离下 贲

贲：亨。小利有攸往。

贲，饰也，山下有火，火光烛山，而山峰显秀，林壑露美，贲之象也。夫具有臧武仲之智，公绰之不欲，卞庄子之勇，冉求之艺，亦必文之以礼乐，然后可以为成人。盖无文不行，美质既具，因而文之，则其行乃亨矣！故贲有亨道也。然绘事后素，文质彬彬，然后君子。若徒尚文饰，则有胜质之弊，故其利有攸往者亦小耳，此夫子所以从先进也。

彖曰：贲，亨。

亨字疑衍。

柔来而文刚，故亨，分刚上而文柔，故小利有攸往，天文也。

以卦变释卦辞，贲之内卦，由乾变离，六二柔来而文刚，为文明之主，刚健之质，贲之以文明，则无不亨矣。外卦由坤变艮，刚上而文柔，坤土受贲而为山，有林壑之美，柔而能刚，故小利有攸往。刚柔交错成文，如日月代明，四时错行，斗转星移，天之文也。先儒谓天文上当有"刚柔交错"四字，今从之。

文明以止，人文也。

以卦德释卦辞。内离明而外艮止，文明以止，谓文明各得其分也。君臣父子夫妇昆弟朋友之间，灿然有文以相接，截然有分以自尽，亲亲尊尊，各安其止，人之文也。

观乎天文，以察时变，观乎人文，以化成天下。

贲于天者，天文也。贲于人者，人文也。圣人观乎日月星辰之错列，寒暑阴阳之迭运，以察四时之变，治历明时，以施政教，所以敬天时也。观其君臣父子兄弟夫妇朋友之分有定，而教之以亲义别序信之道，兴礼乐以化成天下，所以重人文也。贲之为道如此，学者可不深玩之哉！

象曰：山下有火，贲；君子以明庶政，无敢折狱。

山下有火，则峰岗、林壑、飞泉、奇石皆被其光，而显露其美，贲之象也。然其明不及远，事止于贲，君子观之，用以修明庶政，以成文明之治，不敢用以折狱也。夫折狱乃事之大者，非大明不足以断之。稍偏于重，则成冤狱，而死者不可复生，刑者不可复全，岂敢不重情实，而用文饰于其间哉！圣人之情见乎辞，听讼者宜深思焉。

初九，贲其趾，舍车而徒。

初九刚德明体，在卦之下，当贲之时，以刚正自守，不干仕进，为贲其趾，舍车而徒之象。盖不以高车驷马为荣，而宁徒行以守义，其文明乃在徒行之趾也。守节行义，君子所以自贲，非世俗所能知也。程传所谓君子所贵，世俗所羞。世俗所贵，君子所贱者，谓君子之所见，自不与众同也。

六二，贲其须。

六二阴柔中正，为文明之主，柔来而文刚者也。从三至上四爻，互卦为颐，二在其下以文之，如须在颐下而文面，故其象为贲其须。髯之美者，人亦称之，为其能饰面也。然面之美恶，自有其质，非须所能改也。此爻词所以无吉凶之占也。

九三，贲如濡如，永贞吉。

九三以刚正之质，当贲之时，居二阴之间，为其所贲，至于濡如而光润，贲之盛者也。然阴阳相贲，必以贞正自守则吉，若溺于所安，则失其刚正，而不能永吉矣。

六四，贲如皤如，白马翰如，匪寇婚媾。

六四与初九为正应，当贲之时，下乘九三，为其所隔，而不能贲于初，故皤如而无文也。然其求初之志甚切，故其所乘之白马，翰如若飞，刻不容缓，则大臣急于进贤，同心敷贲之热衷也。然以九三之刚正，岂为寇哉，特以求婚媾耳！四如心诚求之，终必与初相与，岂他物所能间之哉！

六五，贲于丘园，束帛戋戋，吝，终吉。

六五，艮体而柔中文明为贲于丘园，束帛戋戋之象，而阴性俭啬。谓其以朴素为文，以束帛浅小之物为礼，虽以居尊过俭为可吝，然礼奢宁俭，俭者礼之本，富国足民之要道也。示民以俭，则民归于朴，而殷富可致，故得终吉。

上九，白贲，无咎。

上九以阳刚之质，居贲之终，止之极，其于文饰，漠然无所动于衷，而反以白为贲，贲极反本，以救时弊，善于贲者也，故无咎。

象曰：舍车而徒，义弗乘也。

君子之取舍，决于义而已。初九当贲之始，有刚明之德，应四而比二，求之者众矣！而初乃嚣嚣然安于下，不以乘为荣，非泥涂轩冕也。盖非义非道，一芥不以取诸人，所以舍车而徒者，义弗乘也。初九居贲之下，故取象如此，因以见君子之所贵者，盖自有在，而高车驷马，身外之物，不足以为荣也。

贲其须，与上兴也。

六二柔来而文刚，刚为质，而柔为文，文随质而见，无质则文无所附，如须之附颐，动止不能自主，而从上以兴。占者宜从上之阳刚而动，凡事勿得自专也。

永贞之吉，终莫之陵也。

九三以刚明之体，受上下两阴之贲，贲饰之盛者也。然非正应，而以相比者相贲，必永恒不失其正则吉，而终莫之陵也。陵，侮也。谓他人见其不正而陵侮之。若能永贞，则谁得陵之哉！

六四，当位疑也，匪寇婚媾，终无尤也。

六四应初而乘刚，为三所隔，不得其贲，故皤如无文也。而其应初之志，如飞马之疾者，以其所当之位为可疑也。居人臣之位，为有力者所间，不得急于进贤以敷贲，则侧陋者虽贤而不遇，人将疑己为窃位也。然以九三之刚明，岂为寇者哉，特以求为婚媾耳。四若守正而不与，终必与初相遇，而得无咎也。

六五之吉，有喜也。

六五于文盛之极，而艮体静厚，敦本尚实，以俭朴为天下倡，崇实黜华，类似邱园之民，以戋戋束帛为礼，而安于俭朴，故于万众竞尚文饰之际，得全其有而终吉，良以五居尊位，为民所视效，易于移风易俗，能使天下向风，革其文盛之弊，归于淳朴，而致民殷国富，是以有喜庆也。

白贲无咎，上得志也。

当贲之极，人厌虚文而尚质，复于无色，而无文胜其质之弊，故无咎。上以艮体敦厚，不尚浮华，而天下化之，归于淳朴，得以遂其敦本之志也。

艮上 坤下 剥

剥：不利有攸往。

剥，落也。为卦五阴竞长于下，一阳将尽于上，阴盛剥阳，百物凋残，生机萧然，犹世乱国危，小人壮而君子病，道丧德衰，大命将倾，是以不利有攸往，往则危矣。

彖曰：剥，剥也，柔变刚也。

以卦体释卦名义。阴盛剥阳，柔进，而变刚为柔，故名剥也。小人道长，必欲剥尽君子之道，以逞其肆无忌惮之心，阳不尽，剥不止也。

不利有攸往，小人长也。顺而止之，观象也。君子尚消息盈虚，天行也。

以卦体卦德释卦辞。小人道长之时，往必取祸，惟有详观内坤外艮之象，顺而止之，以苟全性命于乱世耳。君子处世，当视消息盈虚，以为进退，则有以顺乎天运自然之则，而不至违时以取祸也。

象曰：山附于地，剥，上以厚下，安宅。

附，附着也。山着地上，有崩溃之理，剥之象也。山附于地，则地益厚，而山益宁，君子观剥之象，而知民为邦本，本固邦宁之道焉。因以不忍人之心，发政施仁，以厚下民，固邦本，以安其国，则无剥丧之患矣。

初六，剥床以足，蔑贞凶。

剥卦以床取象，只为卦体象床也。而床又为人身安处之物，剥丧之，则无安身之处矣。初六当剥之始而居下，故有剥床以足之象。床足既剥，则床体亦废，勿谓剥才及足，为不足戒也。然阴之剥阳，是自求祸也，岂有无阳之阴，而可以幸存哉！盖剥阳即是蔑正，正蔑则阴亦灭，故其占为蔑正凶。圣人于阴将剥阳之初，即以此占示之，所以哀怜警觉小人者已至矣，孰谓易不为小人谋哉！

六二，剥床以辨，蔑贞凶。

辨，床干也。所以分隔上下者。阴渐进而剥阳以害正，务使无安身之处，至于灭正而后快。剥床及辨，其蔑正已甚矣，能无凶乎？

六三，剥之，无咎。

当阴进剥阳之时，众方竞进以剥阳，而六三独自居刚应刚，舍其类以从正，不畏群小之攻，身虽孤危，而于义为无咎也。君子之于天下也，无适也，无莫也，义之与比，岂以时势所趋为从违哉。

六四，剥床以肤，凶。

六四阴长已盛，阳剥已甚，为剥床以肤之象，群小进而剥丧元良，不仅剥其道，且欲灭其身矣！凶祸之临，迫在眉睫，君子当豫定自处之道，而小人亦必有切肤之凶矣。

六五，贯鱼，以宫人宠，无不利。

六五柔静得中，位在群阴之上，而比于上九，有率众阴以事其上之象。故其象为贯鱼以宫人宠，而其占为无不利也。鱼，阴物；宫人，宫中之人，妻妾侍御也。六五居尊，能统率群阴以亲比于上，如后妃以宫人进御，而受宠于君，则无不利也。夫阴之剥阳，至五而极，圣人不复言剥，而别取一义者，以六五得中比上，当剥之时，在众阴之上，率众守中以行正，亲昵上九，而无剥阳之心也。

上九，硕果不食，君子得舆，小人剥庐。

剥之为卦，诸阳消剥已尽，惟上九一阳尚存，如硕大之果不见食。将有复生之理。当此之时，君子在上，将为众阴所载，而天下有复治之理。小人居之，则大厦将倾，民无所托庇，而小人亦因之失所矣。爻象既明，而君子小人其占不同，此见卦爻吉凶悔吝之占，因人而异，六十四卦、三百八十四爻，莫不皆然，圣人特于此爻发之耳。至于阴阳剥复之理，程传言之详矣，此不赘。

象曰：剥床以足，以蔑下也。

初六当剥之始，剥床足以蔑下，蔑下，即蔑正也。正蔑则君子之道消矣。夫下者，上之基也，下灭则上倾。君子观床足之剥，而知小人之道长，必致是非颠倒，善恶混淆，赏罚不明，而下民罹殃，丧乱之凶祸将至也。

剥床以辨，未有与也。

六二以柔顺中正之质，反至于剥床以辨而蔑正者，以未有阳刚之应与也。自古生于乱世，迷于时尚，而不得贤师良友以诱导之使归于正，必致比之匪人，以祸世殃民，而不自知其非也。天下之大，不患无贤才，特以师道不立，而溺于流俗，不能自拔，遂至走入迷途耳！君子观爻象之辞，既叹圣学之不明，而又深忧邪说之惑世诬民也。

剥之无咎，失上下也。

上下谓四阴也。当剥之时，诸阴竞进以剥阳，而六三独与上九为应，是能剥去其党，不与之同行，而一意应上，宁犯诸阴之忌，而不变其从上之心，于义为无咎也。

剥床以肤，切近灾也。

肤，谓肌肤，剥及肌肤，切近性命之灾，其势危急，难以免矣，独怪辨之不早，而失于防微杜渐也。

以宫人宠，终无尤也。

当群阴剥阳已甚之际，而六五以柔静而中之质，亲比于上，又能统率群阴以事之，为贯鱼以宫人宠之象。不荒正而从正，不剥阳而尊阳，故终无尤也。

君子得舆，民所载也。小人剥庐，终不可用也。

剥极之时，诸阳消剥已尽，独上九一爻尚存，其势已孤危矣，然当乱极思治之际，上九以阳刚静镇于上，下有柔顺之民，尊仰爱戴，而归顺之，则是君子为众庶所载而得舆，以兴太平之治；若小人处之，则将变而为纯阴，而呈剥庐之象矣，是以终不可用也。

坤上 震下 **复**

复：亨。出入无疾，朋来无咎。反复其道，七日来复，利有攸往。

复，阳复生于下也。自九月五阴竞进，剥尽仅存之硕果，至十月而成坤，疑为无阳矣。然阳无可尽之理，剥尽于上，则复生于下，积之逾月，而一阳来复，即成复卦。阳既复，则生机渐盛，君子道长，故亨通也。又其卦内震外坤，为动而以顺行，为能不犯群阴之忌，故得出入无疾，朋来无咎，惟是阴阳有相胜之理，阳长则阴消，阴进则阳退，阴阳往复，往来变迁，自姤之后，阴长阳消，经七月而变为复，故其占为反复其道，七日来复。阳复则君子道长，是以利有所往也。

象曰：复，亨，刚反。

刚反，谓一阳来复也。刚往而复反，君子之道，从此渐长，天下由乱而向治，此复之所以必亨也。

动而以顺行，是以出入无疾，朋来无咎。

以卦德释卦辞。一阳初动而微弱，其进艰难；以其动而以顺行，故不为诸阴所嫉，而得出入无疾，朋来无咎也。

反复其道，七日来复，天行也。

阴阳消息往复，乃天道之自然，自午至子凡七日而一阳来复，天运然也。

利有攸往，刚长也。

以卦体言，一阳既生，则必渐长，阳长则君子道长，万事将有生复之几，故利有攸往也。

复其见天地之心乎？

自姤至坤，阴长阳消，驯致于履霜坚冰，百物凋残，天地生物之心，疑于灭息。至十有一月而一阳来复，则见天地生物之心，无有改移，而元亨利贞，诚通诚复，无非生物之心，故于阴盛之极，而一阳来复也。剥之极者，复之几，相反适所以相成，休养生息，相为用也。盖地域有南北东西，而天时有春夏秋冬，二至二分四立之区分，乃圣人治历明时之纲，所以顺天地之道，因时敷治，以曲成万物也。天时既明，而天地之心乃见，天地之心在于生物而东西南北，不能兼顾也，自冬至之后，天运南行已极，转而向北，将以苏北方之物；至夏至而极，又转而向南，以苏南方之物。如此则南北方之物，各遂其生，而天地生物之心，于是乎见矣。自春分以至秋分，天地所以仁育北方者，无所不至，然于南方之物，未尝一日忘；自秋分以至春分，天地所以爱养南方者，亦无所不至，然亦未尝一日遗忘北方之物也。南与北，不可兼顾，不得不为之春夏秋冬以曲成之。至于东西方之物，则以昼夜交替，以发育之矣。故曰：天地之大德曰生。圣人恐人不之知也。特于复卦以明示之曰：复，其见天地之心乎？

象曰：雷在地中，复；先王以至日闭关，商旅不行，后不省方。

雷在地中，虽未发声，而阳气一动，与阴相薄，其发声之理，已具于复之象矣。阳气初复而尚微，宜静养，不宜烦扰。先王观雷在地中之象，于至日闭关，以息商旅，亦不为省方之举，盖欲安静以养微阳也。养至动于至静之中，无扰乎阳，所以使微阳安静生息，以期乎刚长也。是故程子每见人静坐，便叹其善学，以后生初知向学，如无存养之功，而扰之于事为，则疏于放心之求，而善端无从以壮大矣。故程子谓"在一人之身，亦当安静以养其阳也"。

初九，不远复，无祗悔，元吉。

不远复，谓失之不远而即复也。才失即复，庶几不至因失而致悔，元吉之所由也。初九为卦之主，当复之始而先复，故有此象。今玩此辞，而知操存之要矣。夫心之为物，操则存，舍则亡，出入无时，莫知其乡，存养省察之功不密，瞬息疏忽，则妄念有可乘之机，而有害于天德之纯。且微阴一萌，而不之察，将有罔念作狂之危矣。故必克己复礼，天下归仁，而后可以当此爻之占，而得元吉也。

六二，休复吉。

六二柔顺中正，而比于初，当复之时，能亲贤下仁，得师友之力以善吾复，则有事半功倍之效，复之休美者也。亲仁以成其德，吉之道也。

六三，频复，厉，无咎。

频复者，复而不固，顿失而频复也。六三以阴居阳，不中不正，当复之时，能复而不能守，危之道也。然犹幸其能复。若复而不失，则无咎矣。过在失，而不在复也。

六四，中行独复。

中行，谓行于群阴之中也。六四当复之时，独与初九为应，舍群阴而下从微阳，不虞其势之孤，而但知从善以自淑，君子之行，当如是也。

六五，敦复，无悔。

六五柔顺得中，而坤体敦厚，当复之时，敦笃于复者也，安土敦乎仁，将从此始，是以无悔也。

上六，迷复，凶，有灾眚。用行师，终有大败，以其国君，凶；至于十年，不克征。

上六居复之终，而仍阴暗失中，是终不能复其善也。故其象为迷复。迷复者，昏迷不能以自复，凶之道也。既迷于复，则所为多违礼法，故有灾眚。若用以行师，必致师徒挠败，迷道难返，而有全军覆没，危及国君之祸矣。十者数之终，十年不克，是终无克敌之期，盖极言迷复之凶以警人也。

象曰：不远之复，以修身也。

修身之道，在于明善以复初，不远之复，复之最善者也。故君子慎独谨微，防于意念之萌，存善去恶。复于隐暗之中，则身无形显之过，而心有自得之乐，此所谓不远之复也。

休复之吉，以下仁也。

休复之所以吉者，为其能下仁也。初九先复其善，而为仁人矣。二比于初，而能下之，资其辅翼薰陶之益，以复吾仁，复之休美者也。孝弟、谨信、爱众、亲仁，作圣之功也。六二之下仁，正合此义，所以为休复也。

频复之厉，义无咎也。

频复之所以厉，为其频复频失，第能日月至焉而已矣，能复而不能久，恐终不能复其初也。然犹幸其能复，如复而不失，则于义为无咎也。

中行独复，以从道也。

中行独复者，言六四当复之时，身在群阴之中，而独能从初九之微阳以复其善，绝其朋辈之私以独复，其识足贵，其志为不凡矣。但知贵德从善，而不顾势之盛衰，故能独复以从道也。

敦复无悔，中以自考也。

考，成也。敦复中道，以自成其德，故无悔也。五以中顺之德，而坤体敦厚，为敦厚之象，而有中以自考之占也。

迷复之凶，反君道也。

君之所行，关乎亿兆之安危，不可或失其道也。失而即复，其害已甚，况迷复乎！六居卦之上，复之终，而仍阴柔不中，未复其善，是终不能复也。终迷不复，虽在庶民，犹不能安其身，而况于君乎？为君而反君道，则欲败度，纵败礼，亡国败家之祸，已伏其中矣。！此迷复之所以必凶也。

䷘ 乾上 震下 无妄

无妄：元亨利贞，其匪正有眚，不利有攸往。

无妄，实理自然之谓，即诚也。卦之体，为动以天，是循天理而动也。卦之德，动而健，如天之健行不息也。而九五与六二又以中正相应，皆为无妄之象，故其卦名无妄。而其占为大亨也。既已无妄而元亨矣，唯当固守其正而不迁，一有不正，则失其所以亨，而灾眚至矣！一念之差，吉凶攸分，可不慎乎？

程传曰："既已无妄，不宜有往，往，则妄也。"

象曰：无妄，刚自外来而为主于内。动而健，刚中而应，大亨以正，天之命也。其匪正有眚，不利有攸往。无妄之往，何之矣！天命不佑，行矣哉！

以卦变卦德卦体释卦辞而推论之，为卦自讼而变，刚自二来而居初，为震之主，动而无妄者也。卦之德，动而健，是动于内者无妄也；卦体九五刚中，而六二以中正应之，是应于外者无妄也。内外无妄，而大亨以正，乃天之命，所宜常守，不可须臾离者也。一离乎正，则为妄，妄动，则违天致眚，故不利有所往也。且无妄之往，欲何之乎？去无妄而之他，是之于妄也，之于妄，则违天，而天命不佑，可行乎哉！唯君子知止，而不妄动，为能固守其正而不迁，则至诚无息，而永世无妄也。

象曰：天下雷行，物与无妄；先王以茂对时，育万物。

无妄之象，为天下雷行，天之生阳之气，动而生物，物物与之以无妄，所谓乾道变化，各正性命也。天地之道，可一言而尽也，其为物不二，则其生物不测，不二即诚也。元亨诚之通，利贞诚之复，天道之始终，一诚而已矣。万物出自天，即禀其道以为性，所谓物与无妄也。先王观天下雷行，物与无妄之象，感于天地生物之盛，敬对天时以养育民物，使之遂其生，复其性而无不得其宜，所以体天地物与无妄之心也。

初九，无妄，往吉。

初九当无妄之始，为震之主，而阳刚得正，至诚无妄者也。至诚感神，无所往而不吉矣。

六二，不耕获，不菑畬，则利有攸往。

六二柔顺中正，处无妄之时，而无期望之心，故其象为不耕获，不菑畬，谓其无所为于前，无所冀于后也。上有九五之正应而不援，不识不知，顺帝之则，能无妄者也。占者如此，则利有攸往矣。夫耕以期获，菑以求畬者，有所为而为之也，妄也。不耕获，不菑畬，无所为而为之也，无妄也。仁人者，正其谊，不谋其利，明其道，不计其功，动以天而无人为之私，行其所无事，则利有攸往也。

六三，无妄之灾，或系之牛，行人之得，邑人之灾。

六三以无妄之质，在下之上，非有妄者也。然以居非其位，而德不中，故当有无妄之灾，如或系之牛，被行路之人牵之去，而邑人反受诘捕之灾也。夫系牛得牛，邑人本不知也，乃遭诘捕之扰，岂非无妄之灾乎？古今无故蒙冤者，每每有之，观此爻象，而怨天尤人之念，不必萌矣。

九四，可贞，无咎。

九四，阳刚乾体而无妄，能固守其正者也。故其占为可贞无咎，占者能固守其正则无咎，若有他求，反为咎也。

九五，无妄之疾，勿药有喜。

九五阳刚中正，无妄之至也，其大亨不待言矣。然疾病之来，圣贤所不免，唯无妄之疾，则不治自愈也。以国事言之，则尧之时，洪水为患，舜之时，苗民逆命，如无妄之疾也。禹之行水也，行其所无事，而水患息，舜之服有苗也，敷文德而有苗格，是勿药而有喜也。

上九，无妄，行有眚，无攸利。

上九以阳刚居卦之终，无妄之极，不可以有行矣。行则妄矣。象曰：无妄之往，何之矣，天命不佑，行矣哉！违天而行，故有眚而无攸利，占得此爻者，可以休矣。

象曰：无妄之往，得志也。

初九刚自外来而为主于内，动以天而无妄，动必获吉，为其至诚动人，无所往而不得志也。

不耕获，未富也。

未富者，谓不以有秋为富而耕获也。六二柔顺中正而无妄，安处善，乐循理，为所当为，而无计功谋利之心也。

行人得牛，邑人灾也。

行人得其牛，而邑人反受其灾，所谓无妄之灾也。灾非自取，何愧于心，唯当以无妄之诚，自勉于中，夭寿不贰，以顺受之而已矣。

可贞无咎，固有之也。

固守其正而不失，则无咎也。所以固守其故有之德也。

无妄之药，不可试也。

试，尝也。药所以祛邪扶正而去疾也，无妄之疾，无邪可祛，当俟其自愈而已。若复药之，是伐正气而生疾也。

无妄之行，穷之灾也。

上九居卦之终，健之极，而阳尤已甚，不安其处而欲行，行则妄矣，致灾之道也。占者当详玩不利有攸往之辞，而退处以安于正，则无穷极之灾矣。

䷙ 艮上 乾下 大畜

大畜：利贞。不家食吉。利涉大川。

以艮止乾，所畜者大，故名大畜。人之所畜者正，则愈大愈善。所畜不正，则愈大愈谬，故大畜以正为利也。天德内蕴，则足以亲睦九族，平章百姓，协和万邦，故以不家食为吉。学问道德充积于内，德才并茂，施为裕如，何险不济。以之涉大川，亦无不可也。

彖曰：大畜，刚健笃实辉光，日新其德。

卦之所以名大畜者，以乾之德，刚健不息；艮之德，笃实辉光，其德日新又新而不已，故其所畜者大也。此以卦德释卦名也。

刚上而尚贤，能止健，大正也。

以卦变卦体释卦辞。卦自需变来，则九自五而居上，而六五又能尊而尚之，是尚贤也。艮、止也；乾，健也。艮在上而止乾于下，能止健也。夫尚贤止健，皆大正之道，卦有此象，故用以释利贞之义。

不家食吉，养贤也。

畜既大而德日新，则天爵修矣。而九五又能尚贤而养之，道之将行，君子乐之，是以不家食则吉也。国家如此尚贤养贤，若仍家食，是失其行道之时，而有"邦有道，贫且贱焉"之耻也。

利涉大川，应乎天也。

亦以卦体释卦辞，六五柔中居尊，下应乾之中爻，是应乎天也。蕴蓄既大，又能应乎天而时行，以此涉大川，何不利之有。谓其能以大德雄才，顺应天时，以济天下之艰险，而保天下之民也。

象曰：天在山中，大畜，君子以多识前言往行，以畜其德。

天至大也，而其气蕴蓄于山中，为天在山中之象。山中有天，所畜者大也。君子观大畜之象，以多识前言往行，以畜其德，使天德积中，而英华发外，粹然现于面，盎于背，施于四体，则是天德见于人之动静矣。

程传曰："人之蕴畜，由学而大，在多闻前古圣贤之言与行，考迹以观其用，察言以求其心，识而得之，以畜成其德。乃大畜之义也。"

初九，有厉，利已。

阳，在上在外者也。而初九当大畜之时而居下，为六四所止而不能进，失其所在矣。然时止则止，出处之道也。若强进则有危厉，唯利于止而不进也。

九二，舆说輹。

说，通脱。輹，车箱下伏免，所以钩轴者也。舆脱其輹，则车箱与车轮脱离，而不能行矣。九二以阳刚中正之德，当大畜之时，为六五所畜，而能自止而不进，故有舆脱輹之象。善于识时度势，而慎于行止者也。

九三，良马逐，利艰贞。日闲舆卫，利有攸往。

九三以阳刚之体，在下之上，与上九同德相与，故不相畜而并进，有良马逐之象，谓其相与前进之锐也。然世途多险，疾走易蹶，虽遇可行之时，亦当艰难处之，而守其正，日日闲习舆卫，至于熟练，然后利有攸往也。夫舆所以行也，卫所以防卫也，当其将有攸往之时，日日闲舆，则远行无覆车之患，日日闲卫，则旅途有防卫之备，可以安行无患矣。说卦传曰："艮为山、为径路，为小石。"不闲舆，则不能行险途。又曰：艮为狗，而荀九家又有为虎之说。不闲卫，则偶然遇凶猛之兽，无以制伏，何以脱险？故必日闲舆卫，然后利有攸往也。然此乃寓言耳，大畜其德之君子，一经仕途，其艰阻盖有大于斯者，不可不预为之防也。

六四，童牛之牿，元吉。

此爻言畜止之术也。乾道健行不息，不易止也，而六四与初为应，畜初者也。初九居下，而当欲进之初，趁其微弱而止之，则易为力，如童牛无角之时，即加之牿，以制其抵触，其后虽头角峥嵘，亦无触物之习矣。畜恶有术，故得元吉也。程传谓"四居大臣之位，当畜之任者也。大臣之职，上畜止人君之邪心，下畜止天下之恶人，人之恶，止于初则易。既成而止之，则杆格而难胜，上之恶既甚，则虽圣人救之，不能免违拂，下之恶既甚，则虽圣人治之，亦不免刑戮。莫若止之于初，如童牛而加牿，则元吉也。"

六五，豮豕之牙吉。

豕被阉割曰豮。豕性刚躁，牙利，喜噬物，阉割之后，其性自驯，其牙虽存，而刚躁自止。六五柔中以居尊位，当大畜之时，运用治术以止健，不用严刑峻法以威众，而以善政善教感民心，移风俗，使民有农工之业，知廉耻之道，安居乐业，以仰事俯畜，则贼民无从生，寇盗无协从，虽欲为乱，而不可得，其象若豮豕之牙，是以吉也。

程传曰："物有总摄，事有机会，圣人操得其要，则视亿兆之心犹一心，道之斯行，止之则戢，故不劳而治，其用若豶豕之牙也。"

上九，何天之衢，亨。

上九居大畜之终，而阳刚善进，无有能畜之者。故其象为天之衢。盖畜极而通，豁达无碍，如行天衢，往来无阻，故喜之曰，何其通达之甚，如行天空，无丝毫之碍，而亨乃至于斯也！

象曰：有厉，利已，不犯灾也。

当大畜之始，而初九以刚居下，为四所畜，进则犯上招灾而危厉，唯利于止而不进也。已，止也。顺时而止，唯刚正者能之，故圣人反复教告之也。

舆说輹，中无尤也。

九二为五所畜，而能以刚中自守而不进，随时处中，故无尤也。

利有攸往，上合志也。

九三之所以利有攸往，以其居下之上，健之极，而急于进，又遇上九居大畜之极而当变，其性阳刚欲进，与九三之志适相合，故不相畜而并进，乃利于有所往也。

六四元吉，有喜也。

六四畜初者也，止恶于初，为力则易，不劳而邪慝渐灭，国无败俗之人，民免诛殛之祸，是以元吉而有喜也。夫禁于未发，杜于未萌，致治于未乱，保邦于未危，然后可以无为而治。若衅孽已萌而后惊，祸乱已成而后治，则为力难而伤害多，是不知童牛加牿之深义也。

六五之吉，有庆也。

六五有柔中之德，而居艮体为能以静制动，操其事机之要，以止天下之恶，使恶人失其可乘之势，而止其觊觎之心，止天下之乱于未形，天下之福庆也。

何天之衢，道大行也。

上九居大畜之终，畜极而遂通，其道大行，如行天衢然，亨通之至也。刚健笃实辉光，日新以成其德，而遇其道大行之时，际会之嘉，世所稀有，故元公于天衢之上，加一"何"字，以为之喜庆也。

颐：贞吉，观颐，自求口实。

颐，腮颊也。颐卦上下二阳，内含四阴，外实内虚，上止下动，颐之象也。故其卦为颐。口食物以自养，故其义为养。人之所养，得正则吉，观颐自求口实者，谓观其所养之大小，与其自养之善否，以断其人自养之正与不正也。

孟子曰："体有贵贱，有大小，无以小害大，无以贱害贵，养其大者为大人，养其小者为小人。"又曰："耳目之官不思，而蔽于物，物交物，则引之而已矣。心之官则思，思则得之，不思则不得也。此天之所予我者，先立乎其大者，则其小者不能夺也，此谓大人而已矣"。观颐自求口实之义也。

彖曰：颐，贞吉，养正则吉也。观颐，观其所养也，自求口实，观其自养也。

人之颐养必以正，不以正养，则无益而有害，故以养正为吉也。国家所养，莫急于养贤，所养唯贤，则天下将得其养。观其所养者贤否如何，而国之盛衰安危，可得而知矣。自求口实，谓其取舍由己，他人不得与也。父兄之临，师友之教，第能诱掖激励，以启其从善之心耳，其从其违，非能强之也。夫然则其养之正与不正，全由自求，而吉凶悔吝之生，莫非自取，岂他人为之哉！

天地养万物，圣人养贤以及万民，颐之时义大矣哉。

赞颐之时义之大也。天地养万物，乃以天地之心至仁至公至正也，圣人养贤以议国政，代天育物，泽及亿兆，恩被鸟兽草木鳞介，而犹以博施济众为忧。其仁民爱物之心，亦犹昊天罔极也。颐之时，不容轻忽，颐之义，乃天地圣人爱物之心也。其时义岂不大哉！

象曰：山下有雷，颐；君子以慎言语，节饮食。

山下有雷，震动发生，雷雨作而物得其养，颐之义也。卦体上下两阳而中虚，如唇颊具而为口颐之象也。言语从口出，饮食从口入，君子观颐之象，而知颐养之道，在于慎言语以养德，节饮食以养身，而不容或忽焉。夫言以宣心，所以应事接物，代天宣化者也，可以兴戎出好，可以兴邦丧邦，吉凶荣辱，惟其所招，可不慎乎？饮食以养身也，而饮食之人，则人贱之，且病从口入，可不节乎？况食货资财，万民之所赖以养者也，如不节用，而致四海困穷，则危亡随之。以是知言语不可不慎，而饮食不可不节也。

初九，舍尔灵龟，观我朵颐，凶。

灵龟，不食之物。朵，垂也。朵颐，垂涎欲食之貌。初九以阳刚居下而得正，当颐之时，居动体而不安于下，是不知天爵之贵而颐养之，乃以上有应与，而动与欲，弃天爵之贵，以要人爵，有舍尔灵龟，观我朵颐之象，凶之道也。孟子曰："古之人，修其天爵，而人爵从之，今之人，修其天爵，以要人爵，既得人爵，而弃其天爵，则惑之甚者也。"终亦必亡而已矣！纵使不亡，而尸位素餐，误国殃民，遗臭万年，凶之至也。

六二，颠颐，拂经，于丘颐，征凶。

丘，土之高者，谓上九也。居卦之上，为艮山之主，丘之象也。二虽柔中，而居动体，当颐之时，不能安静以自养，而求养于初，是不能下养，而反竣下以自养，拂乎经常之道也。如就养于上，则非其正应，以此征行而妄求，则凶也。夫以六二之柔顺中正，非无以自养者，乃以值颐之时，而阴柔无应，遂至妄求以招祸，是不知德之为贵，而以外物为重也。爻辞如此，所以戒之者深矣！

六三，拂颐，贞凶，十年勿用，无攸利。

六三以阴居阳，不中不正，又处动极而用刚，以此自颐，拂违颐养之道矣。而又贞固守此，凶之道也。十者数之终，十年勿用，是终不可用也。无攸利。所以深戒之，使之及早改图也。

六四，颠颐吉，虎视眈眈，其欲逐逐，无咎。

六四以阴居阴而得正，下有初九阳刚为应，当颐之时，求贤自辅以养民，故虽颠颐而吉也。又说卦传荀九家有艮为虎之说，六四虚心求初，用其谋猷，养己之德，辅国之政以养民，其象如虎视眈眈，其欲逐逐，任贤之专，求颐之切如此，而初又动而应之，是以己虽阴柔，亦足以养民而无咎矣。

六五拂经，居贞吉，不可涉大川。

六五阴柔不正，居尊位而不能养人，反赖上九之养，是拂其经矣！其德如此，岂能有济，惟有以中处正，居贞从上为吉，不可涉大川也。德泽未渥，天下未被其养，民心未孚，虽循常主旧，犹不易易，而况涉大险乎？周之成王，继世之贤君也。然而武庚之流言，动摇王室，若非雷风之变，犹未必能亲往迎公。周公德为圣人，亲为王叔，犹为流言所伤，然则师傅之贤，孰与周公，又乌能辅己以涉大川乎？

上九，由颐，厉吉，利涉大川。

由颐者，天下所由以得其养也。上九以阳刚之德与才，为六五所依重，用其宏图远略，以施仁政于天下，使亿兆皆得其颐，而鸟兽虫鱼草木，亦被其养，故曰：由颐。为人臣而任天下之重如此，必常怀危厉，战兢自持，为民兴利除害，以养天下之民，则吉也。天下既由以颐，则上蒙至尊之信任，下得万姓之悦服，天下有变，则上下同心同德，以宏济于艰难，则无险不济，所谓利涉大川也。

象曰：观我朵颐，亦不足贵也。

初九以阳刚居下，其德其才，足以养人，乃以动体而上有应与，遂动于欲，至于观我朵颐，舍其良贵，而觊觎人爵之贵，虽得之，亦不足贵也。

六二征凶，行失类也。

六二阴柔不能养人，又不知自养，当颐之时，无有应与。而有求于初上，却非其类，是以孤立无援，不可以征，征则凶也。

十年勿用，道大悖也。

十年勿用，言终不可用也。所以不可用者，为其所以自颐者，大悖于颐养之道，是以终不可用也。颐以养人为重，六三居下之上，阴柔不能以养人，而其在己者，又才弱志刚，不中不正，且处动极，而不能安静以自治，虽有上九阳刚之应，而三之本质，如朽木之不可雕，又不能虚心求贤，是以大悖颐道也。

颠颐之吉，上施光也。

六四用初九之谋猷，施德泽于下，而不失大臣以人事君之义，虽颠颐而亦吉者，由四之德施明光于上下，元元皆得其养也。

居贞之吉，顺以从上也。

六五柔中居尊，有养下之贵，故居贞则吉，居贞者，顺以从上，一听师傅之训，用其道以颐天下，而不敢自作聪明以自恃，乃为正也。

由颐厉吉，大有庆也。

上九居公孤之位，为六五柔中之君所顺从，谏行言听，膏泽下于民，天下所由以颐也。任重如此，必夙夜惕厉，尽其致君泽民之道，则大有庆也。有庆者，谓如伊尹周公之辅商周，其庆不止一家一国，而在天下后世，故曰大有庆也。

䷛ 兑上巽下 大过

大过：栋桡，利有攸往，亨。

大，阳也；大过，阳过也。四阳居中而过盛，上下二阴不胜其重，为栋桡之象。阳虽过而得中用事，又有内巽外悦之德，则不刚不柔，如此而有所往，亦可以亨矣。

彖曰：大过，大者过也。

以卦体释卦名义。四阳居中而过盛，因名大过。

栋桡，本末弱也。

以卦体释卦辞。栋，今人谓之檩；桡，弱也，谓弯曲也。本谓初，末谓上也。四阳过盛于中，而初上二阴柔弱，不胜其重，如栋之本末俱弱而桡曲，将有宫室倾颓之患也。治天下有本，身之谓也，修身以道，修道以仁，道立德明，而后发政施仁，以安天下之民，则本末不弱，而天下乃安。以尧舜之道，行不忍人之政，则民熏其德而遵其法，日日迁善，渐致于风纯俗美，刑措不用，则唐虞之盛，亦可以复见于后世，安有大过之虞哉。惟是不仁而在高位，反道败德，政刑苛紊，以致上无礼，下无学，贼民兴，天下遑遑不可终日。大厦将倾，民失托庇，而亡国败家之祸，迫于眉睫，由本末俱弱所致也。

刚过而中，巽而说行，利有攸往乃亨。

以卦体卦德释卦辞。刚虽过而二五得中，过而不过，又能巽于理而和悦以行之，故利有攸往，而得亨通也。

大过之时，大矣哉！

大过之时，其事难处，非有大过人之才，不足以济，故叹其大，使遇此时者，知其难处，而坚其志，铁其骨，挺然独立，至死不变，置身命于度外，而以道义为命也。

象曰：泽灭木，大过；君子以独立不惧，遁世无闷。

卦体巽木居下，泽水在上，为泽灭木，泽水大过之象也。君子观大过之象，而知大难之将临也，慨然以独立不惧，遁世无闷之操，以处非常之时，虽死无恨，而无侥幸之心也。君子以义为命，置身命于不顾，虽独立，何惧之有，身处浊世不为邪所乱，自幸飘然物外，不受尘世之滋垢，虽遁世何闷之有。

初六，藉用白茅，无咎。

巽为草木，初六阴柔，为巽之主而居下，过于谨慎，为藉用白茅之象。当大过之时，而其行过于巽柔畏惧，但当大过之时能如此，则得无过，何咎之有？

九二，枯杨生稊，老夫得其女妻，无不利。

杨之过老而枯，生机少也。稊，根也。九二当大过之时，以刚居柔，下比初六之阴，刚柔相济，有枯杨生根之象。枯于上而荣于下，则枯者将有复荣之机。如夫虽老而得少妻，犹能生育而传代，故无不利也。

九三，栋桡，凶。

三当大过之时，以刚居刚，过于刚者也。刚则易折，而况过刚乎？处大过之时，不知巽而悦行之道，至于刚愎自用如此，必不能胜其重，而致桡败，如栋桡室覆，凶之道也。

九四，栋隆吉，有它吝。

九四以阳居阴，处大过之世，而悦体用柔，过而不过，能任重者也。故其象为栋隆，而占吉，然以下应初六，有相求之义，若与之声势相依，则彼德昏才弱，无济于事，而己反有任人唯私之吝也。时已大过，虽开诚布公，选贤与能，犹恐不济，而况任用私人乎？有它之吝，所以为戒者深矣！

九五，枯杨生华，老妇得其士夫，无咎无誉。

九五阳过之极，上比过极之阴，阴阳相济，皆得生机，但以其在卦之上，为栋之末，如华开于枝末，故其象为枯杨生华。枯于下，而荣于上，益速其枯耳，枯杨生毕，譬之人事，则如老妇得其士夫，不但无生育之望，且耗其精以速其衰老，绝无能久理。虽以处大过之时，无可奈何而苟合，不必深咎，但以老妇配士夫，不知者反以为母子。总有好友，谁能式燕且誉哉。

上六，过涉灭顶，凶，无咎。

外卦为兑，兑为泽，为湖泊，为海，皆水之聚，不能徒涉也。上六以阴柔居兑体之上，当大过之极。而才弱不足以济，故有过涉灭顶之象，凶之至也。处大过之极，而无大过人之德与才，则难以转危为安。然亦有时势大过，虽有大过人之才，亦无能为力，遂至杀身成仁，如宋之文文山，明之史忠正，岂为咎哉！

象曰：藉用白茅，柔在下也。

初六以阴柔居大过之下，过于敬慎者也。巽为草木，而初在下，为藉用白茅之象，处大过之时，而敬慎如此，则不失其大过之用，故得无咎也。

老夫女妻，过以相与也。

夫过于老，妻过于少，乃大过也。老夫得其女妻，是以相差过大之年龄，结为夫妇，大过之象也。

栋桡之凶，不可以有辅也。

九三以刚居刚，当大过之时，刚愎自用，不肯求助于人，而人亦不得辅而助之，故其象为栋桡，而占则凶也。处平时而刚愎自用，亦多凶咎，而况大过之时乎！大难临头，乃弃尔辅，以此莅凶，自取之也。

栋隆之吉，不桡乎下也。

九四以刚处柔，当大过之时，过而不过，又不私于初，故其象隆而占吉。盖以不私于初而致桡，故吉也。

枯杨生华，何可久也。老妇士夫，亦可丑也。

枯杨而生华，则生机外泄，益速其枯，何可久也。老妇士夫，不但无生育之功，且年龄差甚而苟合，殊可丑也。五居刚过之极，而亲比过极之上六以自辅，虽以柔悦济其过极之刚，亦终无如大过何？良以舍本逐末，华于上而枯于下，但发一时之荣，而不惜重伤其本，必致一无所成，而卒以无誉终也。九五以阳刚中正之质，一旦过刚，尚不能处大过之时，况其下者乎？此君子所以贵于时中也。

过涉之凶，不可咎也。

过涉之凶，时势为之也，大势已去，无可挽回。以身殉职，有死而已。君子观其行以谅其心，唯有哀悼，不可咎也。夫岂以成败论英雄哉！

䷜ 坎上 坎下　坎

习坎，有孚，维心亨，行有尚。

习，重也。坎下坎上，内外皆坎，故曰习坎。中实为孚，孚有亨道。为卦二五阳刚居中，为有孚心亨之象。身处重险之中，而有孚心亨，其行足尚矣。而孚信在中，不为坎险所动，遵道而行，不忧不惧故行有尚也。

象曰：习坎，重险也。

内外皆坎，故曰习坎，习坎者，重险也。险难重重，进退维谷，习而安之，则可以处险如夷，而不为外物所动矣。

水流而不盈，行险而不失其信。

水流以下行而不盈，江河日下而成险，处险而有孚，是行险而不失其信也。

维心亨，乃以刚中也。行有尚，往有功也。

二与五刚德在中，心亨之象，处险而心亨，铁骨铮铮，不为艰险所屈，如是而往，必有功也。身在险难之中，行而脱险则有功，止而不行，则陷于险而不得出矣！所以宜行宜往，而不可为坎所穷也。

天险不可升也，地险山川丘陵也，王公设险以守其国，险之时用大矣哉！

险在上者为天险，不可升也，在下者为地险，山川丘陵之类也。王公鉴于险之用，而筑城凿池，以守其国。当其险之时，而险之为用，足以守社稷、救危亡、保人民以守其国，险之时用，岂不大哉！当今之时，城池不足为险也，而大国竟以核威慑为守国之计，且以图强争霸，常此不变，不仅有玩火自焚之祸，且将毁灭下土，祸及草木鸟兽虫鱼，此岂设险守国之道哉！祸世之罪，不容诛矣！

象曰：水洊至，习坎，君子以常德行，习教事。

上下皆坎，水洊至也。洊，再也，前澜未倒，而后浪继起，习坎之象也。君子观习坎之象，而知天下之事不习，不得以熟而安之，而德行教事，尤在于习也。故锐然心圣人之心，学圣人之学，而时时习之，久于其事，不为艰难险阻所阻，由此日就月将，以期优入圣域，至于德成行修，则远途闻风，相从以求教，因以其所学教人，以习教事，然后能因材施教，使之成其德而达其材。因知修己教人，皆在于习。先其难以久习之，以至于熟，然后可以成也。

初六，习坎，入于坎窞，凶。

初六居坎之初，在重坎之下，而阴柔无能，难以出险，故有入于坎窞之占，其凶甚矣！坎非可安之地，必有以胜其难而出乎险，乃处坎之道也。今无以出险，而入于坎窞，其险益深，安得不凶乎？窞：重险也。

九二，坎有险，求小得。

九二以刚中之德，当坎之时，而陷于上下二阴之中不得出，为有险也。然其才德足以有为，虽未出险，不得为大作，而犹可以求小得也。西伯拘而演周易，孔子厄而作春秋，著六经，以教后世，当时之小得，乃万纪之大作也。

六三，来之坎坎，险且枕，入于坎窞，勿用。

之，往也，六三居内卦之上，外卦之下，往则险在前，来则入坎窞，是往来皆险也。在险之中，而又近于险，既险且枕于险矣！枕如北枕大江之枕，谓临近也。六三以阴柔之质，不中不正，处于重险之中，殆无出险之理，故占得此爻者，切勿用以有为也。

六四，樽酒簋贰，用缶。纳约用牖，终无咎。

簋，盛食之器，其形圆。贰，益之也。缶，瓦器也。纳，进也。约，约信也。六四居大臣之位，其君九五在坎之中，而沉溺不足以自拔，四欲进结于五，以平天下之难，积诚心以进尽忠言，故其象如此。夫一樽之酒，一簋之食，益之以缶，至薄也。而将之以诚敬，则足以动人矣！牖，室之受明处，谓以其明处以陈谏，则易入也。如此则谏行言听，膏泽下于民，而天下之难可舒，始虽艰阻，终得无咎也。

九五，坎不盈，祗既平，无咎。

五虽阳刚中正，以居尊位，然以陷于阴中而未出，故其象为坎不盈。不盈者，坎未平也，若至于盈，则可以出险矣。故必抵既平，则无咎，谓当奋发有为。以光大其中德，而济天下之险难，不可以不盈为安也。

上六，系用徽纆，置于丛棘，三岁不得，凶。

上六居坎之终，险之极，而阴柔不中，陷于险而不能出者也。三股合成之绳曰徽，四股合成者曰纆。系用徽纆，置于丛棘，言系缚之以坚韧之绳，而置丛棘之中，谓其陷于囚系也。陷于囚系，而三岁不得出，其凶甚矣！夫居于重坎之上者，时也，地也。而阴柔不中，是其才德也。以阴柔不中之才，而居险极之地，故其象占之凶如此，因知凶祸之险，虽曰天命，亦非无与于人事也。我夫子不怨天，不尤人，而躬自厚，其所以为教者深矣！

象曰：习坎入坎，失道凶也。

初六阴柔在下，不中不正，处于重险之下，而其才行如此，失其出险之道矣！是以有入坎之凶也。

求小得，未出中也。

九二以刚中之才，不能大有所为以济坎，而但求小得者，以其陷于二阴之中，未出乎坎也。虽未出坎，不足以济天下之险，而刚中心亨，行险而不失其信，以之求小得，则不无成功也。

来之坎坎，终无功也。

来之坎坎，所以戒以勿用者，只因所处之时，坎坷已甚，而六三又以阴柔用刚，不中不正，以自陷于险，岂可用哉！如用之，则必无功而有祸也。

樽酒簋贰，刚柔际也。

晁氏曰："陆氏释文，本无贰字，"今从之。樽酒簋，所以能纳其诚者，以四比于五，阴阳相求，刚柔之际，易感通也。六四当坎之时，在大臣之位，当济坎之任者也。大臣以道事君，不可则止，奚以纳约自牖为？盖在重险之时，而九五一时陷溺于群小，不能自悟，但其本质，则刚中也。一旦醒悟，则重险可平，故六四积诚致敬以事之，纳约自牖以启悟之，冀有以取信于君，以成济坎之功，始虽艰难，终得无咎也。

坎不盈，中未大也。

五居尊位，有刚中之德，而其象为坎不盈者，以其为阴小所蔽，而中德未至于光大也。如能光大其中德，则天下之险难可以济矣。

上六失道，凶三岁也。

上六居险之极，而阴柔失中，失其处险之道也。身居至险之地，而其才行乃如此，故罹凶三岁之久，犹不能免，是终不得免也，怙恶不悛，深陷囚系，可悲也夫！

☲ 离上
离下 **离**

离：利贞，亨，畜牝牛吉。

离，丽也，阴阳相丽，其象为火，阴体而阳用也。人之相丽，利在贞固，能丽于正，则亨通矣。畜之巽顺者莫如牛，而牝牛则更顺焉。离卦中爻之阴，柔顺中正，如牝牛之顺，故其占为利贞亨，畜牝牛吉也。畜牝牛谓养其中顺之德也。所丽既正，而又有中顺之德，则相丽益密，相得益彰，而光照益远，如日月丽天，永放光明矣，此所以亨且吉焉。

彖曰：离，丽也，日月丽乎天，百谷草木丽乎土，重明以丽乎正，乃化成天下。

物不能独存，必相附丽而后能存于天下。是故日月丽乎天，以照下土，百谷草木丽乎土，以生生不穷，两明相继，重明以丽乎正，君子法之，选贤以继其位，圣圣相承，正己身以正朝廷百官万民，而化成于天下矣。

柔丽乎中正，故亨；是以畜牝牛吉也。

二与五以柔顺丽乎中正，能久于中正也。久丽乎中正，而无须臾离，则存心处事，待人接物，无不中且正焉，将无所往而不亨矣。养其顺德以丽乎正，如牝牛之顺则吉也。

象曰：明两作，离，大人以继明照于四方。

作，起也。明两作，谓前明既作，而后明继起，即所谓继明也。离之为卦，离下离上，明两作也。大人观离之象，而知明之不可无继也。于是选贤与能，以继其明，如尧舜禹之圣圣相继，以临天下，使世道跻于唐虞之盛，所谓以继明照于四方也。日月光华，旦复旦兮，大人之继作，天下所赖以长治久安也。

初九，履错然，敬之无咎。

初九以刚明之体居于下，志欲上进者也，又以火性炎上，而进速。故有履错然之象。谓其步履交错，进之速而不安详也。在丽之初而躁进，则为咎。能敬慎其履而不急于进，则无咎矣。

六二，黄离，元吉。

黄，中之色也；离，丽也。六二柔顺中正，丽于中正者也。柔顺文明而中正，则无时不中，是以元吉也。

九三，日昃之离，不鼓缶而歌，则大耋之嗟，凶。

九三居下之上，前明将尽，日昃之象也。日既昃，则夜将至矣。然昼之必有夜，犹生之必有死，始终相继，盛衰相寻，理之常也。九三之明，盖已知其然矣，但以过刚不中，恐未能乐天知命，故戒以不鼓缶而歌，则大耋之嗟，言不安常，则必以大耋为忧矣。忧愈甚，则身愈衰，大耋之嗟，正以促其死期也。秦皇汉武，不知天命，卒为方士所惑，贻讥百世，凶孰甚焉。

九四，突如其来如，焚如，死如，弃如。

九四居变革之际，刚而急于进，前明才尽，而后明继之，突如其来，不以其渐，失其绍继之道矣。以刚明之体，而近阴柔之君，上凌之势，气焰如焚，必招上下猜忌，而有死如弃如之祸，凶之至也。凡事不以其次，亦致偾事。而况突如以临其君乎？死弃之祸，九四自取之也。

六五，出涕沱若，戚嗟若，吉。

六五以文明之德，而居尊位，丽于二阳之间，而畏其逼，故畏惧忧戚，至于出涕沱若戚嗟若，而不敢安处也。忧畏如此，故时时事事，皆丽于正，不以位尊而忘畜牝牛之义，是以得吉也。

上九，王用出征，有嘉。折首，获非其丑，无咎。

上九以阳刚居离之终，刚之盛，明之极者也。明极足以照远方，烛物理，刚极足以威四夷，正邦国，故王用之以出征，则有可嘉之功。为其以刚明之德，能折首恶，而所获非胁从之人，则威震远迩，而刑不滥，故无咎也。

象曰：履错之敬，以辟咎也。

履错然，欲进之急也。居下而急于进，又无应与，如此而往，必有咎矣。惟有敬慎从事，而不急于进，乃可辟咎也。

黄离元吉，得中道也。

黄离之所以元吉，以其所丽得乎中道也。文明而丽乎中，依乎中庸而弗失，大善而吉之道也。

日昃之离，何可久也。

日月丽天，昼夜代明，一至日昃，则明照不久，大人知其然也，故求有德以继其明，如尧之授舜，舜之授禹，既得后圣继位，而己得以乐余年，何嗟之有？若谓死期将至，而以大耋自嗟，是不知死生之道，而自伤以速其死也。

突如其来如，无所容也。

突如其来，气炎如焚，将使人惊骇排斥，必置之死地，弃之荒远而后止。是无容身之地也。无所容，言焚死弃也。

六五之吉，离王公也。

六五以阴居尊，为离明之主，柔离乎中正，以居王公之位，而处于上下二阳之间，自度德威不足以君之，故尝出涕戚嗟，以忧惧于事先，防患于未然，而终能君临天下，不失王公之位，是以吉也。

王用出征，以正邦也。

王用刚明之臣出征以讨有罪，则渠魁被歼，枭雄敛迹，远迩向化，万国以正，乃所以正邦也。

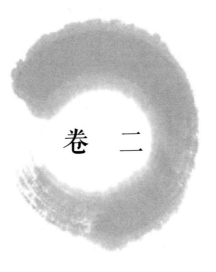

卷　二

下　经

䷸兑上　咸
艮下

咸：亨。利贞。取女吉。

咸，交感也。感有必通之理，而卦之诸爻，阴阳相应，少男与少女两情相悦，有感必通，故其占为亨。然必相感以正则吉，失其正则凶矣。卦有止而悦，男下女之象，是以其占为取女吉也。

彖曰：咸，感也。

此释卦之名义也，人生而静，天之性也，感于物则动矣。物相感，名曰咸，故曰：咸，感也。

柔上而刚下，二气感应以相与，止而说，男下女，是以亨利贞，取女吉也。

以卦体卦德卦象释卦辞。咸之为卦，兑柔居上，而艮刚居下，刚柔二气交相感应，以相与，艮止则感之专，兑悦则应之至，又艮以少男下于兑之少女，男先于女，为亲迎之象，乃刚柔之义，婚姻之正也，故其卦为咸，而有亨利贞，取女吉之占也。

天地感而万物化生，圣人感人心而天下和平；观其所感，而天地万物之情可见矣。

天地相感，阳施阴受，而万物化生。圣人以至诚感人心，而黎民於变，天下和平。观其所感，而天地生物之心，与万物相感之情，皆可见矣。

象曰：山上有泽，咸，君子以虚受人。

山之气上升而为云为雨以益泽，泽之水下润以悦山，山泽通气，咸之象也。君子观咸之象，而知惟虚为能受物之感，故虚中以受人。一息不虚，而蔽于物，则视而不见，听而不闻，不复能受天下之感矣。

初六，咸其拇。

咸以人身取象，而人为万物之灵，目善天下之色，耳善天下之声，鼻善天下之臭，口善天下之味，天下之善于感受者莫如人，故咸以人身取象也。拇，足之大趾也。初六居卦之下当咸之初，感之尚浅，故其象为咸其拇。拇不能自进，志虽在外，而身尚未动，故无凶吉之占也。

六二，咸其腓，凶；居吉。

腓者，足肚也。六二柔静中正，而处于腓，感于九五之忘尊下交，不待聘而欲往从之，失女子之贞，其凶必矣。然以其有中正之德，居而不动，则犹可以获吉也。

九三，咸其股，执其随，往吝。

九三居下之上为艮之主，能自静止者也。但以居股而主行，随身而动，当咸之时感于上六之悦己，亦不能自守而妄动，失其道矣。夫君子出处进退，必以其道，岂可以道殉人。九三当咸之时不能自守其阳刚静止之德，而动于情感，如此而往，为可吝也。

九四，贞吉，悔亡。憧憧往来，朋从尔思。

心为一身之主，万事之纲，四当心位，为咸之主，而不言咸其心者，良以感天下之物，而受天下之感者莫如心，故此爻不复言心，而但言人心感物之道也。心之感物，惟正而固，乃吉而无悔，今九四以阳居阴为不正，当咸之时，下应于初，为有所私系，而失其正固之道，但憧憧焉以私情相感，故但令其朋类从之，而思不能及远矣。岂能无所不通乎？圣人感人心而天下和平，乃以盛德及物，恩泽甚深。而天下之人，感其德而心悦诚服，以顺其化，而天下和平矣。岂有意于感物哉！系辞曰："天下何思何虑，天下同归而殊途，一致而百虑，天下何思何虑。"若憧憧往来，则失其正固，而出于私意，岂圣人感人心之道哉！

九五，咸其脢，无悔。

脢，背脊肉也。在心之上而相背，不能感物。五当其处，故其象占如此，谓其不能感人也。九五阳刚中正，而不能感天下者何也？盖咸之为道，必虚中无我，寂然不动，以应物之感，则无感不通。而九五之动，下应六二，而上比于六，又居悦体，其心有所私系，而失其明通公溥之体，故其应天下之感，如背肉与心相背，而冥然茫然，无以应物也。然虽无以感物，而亦无妄动，故得无悔也。

上六，咸其辅颊舌。

辅颊舌所以言也。兑为口、为说。上六为兑之主，处咸之极，而阴柔无以感物，惟以言语悦人，失其道矣。记曰：至诚而不动者，未之有也。不诚未有能动者也。若非至诚以感物，而但以口舌悦人，岂能有所感通哉！

象曰：咸其拇，志在外也。

初六在卦之下，咸之初，上应九四以相感，故其志在外。然以阴柔居艮体，当咸之时，感之尚浅，志虽在外，而不至往而从之也。

虽凶居吉，顺不害也。

六二动而从上，臣先乎君而躁进；进退无礼，故凶。如能静居以顺乎刚柔之义，则不戾于感通之道，故不害也。

咸其股，亦不处也，志在随人，所执下也。

九三以阳刚之才，居下之上，为艮之主，宜能守正以应物，乃以当咸之时，而处于股，感上六之悦己，而随物以动，竟同于下之两阴，亦不能静处也。是其所操执亦下矣，可吝之甚也。

贞吉悔亡，未感害也。憧憧往来，未光大也。

九四以阳居阴为不正，故以贞吉悔亡开导之。使占得此爻者，以正感人则悔亡，而无私感之害。若有所系，而憧憧往来以为感，则所感有限，而无以动人，其于感通之道，未得为光大也。

咸其脢，志末也。

末乃毫末之末，谓其所志者小也。九五以阳刚中正之德，而居尊位，宜其有以感人矣，乃以有所私系，而害于感通，如脢肉与心相背，而知觉有限，无以应天下之感，斯其感民志者已末矣，岂能有感必通也。

咸其辅颊舌，滕口说也。

腾，滕通，张口骋辞貌。滕口说，谓徒尚口舌以感人，而无其实也。上六居咸之终，为说之主，而阴暗柔弱，无以感人心，但以言感人，失其道矣。口惠而实不至，怨灾及其身，又恶能有感必通乎？

咸以交感为义，而卦之六爻皆有戒辞者，为其动也。动则心有私系而忿怒、恐惧、好乐、忧患蔽其虚灵之体，乃至视而不见，听而不闻，无以应天下之感矣。夫寂然不动，感而遂通天下之故者，圣人之心，无纤毫私意之蔽，而易之所以至神也，今卦之诸爻，皆动而变，不复自虚以受人，故六爻皆不吉也。学易者知此，则其于存养省察之功，不敢少懈矣。

䷟ 震上巽下 恒

恒：亨，无咎，利贞。利有攸往。

恒，常久也，为卦震上巽下为刚上柔下之象，乃阴阳之定位；而卦体震雷巽风，雷风相与；卦德顺以动；卦爻阴阳皆应，无非常久之道，故其卦曰恒。然必久于其道始可以亨而无咎，故必固守其正，方为可久之道，循此以往，则无不利也。

象曰：恒，久也。刚上而柔下，雷风相与，巽而动，刚柔皆应，恒。

此以卦体卦象卦德释卦名义。刚谓震，柔谓巽，震为雷，巽为风，巽，顺也；震，动也，刚柔谓卦爻之阴阳也。恒以久为义，卦体刚上柔下，阴阳各得其位，可久之道也。卦象震雷巽风，雷动则风发，雷风相与，物理之常也。卦德下巽上动，顺理而动也。天地以顺动，故日月不过而四时不忒，此天地造化之常，所以恒久而不已者也。而卦之六爻，阴阳相应，亦属常理。此四者道之常也，卦之所以名恒也。

恒，亨，无咎，利贞，久于其道也。天地之道恒久而不已也。

恒卦之占所以能亨而无咎，乃以久于其道也。久于正固，乃恒道也。久非其道，则凶咎随之，岂能亨哉！天地之道，所以恒久而不已者，以其久于其道也。惟其久于其道而四时行，百物生，故其盛德大业，至于不可得而名，此恒之所以必亨也。人能久于其道，则可以尽人合天矣，所谓纯亦不已也。

利有攸往，终则有始也。

久于其道，终也，利有攸往，始也。能守道以终其身，则无所往而不利，所谓终则有始也。终则有始，动静相生，乃恒道也。程传曰："天下之理，未有不动而能恒者也。"动则终而复始，所以恒而不穷。凡天地所生之物，虽山岳之坚厚，未有能不变者也，故恒非一定之谓也，一定则不能恒矣，惟随时变易，乃常道也。故云利有攸往，明理之如是，惧人之泥于常也。

日月得天而能久照，四时变化而能久成，圣人久于其道，而天下化成，观其所恒，而天地万物之情可见矣。

得天谓与天相得，顺天之道而健运不息，故能亿万斯年，常照于宇宙也。日月运行一寒一暑，其气往来变化，而为春夏秋冬之四时以生成万物，自古及今而不已者以其善于变化而能久成也。圣人久于其道所过者化，所存者神，上下与天地同流，而天下化之，以成其纯美之俗，而仁覆于天下矣。观日月四时圣人之所恒，而天地万物之情可见于此矣，夫天地无心而成化，而昼夜寒暑有常道，以覆载生成天下之物而不遗，观其生物之心情，不啻父母之爱子矣。圣人有心而无为，其爱民保民之心，无微不至，然亦顺人之性以为礼乐刑政，以鼓舞天下，而未尝于所性之外责求于人，故天下之人向风从化，不能自已，然则日月四时圣人之所恒，实为天地常久之道，天下常久之理，人能观其象而察识之，则可以进于道矣。

象曰：雷风恒，君子以立不易方。

雷风相与乃理之常，恒之象也。君子观雷厉风行之象，而知弱筋脆骨者终不能久于其道，故必感动奋发卓然自立，虽经万变，而亦不变其所守，然后能久于其道也。

初六，浚恒，贞凶，无攸利。

浚，深也，浚恒者，谓以恒道深求于人也。初六为巽之主，其性务入，当恒之初，上应九四，而以阴阳相应之常理深求之，而不知在恒之初，交情未孚，而九四为震之主阳刚躁动，志欲上行而不肯下应于己，乃初不察事情之变，惟以常道深求于四，则虽正亦凶，终无所利，古今有求于亲友而至取辱者，由不知审时度势而昧于情理之有常有变也。久于其道，只可责之于己，而以之望于人人，则误矣，贞凶之戒，宜深味焉。

九二，悔亡。

九二以阳居阴为不正，久非其位，宜有悔也，然以其能久于中，故不失其正，而悔得无矣。

九三，不恒其德，或承之羞，贞吝。

九三以刚居刚而不中，是不恒其德也。刚而失中，居之不疑，必至盛气凌人，招尤取怨，为众所不齿，此谓或承之羞也。或者不知其何人之辞也。承、奉也。羞、耻辱也。言人人皆得承之以羞，不知其为谁也。贞吝者，谓九三以阳爻居阳位，为得其正，然以其过刚不中，是不能恒其德矣，故足取羞也。

九四，田无禽。

九四以阳居阴，不中不正，以此为常而不知变，则违道益远，必至一无所成，如猎者田于无禽之地而守株待兔，旷日持久终无所获也。

六五：恒其德、贞，妇人吉，夫子凶。

六五以柔中之德，下应九二之刚中而从之，能久中而恒其德矣，从一而终乃妇人之吉占也。若夫子而如此则非夫也。不知以义制事，而妇言是用，必有倾城覆宗之凶矣，可不戒哉。

上六，振恒，凶。

振，震动也。上六居恒之极，处震之终。而阴柔不能固守，故其象为振恒。振恒者震动不居，失其常守，而以为恒也。以振为恒，则不能久于其道矣，故其占则凶也。

象曰：浚恒之凶，始求深也。

初六处下居初，与四为正应，当恒之时，阴暗不明于情理，而遽以常道深求于四，取凶之道也。不度交情之浅深，而急于援上以求进，是为枉己，枉己以干初交，则人将贱恶而唾弃之，安得不凶也。

九二悔亡，能久中也。

以阳居阴为不正，宜有悔也。所以得悔无者，以其能久中也，能久中，则是久于其道也。此天地之道，所以恒久而不已者也。人能久于其道，循天下常理而不离，则人而天矣。

不恒其德，无所容也。

过刚不中，侮上凌下，人将深恶痛绝之，是以无所容也。不恒其德之祸，至于如此，可不戒哉。

久非其位，安得禽也。

九四以阳居阴，不中不正，当恒之时，泰然处之以为常，则是久非其位也。久非其位，而望有成功，如田于无禽之地，而期其获禽，安可得也。

妇人贞吉，从一而终也。夫子制义，从妇凶也。

从一而终，妇德之正也。一与之齐终身不改，贞信不失，所以吉也。若夫子则当以义制事，而不宜从妇，从妇则失夫倡妇随之道，而任牝鸡司晨，将有城倾覆宗之祸矣。殷纣之惟妇言是用，而致身死国亡，可以鉴矣。

振恒在上，大无功也。

上六在卦之上处震之极，恒之终，阴柔不能固守而躁动，一反恒常，而以振为恒，其行如此，安有成功之理。告之以大无功，所以警之者深矣！占得此爻者，可不戒哉！

☰乾上
☶艮下 遁

遁：亨，小利贞。

遁，退避也。小，谓阴爻也。遁之为卦，二阴浸长以逼阳，小人误国，邦本动摇，而君子不得施其挽救之术，惟有引遁以苟全性命，为他日拨乱反正之计，则身虽遁而道自亨。在小人则宜固守其正，勿得相侵以速祸，盖天下不乱，亦小人之福也。

象曰：遁亨，遁而亨也。刚当位而应，与时行也。

遁亨者，遁而后亨也。九五阳刚中正，以居尊位，下有六二之正应其势似可以有为而犹遁避也者，以小人居内用事，纲纪废弛，不可以不遁。如孔子去鲁于摄行相事之时，非以其见逼也，乃以季桓子受齐女乐，三日不朝，而朝廷之礼废，未可与之言治，故不得不遁耳。所谓与时行也。

小利贞，浸而长也。

二阴浸长以侵阳，小人道长以害君子也。然阳消尽则阴亦灭，故教之以小利贞，言能守正不害阳，则正道不亡，而天下不乱，亦小人之利也。

遁之时义大矣哉！

时未至而先遁，是废君臣之义而果于忘世也。义当遁而不遁，是昧于去就之义，而失其时机，必至欲遁不得，徒遭厄难，而于世道无所补，遁之时义，岂不大哉！

象曰：天下有山，遁，君子以远小人，不恶而严。

惟有天在上，更无山与齐，天之高自不与山近，遁之象也。君子法之，以远小人，不以恶声厉色相对，而严威严恪，小人自不得而近之。有必遁之志而不乱于小人之群，遁之道也。

初六，遁尾，厉，勿用有攸往。

遁以远去为善。初六居卦之下，而阴柔不果于遁，遁而在后，尾之象也。遁既在后，患难将至，其危甚矣！占得此爻者，勿得用以有所往，但当晦处静俟，隐迹以避其难耳。

六二，执之用黄牛之革，莫之胜说。

说，音脱，解脱也。黄，中色；牛，顺物；革，皮革，坚韧之物也。六二柔顺中正，当遁之时，遁志甚坚，故有此象。谓其固执必遁之志，人莫能以解之，如白驹诗所咏之贤者，虽许之以公侯，诱之以逸豫无期，而亦不能使之淹留也。占得此爻者，能以中顺自守而不失，则善矣。

九三，系遁，有疾厉，畜臣妾吉。

九三下比二阴，当遁之时为其私情所牵系，而不果遁，必致阴祸及身，欲遁不能，危之道也。占得此爻者，别无所利，惟以之畜养臣妾则吉，盖君子之于小人当疏远之，惟臣妾则当怀之以恩。若当遁之时，与小人有所系恋，而不果遁，则丧其所守，失其时机，而灾祸及之矣！

九四，好遁，君子吉，小人否

四与初应，而乾体刚健，故有有所好而绝之以遁之象，惟自克之君子能之，而小人不能，故其占君子吉，小人否也。

九五，嘉遁，贞吉。

九五以阳刚中正之德，当遁之时，而固守其正以遁，遁之嘉美者也，其应六二遁志亦甚坚，惠尔好我，携手同归，而不乱于狐乌之群，乃所以正志也。

上九，肥遁，无不利。

上九在卦之上，处遁之终，健之极，飘然远遁，宽裕自得者也。故其象为肥遁，而其占为无不利。夫群小浸长，民心贪乱，君子既无所施其济时之术，而引身远遁，考槃自宽，又何不利之有。

象曰：遁尾之厉，不往何灾也。

遁既在后，又有所往，危厉之来，自取之也。若能晦藏隐处而不往，则何灾之有。

执用黄牛，固志也。

心为一身之主，万事之纲，志者心之所之也。志之所之，则行动从之，欲遁之志既固而坚，而又以中正出之，故有执之用黄牛之革，莫之胜说之象也。

系遁之厉，有疾惫也。畜臣妾吉，不可大事也。

系遁之有危厉，由于累于系恋，以致疾惫不得遁去也。系恋之私恩，惟以之畜臣妾则吉，而遁之为义，关乎出处之大节，世道之升降，岂可以私恩参于其间乎？不可大事之语，为戒深矣！

君子好遁，小人否也。

君子无欲，故不系恋所好而遁去之。小人则系于私情，不能自克，又安能飘然远遁乎？

嘉遁贞吉，以正志也。

九五之嘉遁，以其有阳刚中正之德，豫见道之将废，则卷而藏之以正其志也。君子之仕也，将以行道济时也，是故乐则行之，忧则违之，贵其身而不能行其道，君子不处也。九五居尊有应，而亦遁者，以二阴浸长于内，职为乱阶，国本动摇，而君子无所施其挽救，故遁去也。

肥遁无不利，无所疑也。

远举高蹈，逍遥事外，非忘世也。时止则止，以存其身，何疑之有？孟子谓："如欲平治天下，当今之世，舍我其谁也欤！"身虽远遁，而道自亨，或出或处，无不利也。

震上 乾下 大壮

大壮：利贞。

大，谓阳也。大壮，阳壮也。大壮之为卦，四阳盛长而壮大。阳为君子，则是君子之道壮盛也，阳既壮大，则必固守其正，方能保其壮，倘壮而无礼，势必恃壮激进，以招众忌，则是自取困危而挫其壮也。利贞之占，为教深矣。

象曰：大壮，大者壮也。刚以动，故壮。

以卦体卦德释卦名义，卦体四阳盛长而壮大，故名大壮。其德乾健而震动，刚足以胜私，动足以有为，无欲而动，动以天理，而阳乃壮也。

大壮利贞，大者正也。正大而天地之情可见矣。

大者既壮，则利于贞，大而正，则可以养其壮，正大而极，则正之极，大之至，如天地之无不持载，无不覆帱，而日月四时运行不忒，将与天地同其正大，而天地之情可见矣。

程子曰："天地之道，常久而不已者，至大至正也。正大之理，学者默识心通可也。"

象曰：雷在天上，大壮。君子以非礼弗履。

四阳盛长，雷乃发声，雷在天上，震动发生，大壮之象也。君子法之，健以克己，动以励行，以天而动，非礼弗履，礼复则天德用事，而大者壮矣。

初九，壮于趾，征凶，有孚。

初九居卦之下，当大壮之时，而乾体刚健，急于上进，壮于趾之象也。居下而壮于进，必至触犯刑禁，以取困危，故其占为征凶有孚。孚者，信也。言如此而往必有凶祸，所以戒占者使之猛省也。

九二，贞吉。

九二阳刚得中而处柔，不壮于进，吉之道也。然以九居二为不正，故其占曰贞吉，言能中以行正则吉也。

九三，小人用壮，君子用罔，贞厉，羝羊触藩，羸其角。

九三以刚居刚而不中，当大壮之时，过于刚者也。过刚而不中，则恃强负气而轻进，故有小人用壮，君子用罔之象。其壮如此，虽正亦厉，况于不正乎？羝羊触藩羸其角，所以形容九三之妄行取困，而使占者玩其辞以惩其壮也。卦之三四五爻，互为兑卦，故以羊取象，而羝羊尤喜触，故有触藩羸角之象。然羊何足责，人而如此，愚横甚矣，可哀也哉！

九四，贞吉，悔亡，藩决不羸，壮于大舆之輹。

九四以阳居阴为不正，宜有悔也，然当大壮之时，为震之主，刚而用柔，无躁动之失，而能履乎正，故其占吉而悔亡。藩决不羸，前程无碍也，九四变为坤，坤为大舆，故其象为壮于大舆之輹，可以载重致远也。四为外卦之主，阳刚足以有为，而藩决輹壮，其势易进，以至盛之阳，动而前进，莫之能当，而又用柔不轻于进，由此阳德日亨，而纯乾可致也，此九四之所以贞吉也。

六五，丧羊于易，无悔。

羊之为物，外柔内刚而喜触。六五阴柔得中，无刚躁之行，因无触藩之失。是不有其壮也，故其象为丧羊于易。谓亡其壮于不觉也。五虽阴柔而居中，其柔也非懦弱之比，故能中以行正于大壮之时而无过，所以无悔也。

上六，羝羊触藩，不能退，不能遂，无攸利，艰则吉。

上六以阴暗之资，当大壮之终，处动之极，壮于动而暗于事理，故其象占如此。谓其不知审时度势，而无知妄动，很于横触，而不能退，但以才本阴柔，见挫则屈，亦不能遂进也。如此则只能偾事取羞，何利之有？然犹幸其为阴柔，而处壮之极，壮极思变，如能惩其用壮之失，而艰以处之，自无触藩之祸。而改过自新，又可以获吉也。

象曰：壮于趾，其孚穷也。

居下而用壮决行，必多触犯，穷困之凶，信乎其不可免也。

九二贞吉，以中也。

以九居二为不正，而其占所以贞吉者，盖以阳刚乾体而得中，当大壮之时，而能中以行正，有以暗合天地正大之情，是以吉也。

小人用壮，君子罔也。

过刚不中以处大壮之时，任刚恃壮，不肯量其力之所不及，与势之所不能，而蠢蠢以动，必致困危，犹如羝羊触藩而羸其角，此用壮用罔之象也。用罔者，谓蔑视事物，而轻忽以处之也。

藩决不羸，尚往也。

藩决不羸，前程大通，无阻隔也，阳德方盛，足以前进，故尚往也。阳之长，宜至于极，正喜其进也。用壮之戒，过不在壮而在用壮也。刚则易折，锐者易摧，岂能保其壮，而终其阳长之事乎？此九三之用壮，所以贞厉，而九四用柔，乃得贞吉也。

丧羊于易，位不当也。

六五以阴居尊当四阳竞长之时而逊于阳德，故其象为丧羊于易也。以阴柔而居阳位，当大壮之时而无正大之德，则是所处之位不当也。然则无悔之占，但许其不恃壮耳，非谓其德无愧于位也。

不能退，不能遂，不详也。艰则吉，咎不长也。

上六之不能退不能遂，由于阴暗未能详察于事情，故既不能退，亦不能遂也。惟有审时度势，艰以处之，惩其蠢动之行，则前非尽改，而咎不长也。

☲ 离上
☷ 坤下　晋

晋：康侯用锡马蕃庶，昼日三接。

晋，进也。康侯，安国之侯也。锡马蕃庶所锡者大而且多也。昼日三接，谓一日之内，三次接见，宠遇之至也。为卦上明下顺，君臣相得，上致恭以礼下，下朝觐以亲上，故其象为康侯用锡马蕃庶，昼日三接，极言其锡与之厚，而宠遇之至也。

彖曰：晋，进也，明出地上，顺而丽乎大明，柔进而上行，是以康侯用锡马蕃庶，昼日三接也。

以卦体卦德卦变释卦辞，卦体上离下坤，为明出地上而进升，晋之象也。卦德离明在上，坤顺在下，顺而丽乎大明，乃忠顺之臣，附丽于大明之君，上下一心，平章百姓，国运将跻于升平也。又其变自观而来，六四之柔，进而上行以居于五。盖君子进以礼，退以义，柔进而上行，是难于进，而进以礼也。有斯三者以进于朝，是以康侯用锡马蕃庶，昼日三接也。

象曰：明出地上，晋，君子以自昭明德。

明出地上，晋而益明，晋之象也。昭，明之也。离照当空，万方大明，群魔灭迹。君子法之，以自明其明德，而明无不察，私意私欲，无潜滋暗长之地也。

程子曰："君子观明出地上而益明盛之象，以自昭其明德。去蔽致知，昭明德于己也。明明德于天下，昭明德于外也。明明在己，故云自昭。"

初六，晋如摧如，贞吉。罔孚。裕无咎。

初六，当晋之始，阴柔居下，而坤体喜静，上应不中不正之九四，刚明苛察，不即引进，故其象为晋如摧如，言进而见摧，不遂其进也。当此之时，惟以自守其正为吉。罔孚，谓不见信于上也。裕，宽裕以处之也。言在始进之时，如未见信于上，宜雍容宽裕以处之，勿急于求进以枉道，勿急于引退以怼上，则无咎也。

六二，晋如愁如，贞吉。受兹介福，于其王母。

六二当晋之时，上无应与，宜其有仕进艰难之忧。然以有柔顺中正之德，自当有贞吉之占。况当晋时，上有大明之主，与之同德，而知人善任，中正如六二，岂能舍之，故必受其介福，与其王母也，介，大也。

六三，众允，悔亡。

以六居三，不中不正，宜有悔也。但以处于顺极，当进之时，处下之上，而有上九之应，则是为众所信，而有以上进，故得悔亡也。

九四，晋如鼫鼠，贞厉。

鼫鼠，贪而畏人之物也。九四不中不正，当晋之时，居于高位，不能虚心求贤，而反妨贤以病国，贪而畏人，如鼫鼠然，是窃据高位，虽正亦厉而况不正乎？

六五，悔亡，失得勿恤，往吉，无不利。

以六居五，而承乘皆刚，宜有悔矣。以其为文明之主，中以行正，而行无不中，故悔无也。然君道贵刚而六五柔中文明，明察则有余而刚断或不足，故教以失得勿恤，勇往直前，乘兹英贤欲进之时，选贤与能，与天下贤才同经邦国，则可以致天下于升平之世，故其占吉无不利也。

上九，晋其角，维用伐邑，厉吉无咎，贞吝。

角生于头，刚而在上，恰如上九以刚居卦之上，故其象为晋其角。盖刚极则进锐，明极则苛察，有角其善触，进锐苛察善触，则多所触伤，而民不顺附，必致偾事。盖众怒难犯，专欲难成，刚明独断，错误必多，其晋如此亦甚危矣，此晋其角之所以无所施而可，惟独用于伐邑，则虽厉而吉无咎也。然以刚明居上，治一私邑，犹有危厉者，咎不在于刚明，乃以仕进行政，皆不利于刚躁也。四时之变，必以其序，政教之行，必以其渐，若不察时势之可否，而勇于施为，必无成功之理，所为虽正，亦当有咎，故不免于羞吝也。

象曰：晋如摧如，独行正也，裕无咎，未受命也。

当晋之时，进而见摧，安处于下不枉道以求合，则是独行其正也。裕以处之，而无咎者，以其尚未受命也。孟子居齐，齐王不能行其道，是晋如摧如也；我非尧舜之道，不敢以陈于王前，是独行正也。身为客卿，而未受其禄，供其职，故曰我无官守，我无言责也，则吾进退岂不绰绰然有余裕哉。进退裕如而无咎者，以其未受命也，如孟子者可谓深于易，而善学孔子者也。

受兹介福，以中正也。

周子曰："圣人定之以中正仁义而主静，立人极焉。"六二以静顺中正之德，居于下位，当晋之时，虽无正应，而终能受兹介福于其王母者，以中正也。中正者人道之极也。人能守中正之道，则无过矣。此卦之二五，所以以中为贵也。圣人假年学易，以期无过，所以教天下后世进于中正之道，以立人极也。

众允之，志上行也。

三居下卦之上，当晋之时，上有大明之君，天下之仕者，皆欲立于其朝，是众志欲进，而三独在下之上，故众允之也。

鼫鼠贞厉，位不当也。

九四不中不正，当晋之时，知进不知退，窃据高位，不肯避贤以进贤，贪而畏人，无异鼫鼠，以此为正，而不改图，乃危道也。位不当者，谓以九居四，既非其位，而以不中不正之人，窃据大臣之位，亦不当也。

失得勿恤，往有庆也。

柔中文明，以居尊位，当晋之时得下之顺从，是天下仕者皆欲进于其朝也。固当选贤与能，推诚委任，务使众正盈廷，致天下于升平。不可求全责备以失得为忧，以此而往，则直者举而枉者措，而国运日隆矣，所谓有庆也。

惟用伐邑，道未光也。

刚明之极，竟以刚猛径进偾事，而无益于人之国，仅可用以伐邑，则其于晋之道，未得为光大也。

☷ 坤上 ☲ 离下　明夷

明夷：利艰贞。

夷，伤也。为卦离下坤上，日入地中，明夷之象也。明夷之时，利于艰难守正，以自晦其明，此处患难之道也。

象曰：明入地中，明夷。

以卦象释卦名。明入地中者，离之明，为大地所蔽而暗昏，明夷之象也。昏君在上，忠良被诛，而明哲蒙难，自晦其明，是明夷也。

内文明而外柔顺，以蒙大难，文王以之。

以卦德释卦义。蒙大难，谓遭纣之昏暗，而见囚也。卦之德，内文明而外柔顺，以处明夷之时，是蒙大难也。纣自暴，囚文王于羑里，是夷其明也。文王用明夷之象以自处，而文明柔顺之德益彰，处明夷而明不夷，趁此蒙难之暇，演周易以通神明之德，以类万物之情，使易道大明于天下后世也。

利艰贞，晦其明也，内难而能正其志，箕子以之。

晦其明，谓箕子在狱囚之时，披发佯狂而为奴，以晦其神圣之明也。内难而能正其志，谓身为贵戚之卿，为救殷之危亡，不顾杀身之祸，而陈谏于暴君之前，身虽见囚，而不失大臣以道事君之正义，所谓能正其志也。箕子之行，正合利艰贞之义，故曰箕子以之。

象曰：明入地中，明夷，君子以莅众，用晦而明。

明入地中，不能外见，明夷之象也。君子观其象以之莅众，用晦而明，貌似痴聋，而实明无不照，如日落西山长夜漫漫，而其明未尝少损也。是故御众以宽，不苛察以为明，而网漏吞舟之鱼，舍小过而不纠，使民有闲逸之乐。是用晦也。笃恭以敦治本，敬德以清化源，兴礼义以防民之淫，修政教以正民之德，潜移默化，使民日新其德而不觉，是用晦而明也。

初九，明夷于飞，垂其翼。君子于行，三日不食，有攸往，主人有言。

初九以离明刚正之体，足以进而有为者也，故有于飞之象，以其处明夷之始，进而见伤，其象为伤于飞而垂其翼也。鸟之飞以有翼也，翼伤则不能飞也。君子之仕也，行其义也。明伤则道

226　　　　　　　　　　　　周易卦解（2015 年修订版）

不行矣，道之不行，不可一日处，故其占为君子于行，三日不食，言其去之之速也。有攸往，主人有言，如孔子去卫，在陈绝粮，以子路之贤，亦不免有言，况他人乎？然君子处世须臾不离乎道，当去则去，当速则速，义之所在即身之所安，区区绝粮之困与语言之伤，何足恤哉！

六二，明夷，夷于左股，用拯，马壮吉。

六二柔顺中正而文明，居于臣位，本无致伤之道，但当明夷之时，而独以文明显于下，故招群小之忌，而为暗主所伤，而夷其左股。股者所以行也，伤其股则不能行矣。然第伤其左，而未及于右，未至全伤，若能用力速救，犹可全其右股，而有以履其道矣。故其象占如此。文王之见囚也，而西岐之政教，有武王周公太公邵公散宜生等率行之，是伤其左而未及于右也。及其拯救出狱，而周侯晋封为方伯，是获吉于明夷之后也。

九三，明夷，于南狩，得其大首，不可疾贞。

九三以刚正之德，居下之上，明之极，当明夷之时，与上六暗主为应，而有伐暴救民之责，故有向明除害，得其首恶之象。然首恶虽除，而污习难革，若不期以岁月，渐以礼义，而责其一归于正，反致偾事，故有不可疾贞之戒。

六四，入于左腹，获明夷之心，于出门庭。

腹，胸腹也，左腹，幽隐之处，心之居也。入于左腹，幽不明也。六四以柔正居暗地而夷伤尚浅，犹可得意于远去，故其象占如此。言当明夷之时，处于幽暗之朝，虽死无以报国，故出门庭以避之，犹可得其心之所安也。微子去之，所以存宗祀，而夫子许其仁，所谓获明夷之心于出门庭也。生非苟全也，去非畏死也，苟可以存宗庙之祀，吉凶死生荣辱，何暇计及，为所当为，无丝毫人欲之私，所谓仁也。

六五，箕子之明夷，利贞。

六五柔顺得中，当明夷之时，居至暗之地，近至暗之君，而能正其志，箕子之明夷也。身在狱囚之中，披发佯狂而为奴，以隐其圣明，而使其君得免杀戮父师之罪，故孔子称其仁，以为内难而能正其志也。利贞者，盖以戒占者，当法箕子之贞，而固守其正也。

上六，不明晦，初登于天，后入于地。

上六以阴暗居明夷之极，不知自明其德，而反伤天下之明，其昏暗无知，昧于事理如此，必致众叛亲离，以亡其国。初登于天，登天位为天子也。后入于地，失道失国也。盖谓昏暗之君，居于高位，贼仁贼义，大失民心，卒至身死国亡，遗臭万年，此桀纣之明夷也。有国者，其慎诸。

象曰：君子于行，义不食也。

当明夷之际，君子之道废，义不可留，故决然去之，困穷非所计及。三日不食，言其去之之速，无暇就食，义当然也。

六二之吉，顺以则也。

六二处明夷之时，而能保其吉者，以其顺以则也。则，法则，顺以则，谓处明夷之时，能顺柔顺中正文明之则，而其德愈光也。

南狩之志，乃大得也。

南狩去害，其志在于伐暴救民，以安天下也，以刚正文明之九三，而除至暗之上六，必能一怒而安天下之民，斯其猎得者元恶，而得遂其救民之志也。

入于左腹，获心意也。

心位于左，入左腹而获其心意于出门庭者，盖言六四以阴居阴，而处幽暗之时，不能以有为，犹可得意于远去，以遂其自靖之心也。

箕子之贞，明不可息也。

箕子身为贵戚，位居太师，为存宗庙社稷，保爱人民，而强
谏。遂见恶于纣，身陷囚系，犹不忍彰纣之恶，以危殷室。故被
发佯狂，自晦其明，孔子既称其仁，而又赞其明不可息，有以夫！

初登于天，照四国也。后入于地，失则也。

此以日之出没，言明夷之象，盖以喻暴主。身为天子，而昏
愚失则，以失天下也。以上六之昏暗，而居卦之上，明夷之极，
犹桀纣以下愚居高位，而以暴率天下，以伤一世之明，卒至罪大
恶极，而亡其国，以其身心言行，失其为君之则也。

䷤ 巽上
离下 家人

家人：利女贞。

家人者，一家之人也。为卦内离外巽，则是内文明而外巽顺，
处家之道也。闺门之内恩掩义，不可以理论，故以巽顺为尚也。
明以巽，则家可齐矣。其象为风自火出，以见风教，由内以出，
故欲新民者，必先明明德以为新民之本也。《中庸》曰："知远之
近，知风之自，知微之显，可与入德矣。"能知此，则知修身齐家

之道欤？卦之九五六二，内外各正其位，故其象为家人，不曰利贞而曰利女贞者，谓齐家必先齐其妻，必型于其妻，然后能至于兄弟，以达于家邦也。

象曰：家人，女正位乎内，男正位乎外，男女正，天地之大义也。

以卦之九五六二释卦辞。六二柔顺中正，正位乎内，九五刚健中正，正位乎外，男女各正其位，而与天尊地卑，天外地内之义不相戾，故曰男女正，天地之大义也。

家人有严君焉，父母之谓也。

家人之中有严君，以主一家之政，谓父母也。盖不严则孝敬衰，无君则法度废，而家道衰矣。今之人，诬父母以为无闻知者，比比皆是，而能孝敬者，盖寡矣！甚者背弃父母而不顾，沦为衣冠禽兽者，有之矣，是不有其严君焉，昏愚之甚也。

父父、子子、兄兄、弟弟、夫夫、妇妇、而家道正，正家而天下定矣。

以卦画言之，则上九为父，初九为子，五为兄三为弟，九五九三为夫，六二六四为妇，为父子兄弟夫妇之象。而诸爻之阴阳，各得其正位，有如家人各尽其道，则家道正，由正家而推之于国于天下，使天下之家无不正，则天下定矣。诗曰："刑于寡妻，至于兄弟，以御于家邦。"言文王之正家以正国也。正家而天下定，乃内圣外王之道，三代之隆，皆由于此。今之人能正家者盖寡矣。

象曰：风自火出家人；君子以言有物，而行有恒。

火燃则烟出，是风自火出也，内离明而外巽顺，有身修而后家齐之义。风教由内以出之象也。君子观家人之象，而知一言一行之不可以苟也，是以言有物而行有恒，谓所言皆有事实可据，足证其言之不谬，而其行皆有法度规范，能以久于其道也。言有物而行有恒，则身修而家之本以立，乃家道之所由以正者也。

初九，闲有家，悔亡。

初九以刚正文明之资，当有家之始，能以礼义防闲其家者也。以礼法闲之于有家之初，则熏陶渐染，潜移默化，驯致于伦理正，恩义笃，而家道以正，则不至于有悔也。倘治家无法，一任人情流放，以致夫妻反目，父子相夷，长幼无序，伤恩义，害伦理，卒成乱伦无理之家矣。若使之各尽其道，则无流放之失，故悔亡也。

六二，无攸遂，在中馈，贞吉。

六二柔顺中正而文明，女子贤良淑慎正位乎内者也，故凡事从父从夫从子而无所专成，居中馈食，以供女事，家人之吉道也。

九三，家人嗃嗃，悔厉吉；妇子嘻嘻，终吝。

九三过刚不中，而居明体，是以刚决明察治家者也，故有家人嗃嗃之象，危之道也。须知闺门之内恩掩义，修己以敬以安人，岂无道乎？何以嗃嗃为哉！长此嗃嗃嗷嗷厉色相加，能不伤其恩义乎？故有悔也。然以刚明治家，则家法严，而家道得以不废，虽有悔厉，犹为吉也。若治家无法，至于妇子嘻嘻，则礼法废，伦理乱，终必败坏门庭，而致羞吝也。是以治家之道，以中为贵，否则宁严勿纵。

六四，富家，大吉。

阳主义，阴主利。六四以阴居阴而得正，为巽之主，顺在妇位以尽其道，为能巽以行正，俭以持家，以富其家也。衣食足而知礼节，家富则教易施，而家道以正，故其占为大吉也。

九五，王假有家，勿恤吉。

假，读格，至也。九五阳刚中正，正位乎外，下应柔顺中正之六二，正位乎内，内外正，家道之至善者也，故其象为王格有家。谓圣王之德，有以假乎家以及于国，民日迁善而不知为之者，如此则正家而天下定，不用忧恤，而吉可知也。

上九，有孚威如，终吉。

上九处卦之终，巽之极，以刚居上，有严父之象，家人之所信仰诚服者也，故其象占为有孚。然必俨然有威以临之，德行足式，威仪足法，家人畏而爱之，则而象之，而家道斯正，则得终吉也。

象曰：闲有家，志未变也。

闲之于有家之始，于其志未变之时，勖帅以敬，使之起敬畏之心，敛流放之情，约其身于礼法之中，而其言行，不悖于妇道，于以宜室宜家，而家道以正，何悔之有？此教妇初来，所以为名言也。若不闲之于初，及其志变，而后治之，则所伤必多，而防闲不易，为可悔也。

六二之吉，顺以巽也。

柔顺中正，以正位乎内，能顺巽以承夫子，此六二之占，所以贞吉也。

家人嗃嗃，未失也。妇子嘻嘻，失家节也。

家人嗃嗃，虽非中道，然于治家之道犹未为甚失也。若治家无法，至于妇子嘻嘻，则失其治家之节，而有败家之忧矣！

富家大吉，顺在位也。

六四之富家大吉，以其巽顺以居其位，而能恭俭循礼，满而不溢，以保其富也。礼运曰：父子笃，兄弟睦，夫妇和，家之肥也。是不以多财为富，而以父子兄弟夫妇各尽其道为富也。礼义之家比之富贵之家，幸福多矣，顺在位，盖谓各在其位，以尽其道与？

王假有家，交相爱也。

王格有家，交相爱也。程子曰："夫爱其内助，妇爱其型家。"乃为交相爱也。必交相爱，而后可以格有家，未至交相爱，虽身修法立，不得为格也。九五以刚健中正正位乎外，以型其妻，六二之柔顺中正而贤明，正位乎内，以巽顺其夫，夫妇相爱以德，则言易入，教易从，家政以明，而家道正，乃为格有家也。

威如之吉，反身之谓也。

威如之云，非作威也。反身自治，先严其身也。其身正，则家可教矣。故君子有诸己，而后求诸人；无诸己，而后非诸人。若宽以恕己，而严以责人，则人怨而不服。故必有威可畏，有仪可象，始可谓之威如，而人亦将畏而服之矣。

☲离上
☱兑下 **睽**

睽：小事吉。

睽，乖违不合也。为卦上火下泽，性相违异，中少二女同居，睽违不合，故其卦为睽。夫人心睽离，衰难将至，何吉之有？惟以卦才言，则兑悦离明，为悦而丽乎明之象，实为处睽之道，故占得睽卦者，虽不可大事，而小事犹可获吉也。

象曰：睽，火动而上，泽动而下，二女同居，其志不同行。

以卦象释卦名义，火泽二物同居，而炎上润下之性交相违离，中少二女同居一卦，而其志不同，其行相违，故其卦为睽。

说而丽乎明，柔进而上行，得中而应乎刚，是以小事吉。

以卦德卦变卦体释卦辞，人心睽离之时，为难处也。而卦之德，为悦而离乎明。悦则有以悦其心，明则易于通其志，乃济睽之先务也。其卦自中孚变来，四进居五而得中，以应九二之刚，则是崇尚柔德以求合，而又忘己之尊，虚心下交求贤以自辅，期有以济一时之睽，是以小事吉也。

天地睽，而其事同也；男女睽而其志通也；万物睽而其事类也；睽之时用大矣哉！

天位乎上，地位乎下，以生万物，位虽睽而其事同也。男位乎外，女位乎内，以理其事，位虽睽而其志通也。万物之生，飞潜植动，各异其类，而戾天在渊，本天本地，各不相同，是万物睽也。然其并育而不相害，且相资以生存于天地之间，而其事则类也。国家设官，各勤职守，而庶政万殊，共理国事，则是职虽不同，而治国之事则一也。当睽之时，而睽之为用则甚大，盖有不得不睽者矣，故赞之曰，大矣哉。

象曰：上火下泽，睽，君子以同而异。

上火下泽，同居一卦，而其性相违异。君子处世，以同而异，是故饮食居处，与人同也，而食无求饱，与好逸豫者异矣。幼学壮行，与人同也，而学以致其道，仕以行其义，则与干禄欲贵之人异矣，此中庸所谓和而不流者也。

初九，悔亡，丧马勿逐，自复，见恶人无咎。

初九以刚正之才，处睽之始而无应，宜有悔也。然以本自无应无合，何睽之云？虽众情睽异，罪不在己，故悔无也。阳上行者也，远行宜有马，今丧其马，不得行远矣。马既脱缰而逸，则愈追愈远，不如勿逐而待其自复，正如睽离之时，人不我与，而强求其合，安能见信与人。不如静以待之，久则是非自明，睽违自合也。九四以阳刚居上，不中不正，自以为明，与众违戾，恶人之象也，而与初以位相应，欲求见之，初若与之绝，则睽违愈甚，凶咎立至，见之而不为其所利用，则无咎也。

九二，遇主于巷，无咎。

九二与六五为正应，当睽之时，五以苛察疑猜，自为睽违，二居臣子之位，不忍睽违加深，而委曲以求合，故有遇主于巷之象。巷非通衢，乃小巷也，委曲之途也。夫以九二之刚中，必不苟且求合，所谓委曲，只是婉言陈谏，婉转开导，而不直言强谏，以加深其睽，如触詟之说赵太后，有以悟其心，而改其睽违之见，则得无咎也。夫大臣以道事君，不可则止，而九二委曲如此者，处睽之道，当如是也。盖本为正应，君臣相得，只因一时疑猜，而致乖违，一旦觉悟，则道合如初，而睽自合，岂可以一谏不听，即悻然远去，而弃吾君乎？程子谓学易者识此，则知变通矣，诚哉斯言也。

六三，见舆曳，其牛掣，其人天且劓，无初有终。

胡瑗曰："天，本当作而，传写之误也。"汉法：有罪髡其鬓发曰而。劓，五刑之一，谓有罪割其鼻也。六三以阴居阳，不中不正，当睽之时，上与刚而不中，多疑睽极之上九为应，固已睽违难合矣。而又承刚乘刚，遭受曳掣，不得与上相与，乃用刚强进，而力不能胜，故有见舆曳，其牛掣，其人而且劓之象。盖以三居互卦坎离之间，离为牛，坎为舆为曳，舆将行而见曳，舆欲止而牛掣，行止皆受牵制，以喻六三困于二阳之间，不得往与上遇也。发与鼻女容之美恶所由分也。既而其发，且劓其鼻，则无以为悦己者容矣，所以益为不正之上九所疑，而不肯下交以求合也。然邪不胜正，事久则明，如六三不畏强暴，艰贞以待之，终将见信于上，而得好合矣，故其占为无初有终也。

九四，睽孤，遇元夫，交孚，厉无咎。

九四处睽之时，无有应与，上下睽离，而孤立无依者也，然刚而用柔，下与刚正不群之初九同德相应，而交相信赖，以度睽违之时，则虽危无咎矣。

六五，悔亡，厥宗噬肤，往何咎。

六五以阴居阳，在上位而用刚，当睽之时，下有九二刚中之臣，而不知信赖，反以苛察之明滋疑致惑，宜有悔矣。但以其为离明之主，明于事理，通于人情，善于改过自新，而能使睽者复合，故悔亡。厥宗指九二，噬肤言易合，厥宗噬肤，言往与九二会遇，如噬肤之易，一释其疑，则睽自合矣。盖本为正应，往而求合，何咎之有？元圣之言，所以勉占者勇于悔改，图惟厥终也。

上九，睽孤，见豕负涂，载鬼一车，先张之弧，后说之弧，匪寇婚媾，往遇雨则吉。

上九与六三为正应，本自不孤，第以明极反惑，群疑满腹，弃其正应，以致睽极难合，而自取睽孤也。上九之于三也，不以为人，而以为豕，豕本不洁，又见其负涂，厌恶之甚，益觉其秽污也。鬼本无形，却见其满车是鬼，猜疑之甚，以无为有也。先张之弧，疑豕疑鬼，欲杀之也，后说之弧，疑稍释也。匪寇婚媾，前疑尽释，而知其为婚媾也。往遇雨则吉，谓睽极而合，如阴阳合而雨泽降，夫妇合而家道成，所以吉也。

象曰：见恶人，以避咎也。

睽离之时，恶人得势，彼若以礼来，而拒绝不见，则违礼招怨，适以取祸，见之而不为其所用，既不失己，亦不触彼之怒，乃所以避咎也。

遇主于巷，未失道也。

睽违既形，直言难入，故委曲宛转以进谏，使之憬悟，以释其疑，而交相孚信以相遇，则不失为下之道矣。

程传曰："当睽之时，君心未合，贤臣在下，竭力尽诚，期使之信合而已，至诚以感动之，尽力以扶持之，明义理以致其知，杜蔽惑以诚其意，如是宛转以求其合也。遇非枉道逢迎也，巷非邪僻由径也。故夫子特云，遇主于巷，未失道也。"

见舆曳，位不当也。无初有终，遇刚也。

六三之见伤，虽为上下二阳所害，而亦由三之不中不正有以致之，故曰：见舆曳，位不当也，始虽见伤，终将与上九相遇，以其为正应也。盖邪不胜正，事久则明，无终睽之理，故知有终也。

交孚无咎，志行也。

当睽之时，而不为众所信，幸遇初九之元夫，同德相与，至诚相交以济一时之睽，则虽危无咎，而其志得行也。睽离之时，谗人见之，必指为同党以中伤之。然以九四之刚明而用柔，无过激之行，其所遇之元夫，刚正无欲，无瑕可疵，是以虽危无咎也。

厥宗噬肤，往有庆也。

以六五之柔中文明，能尽去猜疑，以听九二之训己，则其相合，如噬肤之易，往而求之以辅政，不惟无咎，且能合天下之睽，而有和平之福庆也。

遇雨之吉，群疑亡也。

睽离之成，由于互相猜疑，而致疏远也。往而遇雨，则阴阳合而雨泽降，婚媾亲而猜疑释，离而复合，是以吉也。

坎上 艮下 蹇

蹇：利西南，不利东北，利见大人，贞吉。

蹇，难也，卦德坎险艮止，为见险在前，难以前进，因而止之，蹇之象也。故其卦名蹇，西南坤方，平易之地，东北艮方，险阻之处。蹇难之时，不可走险，是以利西南，不利东北也。九五阳刚中正，以居尊位，大人之象也，蹇难当前，非大人不能解，故利见大人，相与同心协力，以解天下之难，方能有济。解蹇之道，不可机械变诈，必固守其正则吉也。夫蹇难之生，由君不正耳。卦之九五阳刚中正，以居尊位，而六二以柔顺中正应之，相与率天下以正，以正其不正，由此政令行，而天下一归于正，蹇斯解矣。贞吉之占，其义深哉！

象曰：蹇，难也，险在前也，见险而能止，知矣哉！

以卦德释卦名义，而赞美之。蹇之为卦，坎居于上，是险在前也。艮山在下，是见险而能止，智者之事也。若险难在前而不止，冒进以陷于险，则惑矣！

蹇利西南，往得中也；不利东北，其道穷也。利见大人，往有功也。当位贞吉，以正邦也。蹇之时用大矣哉！

以卦变卦体释卦辞，而赞其用之大也。蹇利西南，避险就夷也。若见险不止而犯之，则失中，惟往西南以就平夷，乃得中也。如往东北坎艮之地，则蹇更甚矣！此乃穷途，不可往也。卦自小过变来，阳往居五而得中，为大人之象，险难在前，非大人莫能济，故利见大人以共济险难，则有功也。自六二以上，诸爻阴阳各当其位而得正，民物各正，则万事理而难自解，此之谓当位贞吉以正邦也。盖君正无不正，一正君，而天下定矣，当蹇之时，而贞之为用，岂不大哉！

象曰：山上有水，蹇；君子以反身修德。

山本险阻，上复有水，蹇之象也，君子观蹇之象，而知处蹇之道，不可怨天尤人，惟有反求诸己，以去其邪恶之私，使吾之思维言行，无一不出于正，则身正事治，而蹇自解矣。

初六，往蹇，来誉。

初六阴柔而居艮体，当蹇之初，能自止而不进者也。蹇险在前，岂宜有往，往则益蹇矣！惟有来安其居，而静以俟之，则有见险而能止之美誉矣，戒占者不可以有往也。

六二，王臣蹇蹇，匪躬之故。

六二柔顺中正，以居臣位，上应九五，王臣之象也。当蹇之时，其应九五方在险中，忧民之忧，蹇大莫解，而六二鞠躬尽瘁，志欲济吾君于蹇难之中，而不惜身冒险难，其所以履险蹈危非以为己，盖将以解难纾忧，佐其君，以济天下之蹇耳。故其象为王臣蹇蹇，匪躬之故，义所当为者，惟尽力以为之耳！以六二之柔中，其岂为身谋者哉！

九三，往蹇来反。

九三以刚正静重之质，处蹇之时，而居下之上，有济蹇之责，第以大险当前，不可遽往，往则入蹇，来反则为二阴所附，合力以济。占得此爻者，宜镇静守正，抚民以待时，不可往而有为也。

六四，往蹇来连。

六四以柔正之质，居大臣之位，以处蹇时，而才弱不足以有为，往则蹇难益甚，惟有归来连于下民，合力以济，则不为蹇所困矣。

九五，大蹇，朋来。

九五阳刚中正，以居尊位，当蹇之时，陷于蹇中，其蹇甚大，乃天下之大蹇也。蹇难之世，众所同忧，而才力不足以解之，皆欲亲附大人，与之同心协力，以解天下之难，而九五之德与才，乃天下之所瞻仰而亲附者也。故其象为大蹇朋来，朋来则群策群力以抒蹇，而大蹇可解矣。

上六，往蹇，来硕吉，利见大人。

上六，以阴柔处蹇之极，往无所之，徒取孤危，以增其蹇耳。来求九三以助九五，与之济蹇，则蹇难可抒，故其占为来硕吉。蹇难之时，惟有亲附大人，方足以纾天下之难，故利见大人也。大人谓九五，其德阳刚中正，足以正邦国，安天下，为天下所利见者也。

象曰：往謇来誉，宜待也。

往则益蹇，来则反誉，谓宜静以待时，时可行而后行，则有智者之誉也。

王臣蹇蹇，终无尤也。

王臣不惜身遭艰险，以勤王事，鞠躬尽瘁死而后已，志在佐治以纾天下之难，而不为身谋，其忠荩如此，故无尤也。

往蹇来反，内喜之也。

蹇难之时，非刚正之才，不足以济，九三居下之上，初二两阴之所依附，而喜爱之，不欲其往陷于险也。大险在前，岂可轻往，惟有归来以待时机，而与天下共图之，然后有济。内喜之之辞，圣人所以晓占者，使之见险而止，存身抚众以待时，以纾天下之难也。

往蹇来连，当位实也。

身在蹇中，往则益蹇，来与万众连合，同心协力，扶九五以共济蹇难，非诚实无以见信于民，六四以阴居阴为当位，而坎体中实，是有诚心与万众相连合者也，上下以诚相结，同心共济，则不为蹇所困矣。

大蹇朋来，以中节也。

五在大蹇之中，能致朋来者，盖以其有刚健中正之德，行止进退，皆中乎节，信义昭如日月，仁爱深入人心，故天下之人，皆欲来效忠，以共济天下之难也。易曰："云从龙，风从虎，圣人作而万物睹。"九五之德，天下所利见，况在难中，而同类岂有不来者乎？

往蹇来硕，志在内出。利见大人，以从贵也。

上六居蹇之极，在卦之上，而才弱不足以济，往无所之，蹇将益甚，来归以求助于九三，则有硕吉，惟是九五有济蹇之德与才，而身在蹇中，有待于朋类之助。乃当时之大人，人所利见，见之以从尊贵，资其德威，听其任使，以共图天下大计，则蹇难可解矣。

震上
坎下　解

解：利西南，无所往，其来复吉，有攸往，夙吉。

解，难之散也。卦之德，为险以动，动而免乎险，则难乃散，故其卦为解。蹇难之时，灾难甚重，民莫能堪，既解之后，当宽其政刑，养息天下以无事，故其占为利西南。西南坤方，安静平易之处。难之初解，当休养生息，与民更始，不可有所烦扰，故利西南也。若无未解之难，则当励精图治，以修复先王之道，致天下与升平，否则政教不明，而蚌孽复萌矣。故曰无所往，其来复吉。如尚有所往，当及早以图之则吉，勿谓无害，而养恶成奸也。此圣人开物成务之至意，所以忧天下来世，无微不至也。

彖曰：解，险以动，动而免乎险，解。

以卦德释卦名义。为卦坎下震上，坎险而震动，为处险而能动，动而免乎险之象，故其卦名解。

解利西南，往得众也。其来复吉，乃得中也。有攸往夙吉，往有功也。

以卦变释卦辞，此卦自升变来，三往居四，而入坤体，坤为众，故曰：往得众也。得中有功，指九二言。大难初解，疮痍未愈，当休养生息，以苏万姓，故利西南。西南坤方，安静平易，利西南，意谓养息天下以无事也。如此则民心悦服，乃得众也。其来复吉，乃得中也。意谓大难初解，国家闲暇，及斯时，明其政刑，以复先王之治，乃得中也。九二有刚中之德，故能及时佐治，而中时宜也。有攸往夙吉，往有功也，谓尚有当解之事，不及早以图之，则恶滋害深，不易为力。以九二之才，当难散之时，夙除残敌余孽，其吉可必，是以往有功也。

天地解而雷雨作，雷雨作而百果草木皆甲拆，解之时大矣哉！

以卦体赞其时之大也。震雷坎雨，震之润之，而品物甲拆发荣滋长，以其严寒既散，而万物逢春也。大难初解，而六五柔中，以怀柔万邦，九二刚中兴利除害，如雷之震，万邦难散，休养生息；如雨之润，万姓沾恩，犹如万物逢春，生机勃勃，以其遇时也。解之时，岂不大哉！

象曰：雷雨作、解，君子以舍过宥罪。

春风解冻，雷震雨润，而草木甲坼，生机盎然，解冻之象也。君子观之，于难散之时，赦过宥罪，与民更始，宽其政，缓其刑，以养息天下于无事。人之有过，见其能改而赦之，人之有罪，核其情实而宽宥之，虽网漏吞舟之鱼，而民耻于为恶，不忍污吾之善政，好生之德，洽于民心，则天下感发兴起，改过自新，渐致于风纯俗美矣。

初六：无咎。

以柔处下，上有正应，塞难已解，相安无事，何咎之有。

九二，田获三狐，得黄矢，贞吉。

狐，邪媚之兽，以喻作难之小人。三狐指卦之三阴爻也。黄，中之色也。矢，直也。九二以刚中之德与才，处解之时，上应六五，为其所重用，当解难之任者也。难之作，多由群小惑乱君心以害其正。而九二见用于时，有正君之责，对于群小，能审得其恶，以正其罪，不使得近于君，则是诛罚群小，得其中直之道也。故有田获三狐，得黄矢之象。然五与二位皆不正，故必中以行正，正其身以正朝廷，正朝廷以正百官，正百官以正万民，天下既正，则蹇难之机绝，而国运以兴，吉之道也。田获三狐，除邪媚也。得黄矢，得其中直也。盖邪媚不去，君子不欲立其朝，而中直之士不见用，则群小亦不可得而去也。田而获之，则佞邪去，正义伸，君子进，而作难之人灭迹矣，此之谓贞吉。

六三，负且乘，致寇至，贞吝。

六三以阴居阳，不中不正，难解之时，居下之上，处非其位矣！邪僻小人，只应居下，今居民上，是犹负者而乘大夫之车，非惟民人不服，而盗贼亦欲取而代之矣。故其象如此。纵使以正得之，亦可羞吝，况于不正乎？难散之初，而不中不正如六三者，乃得窃居上位，必致寇至，而蹇难复起矣！有国者可不戒哉！

九四，解而拇，朋至斯孚。

拇指初，四之正应也。九四有阳刚之才，为外卦之主，能动而免乎险者也。但与初六为应，系于私，则害其公，比其党，则失其众。若决然舍其私党，则君子之朋至，而中心孚之矣。解媚己之小人，以来君子之朋，此九四所以能动而免乎险者也。元圣之训，其旨深哉！

六五，君子惟有解，吉。有孚于小人。

解音蟹。阳主生，阴主杀，故阳为君子，阴为小人。卦凡四阴，而六五柔中居尊，下有九二刚中之臣以辅相之，故其象为君子维有解，谓能解其与己同类之三阴，而任用君子，吉之道也，然何以验其有解也，盖以小人之退验之也，故又曰：有孚于小人。

程传曰："小人去，则君子自进，正道自行，天下不足治也。"

上六，公用射隼于高墉之上，获之，无不利。

墉墙为内外之限，在墉上，犹未出境也。上六在卦之上，解之终，动之极，塞难已解，凶顽将尽之时也，如有所为，为力则易。隼是鸷鸟，食小鸟以自肥，今据高墉之上而不去，以喻难散之时，犹有余孽，割据边陲，毒害生灵，罪不容赦，当乘敌势孤危之时，而征讨之，故其象如此。隼在高墉之上，以喻敌势之孤危，射而获之以见公之神武。凶顽就擒，则天下一统，政教易施，先王之道，可以复兴，是以无不利也。

象曰：刚柔之际，义无咎也。

初六与九四相应以处难散之时，相辅相成，以医以往之疮痍，而建永恒之事业，则不刚不柔，无过举，无颓废，而所为可成，故其义无咎也。

九二贞吉，得中道也。

二之所以贞吉，以其有刚中之德，故田而有获。除去邪恶以伸中正之道，而邦国以正也。小人者，乱之阶也，小人不去，则君子不得行其志，而难无由散矣！故必去三狐，得中直，然后为得中道也。

负且乘，亦可丑也，自我致戎，又谁咎也。

负荷之人而乘轩，有国者之丑也。盗思伐之而戎兴，致之自我，又咎谁也？

解而拇，未当位也。

初六居下，有拇之象，与四相应，四之拇也。解之者，圣人欲其不私于初也。不知其人视其友，四若系初，必见疑于君子矣！况九四以刚居柔，未为当位，偏私于初，而使之间于其间，则其信君子之诚心，必有所不足，又安能朋至斯孚哉！君子之朋不至，而欲解天下之难，不可得矣。故必解而拇，而惟君子斯孚，然后为当位也。

君子有解，小人退也。

君子小人，志向不同，势如冰炭，天下之难，多起于小人，小人不退，则患难日增，君子不能安其位，以行其道，而在野之君子，亦不欲仕于其朝，君将谁与解天下之难乎？故以小人之退，以为君子有解之孚验也。

公用射隼，以解悖也。

解已终，而仍有未解者，乃由凶顽者，悖乱之甚，怙恶不悛所致也。故公于此时用强弓利矢以射之，所以解悖乱也。悖解则天下无事，得与贤才论道经邦，修明政教，以复先王之道，而杜祸乱之萌矣。

䷨ 艮上 兑下 损

损：有孚，元吉，无咎，可贞，利有攸往，曷之用，二簋可用享。

损，减损也。为卦上艮下兑，是损下乾之上爻，以为泽，以益上卦之坤而为艮，泽深则山益高，为损下益上之象，故其卦为损。当损之时，有损之之诚心，而损其所当损，则元吉无咎，而可贞以守之。如此而有所往，则刚柔得中，文质适宜，而无不利也。损而有孚，则不必礼文具备，虽二簋之约亦可用享，所重在诚，而不在礼文也。损者，损有余也，无余而损之，是损其不足也。益者，益不足也，既足而益之，是益其过也。殷末，质胜乎文，故周公益之以文，而损其质。周末，文胜乎质，文有余也，故孔子欲从先进，以示繁文之宜损也。盖文质彬彬，然后君子，过与不及，皆非中道，既过而不损，则有害无益，故当损也。

程传曰："圣人以宁俭为礼之本。享祀以礼，以诚敬为本，多仪备物，所以将饰其诚敬之心，诚为本也。天下之害，无不由末之胜也。峻宇雕墙，本于宫室，酒池肉林，本于饮食，淫酷残忍，本于刑罚，穷兵黩武，本于征讨，凡人欲之过者，皆本于奉养，其流之远则为害矣。先王制其本者，天理也，后人流于末者，人欲也。损之义，损人欲，以从天理而已。"

象曰：损，损下益上，其道上行。

以卦体释卦名义。损，损下以益上也，其道即损道也；损下即以损上，非能益上也。于不得不损之时，而损下以济上之穷，未为不可，否则下与上俱损矣，故其卦名损也。

损而有孚，元吉，无咎，可贞，利有攸往。曷之用？二簋可用享。二簋应有时，损刚益柔有时，损益盈虚，与时偕行。

此释卦辞，而归重于时也。当损之时，如有诚心，则虽二簋之约，亦可用以享，时当然也。当约则约，则是二簋应有时，集腋成裘，不嫌其约也。刚有余而柔不足，乃损刚益柔之时，所宜损下益上也。损盈益虚，与时偕行，乃元吉无咎可贞也。中庸曰："君子之中庸也，君子而时中。"不随时以处中，则百为俱非，而况损下乎？故夫子再三言之，以明损与不损，损多损少皆视时之当否以处之，则吉也。

象曰：山下有泽，损；君子以惩忿窒欲。

损之为卦，由损乾之刚以益坤之柔而成山泽损也。所以损之者，由于下有余而上不足也。君子观损之象，而知人心惟危，私欲不可不损，道心惟微，礼义不可不复，故惩戒忿怒，窒塞私欲，损其有我之私，以复其性命之正，则人欲退听，而天君泰然，百体从令矣。故君子惩忿窒欲，损所当损，而不为情欲所累也。

初九，已事遄往，无咎，酌损之。

初九，当损下益上之时，以刚正之才，上益六四之不足，当辍其所事而速往，以应其虚心求益之忱，则谏行言听，膏泽下于民，而无不仕无义之咎也。然下之益上，当斟酌其可否以损之，若枉己以直人，则无以益上矣。

九二，利贞，征凶，弗损益之。

九二以刚中之德，有为有守，当损之时，上遇柔暗之君，不知求贤纳谏以自益。若往而益之，彼将不从其谏，而以为谤己。若涉于迁就，则是丧己以益君之过，故其象占如此。占得此爻者，利于固守其正，切勿枉道事人。若不待礼聘而往，必致猜疑以取祸。惟有刚中自守，而不枉己以从彼，彼虽柔暗，亦必服其刚正，而察纳其言，乃所以益之也。

六三，三人行，则损一人，一人行，则得其友。

下卦本乾，当损之时，损其九三以益坤，与坤之上六易位，是三人行，则损一人也。上九一阳与六三一阴相应，于是一人行，则得其友也。两相与则专，物不得而间之，三则杂而乱，而疑其所与，故必损一人，然后能致一也。世有不明致一之义，而以夫妇为传舍，沦于禽兽而不自知者，可哀之甚也。

六四，损其疾，使遄有喜。无咎。

六四以阴居阴，阴柔有余，而刚不足也。阴柔胜则暗于物理，而短于才。无以胜其有我之私，是其疾也，当损之时，下与初九相应，赖其阳刚之德以益己，而损其阴柔之疾，使之速进于善，则有喜而无咎也。

六五，或益之十朋之龟，弗克违，元吉。

六五柔顺虚中，以居尊位，当损之时，受天下之益者也。两龟为朋，十朋之龟，大宝也。损之为卦，形似龟甲，故取其象。五居尊位，有土地人民政事，岂以十朋之龟为宝哉！盖古时以龟甲卜吉凶，而测未来，故以龟为有灵。而知道之君子，其于人事之吉凶成败，国家之盛衰兴亡，祯祥妖孽之萌，祸福将至之兆，有先知之明，盖有不待卜者，正为阴柔之君所待以益者也。登而庸之，可以致天下于太平之治，故以十朋之龟，喻六五得贤之象也。五虽阴柔，而能虚中求贤，九二以刚中应之，能进众贤以益君，由此众正盈廷，以益圣明，谁能违之，是以有元吉之占也。

上九，弗损益之，无咎，贞吉，利有攸往，得臣无家。

上九在损卦之终，艮之极，而有阳刚静重之德，故不损己益人，而自有惠而不费之道，惟以阳刚静重之德坐而镇之，使之昼作夜息，以勤其业，向善背恶，以正其德，乃所以益之也。然以九居六，嫌于不正，故必以正自守则吉，如此而有所往则无不利也。夫不费之惠，其惠广矣，万民莫不心悦诚服，感恩思报，是以得臣无家也。

象曰：已事遄往，尚合志也。

尚通上，已其事而遄往者，以四与初同欲损己以益上，而志同道合故也。

九二利贞，中以为志也。

九二以刚中之德，当损下益上之时，与阴柔之六五相应，当贞固自守以待上之求，既不可急于求合，枉道而从人，亦不可闭户不出，废君臣之义也。无可无不可，义之与比，所谓中也。故曰："九二利贞，中以为志也。"

一人行，三则疑也。

一人行，则得其友，谓六三上九，阴阳相应也。三则杂而乱，疑其所与，故必损一人。一人行，而后能致一也。系辞传曰："天地絪缊，万物化醇，男女媾精，万物化生，言致一也。"

损其疾，亦可喜也。

疾之为害，足以苦形体，惫精神，危生命，损其疾，足以起死回生也。阴柔之疾，使人纵情肆欲，放心不收，丧其神守，弃其礼义，自离于道而不知，其危甚矣！能损其疾，则善性可复，可喜之甚也。

六五元吉，自上佑也。

六五虚中求贤，而天下之士悦之，以共辅明王，而致元吉，祯祥纷集，有如神佑然，故曰：自上佑也。

弗损益之，大得志也。

弗损益之，惠而不费也。耕田凿井，因旦暮以作息，鼓腹击壤，歌帝力于何有，天下安乐，君子之志乃大得也。

䷩ 巽上 震下 益

益：利有攸往，利涉大川。

益，损上以益下也。为卦巽上震下，有损乾之下爻，以益坤之初爻而为震之象，故名其卦为益。为国者能损上以益下，则民心悦服，无所往而不利。又以卦体震巽属木，以之为舟，可以涉险，故有利涉大川之象也。益下而民心悦服，则政教行，而天下治，故利有攸往，以之犯大难，则同心共济，无险不克，故利涉大川也。

彖曰：益，损上益下，民说无疆，自上下下，其道大光。

以卦体释卦名义。为卦损上卦之阳，益下卦之阴，而阳爻自上卦下于下卦之下，是损上益下而民悦；又其所益者，自上以下于下之下，而民无不受益也。其益无方，故民悦无疆，所益者至广且深，故其道大光也。

利有攸往，中正有庆。利涉大川，木道乃行。

以卦体卦象释卦辞。卦体九五六二居中得正，则是以中正之道益天下也。天下正，其庆大也，下震上巽，其象为木，以之为舟楫以涉大川，则木道乃行也。

益动而巽，日进无疆，天施地生，其益无方。凡益之道，与时偕行。

卦之德，震动而巽顺，动而顺乎道，以之益下，则风化之行，日进无疆矣！乾之阳，自上下下，坤之阴，自下而上，乃天施地生，万物发育，其益之大，无有方所也。君子益民，亦如此而已矣。益之道，贵在顺时，时当益而益，则为力易，而得效速，故当与时偕行也。

象曰：风雷益，君子以见善则迁，有过则改。

风烈则雷迅，雷震则风发，二物相与以相助，益之象也。君子观之，见善则迁，如风之速，有过则改，如雷之震，是以德日进，而道益高也。

初九，利用为大作，元吉，无咎。

初九以刚正之才，为震之主，能奋发有为者也，当益之时，奉上之命，自上下下以益下，所以利用为大作也。在下而作益下之事，任大责重，必致元吉，然后得以无咎。初之才虽足以任重，然居下无位，而受益下之命，若不恐惧修省，奋发自强，亦不能事事得中，而致元吉，以尽符上之重托也。占得此爻者，宜大有作为，以符元吉无咎之占，慎勿易以处之也。

六二，或益之十朋之龟，弗克违，永贞吉。王用享于帝，吉。

六二柔顺中正，虚中以处下位，当损上益下之时，受益之至渥者也，故其象占如此。然以阴居阴，恐不能固守，故以永贞戒之，虚中受益，驯致于尽性之命，则可以顺帝之则，以之享于帝，则自天佑之，而吉可必也。在下位而受上之益，固当以天下为己任，竭忠尽智以报国，亦如王用享于帝，则吉也。

六三，益之用凶事，无咎，有孚中行，告公用圭。

六三以阴居阳，不中不正，居下之上，无以益下，而但能受上之益，若益之以禄位，则反增其过矣。盖六三之所不足者中正也，不有以震惊之，则不能恐惧修省，以去其邪恶，而归于中正，故当以凶事加之，置之于患难危困之中，使之动心忍性，增益其所不能，然后可以归于中正而无咎，乃所以益之也。若能经受磨炼，尽去阴邪，而有孚中行以修己治人，方能各尽其道，而益下之功乃成，可以告公用圭也。六三之才如彼，而圣人如此望之者，盖以其质虽阴柔而能用刚，居下之上，可以有为，当益之时辅助教诲者众，如能尽改前非，虚心受益，未尝不足以为君子也。

六四，中行，告公从。利用为依迁国。

六四柔巽得正，而不足于中，当益之时，为巽之主，其气善行，其性务入，有迁国益民之志，而欲以此说公者也。故戒之曰：中行，告公从，言欲得公之信赖，必先使己之所行得乎中道，见诸事功，有以见信于公，然后告公，则公从。依，谓依赖依托。如周之东迁，晋郑依焉之"依"，言公利用依己以迁国也。

九五，有孚惠心，勿问元吉，有孚惠我德。

九五阳刚中正，以居尊位，当益下之时，有孚惠心，即至诚恻怛，视民如伤，急于益下以惠民为心，则所以益下者，无所不用其极，故勿问而知其元吉也。天下之民受其惠爱，感恩图报，亦必尽诚惠我以德也。上下以诚相感，以仁相亲，则王道行，国运昌，乃所谓元吉也。

上九，莫益之，或击之，立心勿恒，凶。

九在卦之上，益之极，而以阳居阴，不中不正，无以益人者也，又居巽体，其性务入，求益无厌，乃众人之所唾弃，故莫益之，而或有从而击之者。故告之曰：立心勿恒凶，意谓尔之此心，实为致凶之道，宜速悔改，不可以此为常也。

象曰：元吉无咎，下不厚事也。

初九当益下之时，刚正处下，熟悉民间疾苦，为上所信任，而委以厚民之事也。初既任其事，必施实惠及于民，有养民、教民、安民，以安国之功，而致元吉，然后得以无咎，所以然者，以在下者，本不当任厚事，不如是，不足以塞咎也。

或益之，自外来也。

六二柔顺中正，虚中以受益，好善之心至诚也，天下孰不乐告以善道，是以益之者众，而无定主，故曰："自外来也。"

益用凶事，固有之也。

六三以阴居阳，不中不正，在下之上，殆不能保其所固有，又将何以益之乎，故当益用凶事，使之困于心，衡于虑，以惩其骄满之心，而固守其已有，乃所以益之也。

告公从，以益志也。

四当益下之时，居大臣之位，柔正而巽，有佐上益下之志，故以迁国益民之事告公，而公从之，为公所依，以迁国福民也。

有孚惠心，勿问之矣，惠我德，大得志也。

君人者，有孚惠心则天下太平，不问可知，民人惠我以德，上下交孚，以德相惠，而致风醇俗美，共乐升平，则人君行道济时之志，乃大得也。

莫益之，偏辞也，或击之，自外来也。

莫益之，但就其所求不得之一偏言之耳。或击之者，言其欲击者之众，自外而来，莫知其为谁也。居人之上，而无以益人，但欲损人以益己，专利如此，则争民施夺，必至亡其所有也。贪人败类，适以自败也。占得此爻者可不戒哉！

䷪ 兑上 乾下 夬

夬：扬于王庭，孚号有厉，告自邑，不利即戎，利有攸往。

夬，决也，阳决阴也。诸阳势盛，而决一阴，当扬其过恶于王庭，以正其罪而去之，勿使乘刚以祸国，似易易也。然天下事，虽其难其慎以处之，犹恐或失，况上六居上近王，而非孤臣孽子比，虽孚诚号召诸阳以图之，亦有危厉，岂可轻动乎？处之之道，不先正己不足以信于君，惟有告自邑以治其私，修其德以昭其信，竭诚尽智以号召忠志之士，与之共讨其罪，而决去之，切勿即戎以求速决，而致偾事。当知神武不杀，自有其道，不必以戎服相见也。阳气虽盛，其长未终，故利有攸往，以造其极，不可以此为至也。

彖曰：夬，决也，刚决柔也。健而悦，决而和。

以卦体释卦名义而以卦德赞之也。夬之为言决也，以五刚决一柔也。卦德内健而外悦，内健则有必决之志，外悦则无忿忿之形，和平稳健以决之，夬道之至善者也。

扬于王庭，柔乘五刚也。孚号有厉，其危乃光也。告自邑，不利即戎，所尚乃穷也。利有攸往，刚长乃终也。

以一阴而乘五刚之上，其罪难容，故扬于王庭以数其罪而决去之也。然必尽诚以号众，使知其有厉，而勿轻易以处之，然后能决孤阴，而获全胜，则君子之道，乃得以光大也。小人之行，惟利是视，不惜祸国殃民，虽知势穷，犹蠢蠢欲动，以侥幸于一试也。君子知之，故告自邑以戒严，而不即戎以侵彼，使彼无词以动众，则其所尚乃穷也。所以利有攸往者，以五阳虽盛，而一阴犹未去，故必前进勿懈，直至刚长，而六爻皆阳，方为终其阳长之事也。

象曰：泽上于天，夬，君子以施禄及下，居德则忌。

泽上于天，有必决之势，君子观之，以施禄及下，如时雨甘露之滋润，而无不被其泽，切忌施禄之时，居其德，而不决然下达于下民。居，奇货可居之"居"，谓蓄积也。德谓德泽，即禄也。

初九，壮于前趾，往不胜，为咎。

初九以阳刚居下，当夬之时，壮于前进者也。在下而用壮，但以刚直用事，而不度时势之可否，往而不胜，反为咎矣！即使得胜，亦非为下之道也。一阴在上，以阻五阳之长，其势当决，而初位最下，昧于从上待时，扬于王庭以决阴邪之理，而便任壮以往，宜其不胜也。

九二，惕号，莫夜有戎，勿恤。

九二刚中处柔，当夬之时，能知惕惧号呼，以自戒备，使敌无可乘之机，虽莫夜有敌来袭，亦不能乱我有备之师，故不用忧恤也。盖临事而惧，好谋而成，用兵之道，莫要于斯，能知孚号有厉，则戒备必严，自无疏略偾事之患矣。

九三，壮于頄，有凶，君子夬夬，独行遇雨，若濡有愠，无咎。

九三以刚居刚而不中，当夬之时，过于刚偾，而怒见于色，凶之道也。然三与六阴阳相应，本有私系，有私而能决去之，自非刚正之君子，识大义，顾大局，有以自胜其人欲之私者，不能果决以决之也。当决阴之时，三独与六相应，独行遇雨之象也，遇雨必沾濡，以喻平日私惠之渥也。然九三之刚，但顾大义，不念私情，见私惠而有愠，恨其污己，故于当决之时而有必决之志，故无咎也。

九四，臀无肤，其行次且，牵羊悔亡，闻言不信。

九四以阳居阴不中不正，当决之时，动辄失中，而行止皆非者也。故有臀无肤，其行次且之象，谓其欲止则众阳并进，势不得独处，犹臀无皮肤，而居不能安也。欲行则居阴用柔，畏首畏尾，不敢勇往直前，其行次且也。惟让诸阳先行，而己随之以决阴，如牵羊然，以绳系之让其先行，己随后以驱之，则自能前进矣。如此则可以无次且之悔。但以九四之不中不正，进退不能决，岂能听信吾言乎？夫知其不信，而犹教告之，圣人教思无穷之意，如此其切，占得此爻者，宜深味焉。

九五，苋陆夬夬，中行无咎。

苋陆，今名马齿苋，取而曝之烈日下，数日犹嫩，乃感阴气之最多者也。九五当决之时，为夬之主，反与上六亲比，其咎大矣！卦独一阴，为兑之主，能以辞色悦人，五乃与之比，其感阴气之深，如苋陆然，夬之之志，疑其不决矣！然以其有阳刚中正之德，又值不得不夬之时，当能不牵于私，而刚决果断以决之，使吾之所为合于中行，则无咎矣。

上六，无号，终有凶。

上六以阴柔之质，居卦之上，当决之终，仅凭媚悦以乘五刚，乃诸阳之所共决者也。六乃势孤途穷，自觉无党与可号，惟束手待尽而已，终必有凶也。君子占得此爻者，则其故当之，不然反是。

象曰：不胜而往，咎也。

身在下位，而欲为国除害。必立于不败之地而后往，则无咎。若往而不胜，则贼势益强，而民心被创，不可复振，其咎大矣。

有戎勿恤，得中道也。

九二刚中处柔，当夬之时，而所行皆得乎中，故能惕号戒严以备不虞，是以莫夜有戎，亦勿忧恤也。

君子夬夬，终无咎也。

九三刚而得正，在下之上，健之极，当夬之时，能果决以夬之，而不牵于私情，是以终无咎也。

其行次且，位不当也。闻言不信，聪不明也。

九四以阳居阴，失其刚正之气，故其决阴之行，次且不前。所以闻言不信者，由于不中不正，诐淫邪遁生于心，而聪明为之蔽，故于人之忠言，充耳无闻也。

中行无咎，中未光也。

程传曰："卦辞言夬夬，则于中行为无咎矣。象复尽其义云，中未光也。夫人心正、意诚，乃能极中正之道，而充实光辉。五心有所比，以义之不可而决之，虽行于外不失中正之义，然于中道未得为光大也。盖人心一有所欲，则离道矣！夫子于此，示人之意深矣。"

无号之凶，终不可长也。

阳德已盛之时，阴消将尽，失其党类，无所号呼，故终不可长也，不及早易虑变计，去其恶以复其善，而欲以悦媚乘于刚，岂能久乎？圣人所以不示以善道者，盖以柔暗之质，利令智昏，虽告之以善，其如为善不力，改过不勇何？又当夬时，危亡在即，抑亦不及自救欤？

姤

姤：女壮，勿用取女。

姤，遇也。为卦一阴生于五阳之下，阳极生阴，与阳相遇也，阳盛之极，而一阴敢与五阳遇，则是女德不贞，而其气壮也。女子如此，岂可取乎？故占得此卦者，切勿用以取女也。

象曰：姤，遇也，柔遇刚也。

姤之为义，遇也，一阴初生，与五刚相遇也。

勿用取女，不可与长也。

阴盛则逼阳，故戒以勿用取女也。

天地相遇，品物咸章也。

以卦体言，阳盛于上，阴生于下，是天地相遇，化育万类，而品物流形，以秀以实，其昭明彰著如此，是天地相遇之功也。

刚遇中正，天下大行也。

此指九五言，九五以阳刚中正之德，当姤之时，与刚中之九二同德相与，则其中正之道，可大行于天下也，初阴始见于下，其势，尚无碍于道之大行也。

姤之时义大矣哉！

卦虽一阴初生于下，而渐长之势，殆不可遏，如太平已久，而邪说纷起，民心贪乱，危亡之机已伏，而叛逆之迹未形，照察稍不至，则祸乱猝萌，伤害必多矣！此姤之时义所以为大也。

象曰：天下有风，姤，后以施命诰四方。

天下风行，草偃木摇，姤之象也。君后观之，而知诰命之施，可以风动远迩，以防衅孽之萌，故以施命诰四方，使民皆知君后防患爱民之意，而相印以心，相接以诚，相遇以仁义，同心同德，以防微杜渐，息邪说，禁暴行，兴礼让，厉廉隅，以孝弟忠信为天下倡，以正人心，厚风俗，则国有善政善教，民知敬德乐业，而邪慝斯息，庶无妖孽之萌矣。

初六，系于金柅，贞吉，有攸往，见凶。羸豕孚蹢躅。

阴始生于下，其形虽微，其势不可止，不固止之，则阴祸日盛，其害甚大。在人则一念之恶生于心，不知斩绝之，则其害有不可胜言者。在国家则包藏祸心之人，一为国君所信任，任其妨贤病国，而不知放流之，则有宗社为屋之忧，故当系于金梡。梡所以止车，以金为之，取其坚以阻其进也。于其微时，系一金梡，使之终不得进。以此为正，而固守之，则小人不得进，吉之道也。如忽其微，不加制止，而任其有所往，则阴进侵阳，恶日进而善日消，将有亡国败家之祸也。须知小人之欲为恶，犹君子之欲为善也，初生之阴，势虽微弱，而害阳之心，未尝忘怀，是犹豕虽羸弱，而蹢躅奔突之诚，初未变也。有国有家者，当于其方微之时而根治之，勿任其壮大，而贻祸于无穷也。

九二，包有鱼，无咎，不利宾。

包，苴裹也。鱼阴物，谓初也。初与二比，先遇者也。九二有刚中之德，当姤之时，先为初所遇，初阴始生而微弱，其势易制，二之才足以包之，德足以化之，以惩其浸长之志，故无咎，然管束稍不力，则将与宾遇，而阴祸益广矣！故戒以不利宾也。宾对主言，谓上诸阳也。

九三，臀无肤，其行次且，厉，无大咎。

九三过刚不中，当姤之时，急于求遇而不得，故无以自安，而有臀无肤之象。又以上无应与，行无所之，而有其行次且之象。危之道也。君子之于天下也，无敌也，无莫也，义之与比，仕止久速，惟义是视，岂可锐于求遇乎？况以刚躁之质，居巽之极，而行止皆非，安得有遇，纵使有遇，亦难与之久处，所谓厉也。然无所遇，虽未为得志，而却无交害，故亦无大咎也。

九四，包无鱼，起凶。

九四以阳居阴，不中不正，其德不足以御民而失其心矣，又以与初相应而相远，已为二所包，四则欲包无鱼，当遇不遇，故凶也。

九五，以杞包瓜，含章，有陨自天。

杞，高大之木也。瓜生于地，甘美易溃，阴之类也。九五阳刚中正而居上，以下防始生必溃之阴，故有以杞包瓜之象。初在下卦之下，如瓜在杞下，为其荫蔽，包之义也。何以不除而包之，盖阴阳消长，自有天数，不可以力争也。且一阴初萌，隐蔽于下，其恶未形，其罪未著，虽欲除之，将何以除之？惟有含晦章美，静以制之，则有以回造化，而转祸为福，阴消而阳德复亨，以挽回天命，不失旧物，乃如有陨自天矣。

上九，姤其角，吝，无咎。

上九以刚居健之极，在卦之上，当姤之终，刚而在上，其象如角，故其象为姤其角。其刚如此，而又无应，安能有遇，故可吝也。居上而无遇，则仁贤远去，下民离心，由不能恭俭礼下故也。民之远己，由己远之，不知咎己，又将谁咎也。

象曰：系于金柅，柔道牵也。

阴既生，而柔道牵进，故系于金柅，以固止之，此圣人扶阳抑阴之意也。

包有鱼，义不及宾也。

姤以相遇为义，九二密比于初而先遇，包有鱼之象也。既包有之，当固畜之，禁其游行，绝其交往，勿使及宾以害道，实为当务之急，义不容辞者也。况在包苴之中，制之在我，责无旁贷，若任其及宾以害道，其义也哉？此二所以必以制初为己任也。

其行次且，行未牵也。

九三过刚不中，当姤之时，无有应与，止而待之，则刚躁之气难以自克，往而求之，则所如不合，故其行次且，而未能牵进也。

无鱼之凶，远民也。

四与初为正应，本有鱼也，而四以不中不正，自远其民，遂致无鱼之凶，故夫子不责初之叛四，而责四之远民也。

九五含章，中正也。有陨自天，志不舍命也。

含章者，含其中正之德，而不离于须臾也。立志不舍天命，而自求多福，故能挽回造化，而有陨自天也。

姤其角，上穷吝也。

刚而在上，不能亲贤下士，故终无所遇，而致羞吝也。

兑上
坤下　萃

萃：亨，王假有庙，利见大人亨，利贞。用大牲吉，利有攸往。

萃，聚也，亨字衍文。假，音格，至也。卦之德为顺以悦，而九五刚而得中，下有六二柔中之应，卦体坤下兑上，为泽上于地，万物发育萃聚之象，故其卦为萃。庙，祖庙，所以聚祖考之精神。人将奉祭，必先斋戒沐浴，萃聚己之精神，尽诚敬格于有庙，致孝享以祈祖考来格也。夫敬，德之聚也。使民如承大祭，则万事理，民人和，朝野上下同心同德以图治，所以萃天下也。惟大人，为能修己以敬，以安百姓，使贤俊萃于朝廷，而致天下之心一萃于正，而天下兴矣。故其占为利见大人亨，然必利贞，乃可以保其终也。物萃则丰，故用大牲则吉，人心既萃，则上下一心一德，无所往而不利，故利有攸往也。

程传曰："王者萃聚天下之道，至于有庙极也。群生至众也，而可一其归仰；人心莫知其乡也，而能致其诚敬；鬼神之不可度也，而能致其来格。天下萃合人心，总摄众志之道非一，其至大莫过于宗庙，故王者萃天下之道至于有庙，则萃道之至也。祭祀之报，本于人心，圣人制礼，以成其德耳。故豺獭能祭，其性然也。"

象曰：萃，聚也；顺以悦，刚中而应，故聚也。

以卦德卦体释卦名义。卦之德，下顺而上悦，顺且悦，则上下之情萃聚也。卦之体，九五阳刚中正，而有六二柔中之应，是聚以中正也。卦有必聚之道，故名萃也。

王假有庙，致孝享也。利见大人亨，聚以正也。用大牲吉，利有攸往，顺天命也。

此释卦辞也。王假有庙萃己之精神，致孝享于祖考也。利见大人亨，以中正之道相聚也。舜有臣五人聚于虞廷，而帝业隆。

武王有乱臣十人聚于岐周，而王道兴，王道之亨也。七十子聚于杏坛，师法孔子，而圣道传于后世，圣道之亨也。所以然者，皆由聚以正故也。万物既萃，运昌年丰，礼宜从厚，故用大牲则吉。物聚而力赡，则可以有为，故利有攸往。此皆顺时度势以制事，所以顺天命也。

观其所聚，而天地万物之情可见矣。

极言其理而赞之。天施地生，万物萃聚于其间，观其生物之心无息，而生生之机莫停，则天地万物至诚恻怛，生生不息之情可见矣！

象曰：泽上于地，萃，君子以除戎器，戒不虞。

泽上于地，万物萃聚，萃之象也。然物萃则招忌，众聚则相争，犹如水聚为泽沼有溃决之虞，君子知之，因以除戎器，戒不虞，以保其聚也。除戎器，谓修治武器，去其弊钝，代以精锐，而聚之武库，所以备不虞，而保其萃也。

初六，有孚不终，乃乱乃萃，若号，一握为笑。勿恤，往无咎。

一握，俗语，犹言一邦之人。初六阴暗不中，无以为守，当萃之初与九四相应，本宜以孚信相与。却以与诸阴同居坤体而相比，遂至有孚不终，乃乱其志，而乱萃以失其正应也。既失而后呼号正应以相从，必为同伙所笑，然本为正应，何恤人言，往而从之以萃聚，抑又何咎矣。

六二，引吉，无咎，孚乃利用禴。

六二柔顺中正，当萃之时，上与阳刚中正之九五相应，萃以中正，萃之道也。然二当萃聚之时在人臣之位，为五所宠任，有辅君以萃天下之责，故当汲引万众以萃于上，则无咎，惟当尽其孚诚，以从事于国。如祭者之心既诚，虽用禴祭，亦可以交于神明，而致来格，不可徒尚礼文也。象言用大牲吉，言其既萃也。爻言利用禴，言其始萃也。从丰从约，惟在于时，然不将之以诚敬，则从丰从约皆非也。

六三，萃如嗟如，无攸利，往无咎，小吝。

六三以阴居阳，不中不正，当萃之时，独无应与，故徒慨叹自伤，而无所利也。为三计者，只有往从上六之穷交，同类相萃则无咎。然以不得其萃，困然后往，其行如此，其心未免有羞吝也。

九四，大吉，无咎。

九四当萃之时，居百揆之位，率天下以萃于五，乃其分也。而四则质刚用柔，能和悦以奉上接下，故圣人告之如此，言能使天下大吉则无咎，否则私惠于下以萃民，使民萃于私门，而不知忠于上，则与齐之陈恒无异矣！安得无咎也。

九五，萃有位，无咎。匪孚，元永贞，悔亡。

九五以阳刚中正之德，当天下萃聚之时，而居尊位，以萃天下，德称其位，而普天之下，无思不服，故无咎也。匪孚，谓设或有不孚，如苗民之逆命者，但当自悔其德薄，而益修其元永贞之文德以来之，彼为至诚所动，终必归服，乃可以无悔也。悔者，悔己之德，不足以动人，而尚有匪孚之人也。

上六，赍咨涕洟，无咎。

上六居萃之终而无应，不得其萃，又以阴性善怀而多忧，故不能正视所遇，至于咨嗟流涕，不胜忧苦，此不知自责之过也。苟能翻然悔悟，自怨自艾，变其阴柔之质，与其腾口说之行，而以诚心行仁义，终当得其所萃而无咎也。

象曰：乃乱乃萃，其志乱也。

初居坤体，与诸阴同体相比而疏其正应，遂乱其志，以致萃志不专，而乱其萃也。

引吉无咎，中未变也。

初之乱萃，由不中也。二之引吉，则以其有中正之德，故专萃于五，而不为外诱所动，以变其初心也。

往无咎，上巽也。

六三当萃之时而无应，不得其萃，及至穷极，然后往求于上，殊为可羞，所以往无咎者，乃以上与三同类相与，意气相投，三如能往，上必顺而受之也。

大吉无咎，位不当也。

所以必大吉而后得无咎者，则以九四以阳居阴，不中不正而所处之位不当也。故虽得其下之萃，而疑其有逼上之嫌，是其所萃，未得为善也。故教之以大吉无咎，谓宜率百官庶民以萃于王室，不可私萃以取咎过也。

萃有位，志未光也。

程子曰："唐虞事业，自尧舜视之，亦如一点浮云过太虚，圣希天，其志无满时，故虽萃有位，而虞其有未孚，故自觉志未光也。如舜之时，乃有苗民逆命之事，帝乃自视阙如，而诞敷文德，以修其不足，宁知德之光，至于海隅苍生哉！"

赍咨涕洟，未安上也。

居卦之上，萃之终，而无应与，求萃不得，而势孤穷迫之极，至于咨涕悲伤，而不能安于上也。

坤上
巽下 升

升：元亨，用见大人，勿恤，南征吉。

升，进而上也。卦之象，为地中生木，滋长不息，升而上于地。又此卦自解变来，柔以时升而居四，故其卦名升。卦之德，巽而顺，九二有刚中之德，而六五以柔中应之，故其占大亨。当升之时，有此德以见大人，自有祥庆，何恤之有，当及时进升以行其志则吉。南征者，前进也。帝王南面，南在前也。

象曰：柔以时升。

以卦象卦变释卦名。

巽而顺，刚中而应，是以大亨。

卦之德，内巽而外顺，卦之体，九二刚中，而五应之，以此进升，则大亨也。

用见大人，勿恤，有庆也，南征吉，志行也。

用上述升进之道以见大人，与之同心致治，则不假忧恤，而有致天下于升平之福庆也，南征之所以吉，则以其上下同德，其志得行于天下也。

象曰：地中生木，升；君子以顺德，积小以高大。

地中生木，长而上升，升之象也。君子观升之象，而知凡物必由小而大，故慎修其德，自强不息，积小以至于高大也。汉昭烈曰："勿以善小而不为。"小善日积，则可以成大善，所谓积小以高大也。

程传曰："善不积，不足以成名，学业之充实，道德之崇高，皆由积累而至。积小所以成高大，升之义也。"

初六，允升，大吉。

巽为木，初六为巽之主，当升之时，处于最下，如木之本，本立则枝条生而上行矣，又风性上行，初与二三同居巽体，同欲上进，而初以柔顺巽于二阳，与之同升，故其象为允升，而其占大吉也。

九二，孚乃利用禴，无咎。

九二有刚中之德，而六五以柔中应之，相孚以德，相与以诚，仅用禴祀，即可以感通，不必享礼丰盛，以喻二之与五，以至诚相感，以行其志，自足致天下于升平之世，故为孚乃利用禴之象，言以中德相感，而不徒事仪文，则无咎也。

九三，升虚邑。

阳实阴虚，而坤为国邑，虚邑之象也。三居内卦之上，当升之时，前进无碍，如升虚邑然，升之至易者也。

六四，王用享于岐山，吉，无咎。

六四柔以时升而得正，当升之时，居大臣之位，当尽忠诚以事上，致天下于升平，故其象占如此，而周王祭岐山盖占得此卦而获吉。故以为升祭山岳之吉占也。占者有柔顺诚敬之德以事上，则吉而无咎也。

六五，贞吉，升阶。

六五有柔中之德，当升之时，升居尊位者也。然以阴居阳为非正，故当中以行正，固守其贞则吉，而可以升阶正南面矣。

上六，冥升，利于不息之贞。

上六以阴柔居升之极，不谙时势，不察可否，不顾成败，一意进升，是谓冥升，殆无所利，惟利于变其冥升之心，以进于道而已。盖龟勉于道，自强不息，则德日进，而身日修，以此为贞，而固守之，无复驰骛于外之心，则可以转祸为福，因败为功，而无冥升之患矣。

象曰：允升大吉，上合志也。

初六之允升大吉者，为其相比之二阳在上，与己合志，而得同升也。

九二之孚，有喜也。

九二尽其孚诚，以刚中之道佐其上，致天下于升平，而能聿观厥成，此乃天下之喜庆，而二五所同喜者也。

升虚邑，无所疑也。

九三以刚正而巽之德，居下之上，巽之极，当升之时，前无所阻，故其升也，如升虚邑然，第升之而已，又何疑焉。

王用享于岐山，顺事也。

岐周为周代发祥之地，而岐山在邦畿之内，乃周王之所祭也。王用享于岐山，顺时而升，以明祀事，而尽诚以交于神明，则吉而无咎也。

贞吉升阶，大得志也。

中以行正，而固守之则吉，而其升如升阶之易。六五居上，而能致天下之英贤，升于朝廷，上下同德，以中道率天下，而致太平之治，必能如愿以偿，而大得其志也。

冥升在上，消不富也。

昏冥以升，极上而不知止，是其求升之志无穷极也。物极必反，进极反退，惟有消亡而已，岂能富哉！阴本失实，消则更虚，故不富也。

```
☱ 兑上
☵ 坎下    困
```

困：亨，贞，大人吉，无咎。有言不信。

卦之诸阳为阴所掩而困穷，故其卦曰困。卦之德坎陷兑悦，是为处险而能悦，则是身虽困而道则亨也。贞，大人吉无咎者，言惟大人为能处困而亨，固守其正，故得吉而无咎，以其有刚中之德也。有言而人不信者，则以身处于困厄。只能顺受，不可自言无罪以求免，如文王之困羑里，岂可以语言争哉！

象曰：困，刚掩也。

以卦体释卦名，卦之名困，以刚为柔所掩也。坎刚为兑柔所掩，九二之刚，为上下之阴所掩，四与五为上六所掩，故其卦名困也。

险以说，困而不失其所亨，其惟君子乎？贞，大人吉，以刚中也，有言不信，尚口乃穷也。

以卦德卦体释卦辞。困，亨，以卦德言也。处险而悦，身虽困而不失其道之亨，惟君子能之。贞，大人吉无咎，以刚中也，是以卦体言也。二与五有刚中之德，处困境而守其正，非大人，其孰能之？卦体兑为口，故有有言不信之戒，身遭困厄，而尚口说，谁其信之，第益其穷困耳。

象曰：泽无水，困，君子以致命遂志。

水在泽下，为水漏泽涸，生物见困之象。君子观之，而安于命，舍生取义，以成其素志也。

程传曰："君子当困穷之时，既尽防虑之道而不得免，则命也。当推致其命，以遂其志。知命之当然也，则穷塞祸患，不以动其心，行吾义而已。苟不知命，则恐惧于险难，陨割于穷厄，所守亡矣！安能遂其为善之志乎？"

初六，臀困于株木，入于幽谷，三岁不觌。

臀，物之底也，谓初六爻也。臀属下体，所以行也，困于株木，则不能动矣。初六以阴柔居困之下，动则有险，困之至深者。卦体互巽，巽为木，卦象为泽无水，木无水则枝叶枯萎，而成株木矣。初与四为应，当困之时，无能相助，反为前进之累，是困于株木也。初居坎之下而阴暗，幽谷之象也。困厄至此，又焉能出，三岁不觌，以明幽谷黑暗之甚，而初六见困之深也。

九二，困于酒食，朱绂方来，利用亨祀，征凶无咎。

九二以刚中之德，陷于诸阴之中，为其所困，不得行其志于天下，惟饮食自娱而已。故为困于酒食之象。民以食为天，饮食所以养民也，九二之德与才，足以养天下，乃困于时，而不得施于下，只自饮食餍饫，反成苦恼，所谓困也。然上有刚健中正之九五，与之同德相应，当困之时，必将下求于二，同心以济困，故有朱绂方来之占，朱绂，王者之服。利用享祀，谓致诚敬以交于神明也。言王者来求，当积至诚以感通之，为之出谋划策以解其困，若用以征行，则非其时，必有凶祸，然非出于有我之私，故于义为无咎也。

六三，困于石，据于蒺藜，入于其宫，不见其妻，凶。

六三以阴居阳，不中不正，承乘皆刚，当困之时，在坎之上而用刚，自取困辱者也。故有困于石，据于蒺藜之象，谓其行则阻，居则不安也。危石在前，绕而行之，蒺藜在下，去而远之，则不为其所困矣。而三以阴险之姿而用刚，故乘二承四，而必欲掩之，乃反以自困也。故系辞谓其非所困而困，非所据而据也。石指四，蒺藜指二，宫指三，妻指上六也，言三之所行如此，则既辱且危，死期将至，妻岂可得见也。

九四，来徐徐，困于金车，吝，有终。

九四以刚处柔，不中不正，当困之时，下有初六之应，而不得相与，其来徐徐，难以会晤，以其困于金车也。金，刚坚之物，坎为轮，有车之象，故知金车指二也。四与初应，困而相求，理之常也。但为九二所隔，故其来徐徐也。九四之刚，而不能助正应之初，为可羞吝，然属正应，终当相遇，故有终也。

九五，劓刖，困于赤绂，乃徐有说，利用祭祀。

九五以阳刚中正之德居于尊位，志在解除困厄，以济天下，乃上为阴掩，下为险困，恰如劓鼻刖足，伤于上下，而不得行其志也。四海困穷，人君之耻也。居尊位而伤于上下，不能自尽君人之责，则赤绂非荣，反为累矣。然以中正之德，行中直之道，久之则政通困解，乃徐有悦于心也。利用祭祀，谓用如承大祭之忱，尽诚敬以进贤任能，与之同心共济，以除其困厄，而安天下之民也。

上六，困于葛藟，于臲卼，曰动悔，有悔征吉。

上六以阴居阴，处困之极而将出，宜其不终于困矣！乃以阴柔之性，多所畏惧与系恋，遂缠于细务，怵于高危，而为困于葛藟于臲卼之象。宜动悔而改图也。夫物穷则变，困极当出，如真有悔，可以顿改前非，弃其系恋绕其高危而前征，则可以出于困，而吉可致矣。

象曰：入于幽谷，幽不明也。

初以阴暗不明之质，深陷困境，而不得出，如入幽谷之中，暗无天日，以致三岁不觌也。

困于酒食，中有庆也。

九二有刚中之德，当困之时，虽不免于困，而能随时处中，以济时之困，故有福庆也。

据于蒺藜，乘刚也。入于其宫，不见其妻，不祥也。

阴柔不正，而下乘九二之刚，其不安之意，如藉蒺藜，然犹不悔而去之者，以其质暗志刚，乖僻自是，而不知改图也。妻当在宫，而不见者，不祥之兆，谓将死也。

来徐徐，志在下也，虽不当位，有与也。

来徐徐，志在下求于初也。以阳居阴，虽不当位，但在困时，而有应与以相辅相助，而无孤寂之感，尚为不幸之幸也。

劓刖，志未得也。乃徐有说，以中直也。利用祭祀，受福也。

五之见伤于上下未得行其志也。惟其以中正之德，履行中直之道，积之岁月，则政通困解，乃徐有悦也。有大德而不得施用，则诚敬内积，用以祭祀，能致鬼神来格，锡之纯祜，而受其福也。推之积至诚以为天下解厄，施政教，使亿兆安居乐业，敦行孝弟，渐至化行俗美，跻于盛世，以聿观厥成，乃受福之大者也。

困于葛藟，未当也。动悔有悔，吉行也。

葛藟非困人之物，而为其所困者，则是未当困而困者也。若翻然悔悟，改其前此之非，而登新途以迈征，则可以出困，而符吉行之占也。

坎上
巽下 井

井：改邑不改井，无丧无得，往来井井。汔至，亦未繘井，羸其瓶，凶。

丧（sàng），繘音据。井，汲水井。为卦上坎下巽，如用桶汲井水之状，故名其卦曰井。汔，几也。繘，汲水绳，亦名井绳。羸，败也。改邑不改井，谓邑虽改而井不可迁也。邑改而井在，无丧也。邑复而井如故，无得也。寒泉在上，食与不食在人而已，君子所性，大行不加，穷居不损，何得丧之有？人有往来，井犹此井，往来井井也。井以养为义，以济物为功，汲水几至，尚未尽繘而坏其瓶，则丧其济物之用，而民不得其养焉，故其占凶也。齐鲁之君，用孔孟而不终，使孔孟之道不得行于天下，卒成战国之祸，殷鉴不远，而不知戒，谁之咎哉！

象曰：巽乎水而上水，井。井养而不穷也。

以卦象释卦名义而赞美之。巽为木，其性务入，木桶入水，可以汲水，井卦下木上水，为巽乎水而上水，汲井之象也。井水之养人，汲之愈出，取之不尽，源源不竭，其为用无穷也。

改邑不改井，乃以刚中也。汔至，亦未繘井，未有功也。羸其瓶，是以凶也。

以卦体释卦辞。卦之九五九二有刚中之德，足以辅世长民，犹井之有泉，养而不穷也。然而汲之不慎，水未上出而败其瓶，则虽有甘泉，其功不及于民也！天下非无才全德备之士，第以其君不能用，或用之不终，以致德未施，才未展，膏泽不下于民耳，不信仁贤，则国空虚，是以凶也。而君子则大行不加，穷居不损，不以人之用舍为改移，所谓不改井也。

象曰：木上有水，井；君子以劳民劝相。

木上有水，其泽上行，井之象也。君子观之，以恩泽劳徕其民，而劝之以相生相养之道，以泽润生民，一如井养而不穷也。

初六，井泥不食，旧井无禽。

井以阳刚为泉，上出为功，六当井养之初，在卦之下，而阴柔无泉但有泥滓耳，岂能供人之食哉！井既无泉，则为弃井矣！久弃之井，无水可上，人所不顾，百禽亦莫之至矣！甚言初六之无以及物也。人而如此，则可悲矣。

九二，井谷射鲋，瓮敝漏。

井之有谷，活水井也。水从井下流过，而源源不竭也。鲋，鲫鱼也，吹沫相即，故名鲫，性喜相鲋，故又名鲋也。九二有刚中之德，井之有泉者也。乃以上无应与，不能上出以养人，但能射鲋而已，所以然者则以瓶瓮敝漏，不能上水以济人也。天下之大，岂曰无才，第以生弗逢世，而不见用耳。虽有活水，其如瓮敝漏何？世无汤文，则伊尹、太公，将以耕钓终，岂能为王者师，尧舜君民，致天下于盛世哉！

九三，井渫不食，为我心恻，可用汲，王明，并受其福。

九三以刚正之才，处下之上，当井养之时，如井之有泉，足以养民也。但未为时用，故为井渫不食之象。渫谓淘去污泥，而得清水也。有此清泉而不食，反使我心恻伤也。下民之困，甚于饥渴，可急汲之以苏民，则有望于王明耳。王明则求贤而任用之，以施仁政于天下，使天下国家并受其福，王之不明，岂足福哉！是以我心恻伤也。

六四，井甃，无咎。

甃，砌累也。谓砌其井壁也。六四虽得正而阴柔无泉，当井养之时，无以及民，但能正心自治而已，故其象为井甃。人能向善背恶以自修，遵纪守法，循规蹈矩，而为良民，虽无济世之才，而不失为端正之士，亦圣人所许也，故其占无咎，言虽无功于世，而亦无过咎也。

九五，井洌，寒泉食。

九五以阳刚中正之德居于尊位，才足以济世，德足以化民，大权在握，足以行其志于天下，以养天下之民，故其象为井洌寒泉食，以其有中正之德也。

上六，井收勿幕，有孚元吉。

收，汲取也，幕，蔽、覆也。井以上出为功。六在卦上，如井口然，当汲取其水，使之养而不穷。不可蔽覆之，使之得汲也。有孚元吉，言占者如有爱民之诚心，能使膏泽源源不竭以养民，则大吉也。

象曰：井泥不食，下也。旧井无禽，时舍也。

初当井之最下，而阴柔无泉，故有井泥之象，以其不能养人，故弃不用，而成弃井，乃至无滴水以养物，而禽鸟亦不至焉。初之无能如此，无怪其为时所舍也。

井谷射鲋，无与也。

井泉不能上出以养人，而但出谷射鲋者，以无应与也。九二以刚处柔，不肯强仕，而上又无汲引之者，故遁世无闷，而以渔樵终也。弃贤才于草莽，使民不得被其泽，有国者之耻也。

井渫不食，行恻也。求王明，受福也。

井之渫治，冽而不见食，行道之人，皆为之恻伤也。是故求王明，冀其及时汲取之，以养天下，使天下国家，百官万民皆受其福庆也。太史公曰：王之不明，岂足福哉！不信仁贤，则国空虚，王不明也。楚怀王如能屈上官大夫，令尹子兰之徒，而任屈原，必不为秦所欺，而有兵挫地削之辱，又何至客死于秦，为天下笑哉！贤人者，国之宝也，弃贤才而不用，以致亡国败家相随属，盖以王之不明也。王不明，则戮忠杀谏，暴虐百姓，以祸天下，而亡其国，此明王所以为世所求也。

井甃无咎，修井也。

甃石修井，井甃则不至颓败，虽不能济物，尚能自治，故无咎也。

寒泉之食，中正也。

五之寒泉食，以其有中正之德也。仁义中正，天德也。有天德，然后能行王道，而使天下被其泽，井养之至善者也。无溥博之渊泉，必不能时出而不穷，无至诚恻怛之心，必不能养民以保民，此寒泉之食，所以必以中正为泉也。

元吉在上，大成也。

居卦之上，泽及于物，大善之吉也，此井道之大成也。

兑上 离下 革

革：已日乃孚，元亨利贞，悔亡。

革，变革也。事有不善，政有不通，人有邪恶，以致国事不和，互为冰炭，不可不革者，必革之而后安。革之为卦，下火上泽，不容不革，中少二女，志不相得，其势有不得不革者，故名之曰革。当革之时其变旧而代之以新，守旧者必以为为乱而不信。已革之后，功效已著，方能取信于人也。

程传曰："革而无甚益，犹可悔也，况反害乎？故必大亨以正，天下实受其福，而后可以无悔也。"

象曰：革，水火相息，二女同居，其志不相得，曰革。

以卦象释卦名义。革之为卦，泽水与离火相遇而相息，少女处于中女之上，志不相得而变革之势已成，不得不革，故其卦曰革。

已日乃孚，革而信之。文明以说，大亨以正，革而当，其悔乃亡。

已日乃孚者，既革而成效显著，人乃信其革者之志也。卦之德，文明以悦，大亨以正，故其所革无不当理。盖文明则有以洞察事物之理，革其当革，而不失其机，和悦则顺乎天下之心，以除暴安良，而不违于道，故能大亨以正，而无改革之悔也。

天地革而四时成，汤武革命，顺乎天而应乎人，革之时大矣哉！

天地变革，则春夏秋冬之四时成而百物以生。汤武革命，顺乎天地之心，而应乎万姓之望，以安天下之民，革之至善而应乎时者也。时未至而革之，是乱天下也。时已至而不革，则失其机也。当其时，适其可而革之，则残贼除，暴政息，仁政施，礼义兴，而民安矣。革之时，岂不大哉！

象曰：泽中有火，革；君子以治历明时。

泽中有火，水火相息，其势当革，而六合之内，其变革最大最著者，莫如四时，故君子观革之象而知农时之不可不明也。故推日月星辰之变易，视鸟兽草木之变革，以治历，而明著其四时之序以敬授人时，使天下顺时兴事，以应天时也。

初九，巩用黄牛之革。

初九以刚明之体，当革之初而居下，有以识时度势，而不敢革，故其象为巩用黄牛之革，言当固守中顺之德，不可妄有所革也。居下无位，变革无权，鲁莽从事，职为乱阶，罪莫大焉！

六二，已日乃革之，征吉，无咎。

六二柔顺中正，为文明之主，当革之时，为九五所宠任，故能于君令已下之日而革之，奉命以征，以佐天子，革天下之弊，新天下之政。及至弊革事理，王道大行，则吉而无咎矣。

程传曰："中正则无偏蔽，文明则尽事理，应上则得权势，体顺则无违悖。时可矣，位得矣，才足矣，处革之至善者也。"

九三，征凶，贞厉，革言三就，有孚。

九三以刚居刚而不中，当革之时，果于改革，而不暇深思熟虑者也。以此而征则凶，虽贞亦厉也。然以其有刚正之德，而居明体，故告之以革言三就，及其有孚，然后可革也。革言者，改革之言议也。就，成就，革言三就，谓改革之理论，经过再三论证商讨，而成定论，人皆信其可行而无疑，然后革之，则无咎也。

九四，悔亡，有孚改命，吉。

九四，以阳居阴故有悔。然当改革之时，刚而用柔，乃革之用，刚则有必改之志，柔则无躁动之失，明察是非利害，与人心从违，审其时机而革之，革而当，故悔亡也。革故大事也，必广采众议，深究利弊，制为新法以示众，及其信从，然后革之，则可以获吉，未经历试有效，而改命于众疑群讪之时，必难成功。王荆公之行新法，可以为鉴戒也。

九五，大人虎变，未占有孚。

龙与虎，为大人之象，变谓希革而毛毨也，九五阳刚中正以居尊位，为革之主，自新而新民，四海从化，黎民於变时雍，故其象占为大人虎变，未占有孚。大人者，正己而物正者也。所存者神，所过者化，民日迁善而不知为之者。故其欲有所革，不用占卜，人已信之。一闻大人之革，即信其至当而不疑，但望其革之成功，而惠泽施于天下也。

上六，君子豹变，小人革面，征凶，居贞吉。

上六当革之终，革道已成，故有此象。豹变，谓旧毛已脱，新毛已生，文彩炳然，是犹革命成功。君子如豹之变，而德日新，功日显，小人革面以相从，朝野上下无不焕然一新也。然而改革非可常也。若不深思熟虑制为宪章而遵循之，独琐琐以改革为事，至于朝令夕改，必致政乱事败之祸，是以有征凶之戒。谓其既革之后，当励精图治以利民，不可举棋不定，而又从事改革，以偾其事也，惟有居正以率由宪章则吉矣。

象曰：巩用黄牛，不可以有为也。

初九当革之始，无位无权，又无应与，虽有救世之心，而事权不属，无所施其挽救，故当以中顺自守，而不可以有为也。

已日革之，行有嘉也。

于君令已下之日，承其命而革之，如此征行，则有嘉美之功，而吉且无咎也。盖臣子之行，必承命而后可以有为，况革命大事，岂容专擅为之乎？故夫子于六二，以行有嘉赞美之也。

革言三就，又何之矣！

改革之事，与众共议，至于三就，则稽之已审，人人信其无他，乃当遵而行之，岂可他适乎？如他适，则不为人所信矣。之，往也。

改命之吉，信志也。

改命之所以吉，以上下皆信其志也。四居水火之际，改革之时，刚而用柔，非躁于革者也，以其处于不得不革之时，而于深思熟虑之后，始议改革，其非富天下之志与除暴救民之心，人人信之，然后改革，故其事成而志伸，此改命之所以吉也。

大人虎变，其文炳也。

大人如虎之变，自新而民以新，正己而物正，黎民於变，天下文明，如虎之新毛生而文彩焕然。故曰：其文炳也，鸟兽希革以渐，及至毛毵，则见其变矣。大人之改革也，以渐而有序，既变之后，则见其成功巍巍，文章焕然，如虎变之文炳也。

君子豹变，其文蔚也。小人革面，顺以从君也。

上六居革之终，悦之极，革道已成，人心皆悦。君子如豹之变，其文蔚然而美盛。小人革面从君，而无敢违命。朝野上下，焕然一新，同享文明以悦，大亨以正之福也。

☲ 离上
☴ 巽下　鼎

鼎：元吉亨。

鼎，烹饪之器。为卦以木巽火，有烹饪之象，而卦体下阴为足，二三四阳为腹，五阴为耳，上阳为铉，鼎之象也，故其卦名鼎。其卦下巽，巽顺也，上离为目为明，而五为鼎耳，有内巽顺而外聪明之象，而六五得中下应乎九二之刚，其德与其遇之美如此，故其占为元吉亨也。

象曰：鼎，象也，以木巽火，烹饪也。圣人亨以享上帝，而大亨以养圣贤。

亨，通烹。以卦象释卦名义。卦之名鼎，以卦体有鼎之象也，以木巽火，又为烹饪之象，故为鼎也。烹饪之用，其大者莫如享帝养贤，因极其大而言之。享帝贵诚故但用特牲，而养贤则贵丰盛，故用大烹也。享帝所以报德，而养圣贤所以佐治，将以心帝之心，与之论道经邦，施仁政于天下，以安万姓也。

巽而耳目聪明，柔进而上行，得中而应乎刚，是以元亨。

以卦象卦变卦体释卦辞。巽而耳目聪明，以象言也。柔进而上行，以此卦自巽变来也，得中而应乎刚，谓巽之六四上行居五，得中而下应九二之刚中也。卦才如此，所以有元亨之占也。占者能内巽顺而外聪明，柔善而得乎中，又求得刚中之友以为助，则可致元亨矣。

象曰：木上有火，鼎；君子以正位凝命。

木上有火，木薪继则火炎炽，鼎则可以烹饪矣。夫鼎重器也，鼎正然后能烹，不致颠趾。君子观之，以正其位而凝命，所以守此重器也。位，所处之位，命谓天命也。舜之恭己正南面，正位也，历数在躬，凝命也，受天下国家之重器，而不能正其位，则不能保有天命矣！故君子正位凝命，不使鼎失其重也。

初六，鼎颠趾，利出否，得妾以其子，无咎。

初六居鼎之下，鼎趾之象也，鼎不颠，则趾不外见，今见趾，则知鼎颠矣！六居鼎初，腹未盛物，虽颠无所损，又可用其颠而倾出污垢否恶之积，所谓因败以为功也。犹如得妾因以得其子，妾虽贱，而子则贵也。故无咎。

九二，鼎有实，我仇有疾，不我能即，吉。

九二以刚居中，鼎有实之象。然以密比于初，阴阳相求而非正，则陷于恶而成仇矣！然初六求我为非正，乃我仇有疾也，九二刚中自守，邪不能干，则初不我能即矣。不能即，则我之刚正无亏，而鼎正实美，足以享帝而养贤，故吉也。

九三，鼎耳革，其行塞，雉膏不食，方雨亏悔，终吉。

九三以刚居刚，在下之上，当鼎养之时，为鼎之腹，而上承文明之腴，有雉膏之美实，足以养人者也。乃以上无应与，未得施用，正如鼎耳方革，不能举移，而鼎养之道，塞而不行，虽有雉膏之美，而未为人食，为可慨也。然以九三之刚正，而居巽体，刚而顺理，志在养贤，其才其德，足以济世而养民，终将为大君所信任，故有方雨亏悔终吉之占，言天方雨，而风云际会，道将行而行塞之悔斯亏，而有雉膏馈享之吉也。

九四，鼎折足，覆公𫗧，其形渥，凶。

𫗧，鼎实也。晁氏曰："刑讯，诸本作刑渥，谓重刑也。"今从之。四居大臣之位，当鼎养之任者也，而乃以刚居柔不中不正，又下任阴柔不正之初六，相与倚权谋私，致误国事，卒成鼎折足覆公𫗧之祸，而有身受重刑之凶也。为政在于举贤才，而四偏任阴柔不正之初六，相与率以不正，如此而任天下之重，安得不折足覆𫗧乎？系辞曰："德薄而位尊，知小而谋大，力小而任重，鲜不及矣！言不胜其任也。"

六五，鼎黄耳金铉，利贞。

六五柔而得中，为文明之主，其象为鼎耳，而上比刚明之上九，适当铉位，故其象为黄耳金铉也。黄，中之色也，有黄中之耳，而贯以坚刚之金铉，则鼎可以随时举移，而所养更广矣。然道贵有恒，故利于贞固以守其中而不失，亦以其以六居五为非正，故以利贞戒之也。五以柔中之德，下应九二刚中之贤佐，与之同心共济，以尽鼎养之道，而又有上九为之师傅以诱掖辅导之，故能以中行正，享帝养贤，致天下于隆盛，而养民无穷也。

上九，鼎玉铉，大吉，无不利。

上当铉位，以阳居阴，刚而能温，玉铉之象也。鼎之所烹，以上出为功，烹而不食又焉用烹。上九当铉之位，能举移其鼎以养贤，圣贤在位，则天下大治，故其占大吉，无不利也。

象曰：鼎颠趾，未悖也。利出否，以从贵也。

鼎而颠趾，悖道也，然在鼎之初，中未有实，因其颠而倾出其沉积之否恶，以从九四之阳，则未为悖，而反为利也。初六阴柔无才，而柔顺善从，妾之象也。得其贱妾，虽不足道，而因以得其子，以主重器，则是因贱以致贵也。

鼎有实，慎所之也。我仇有疾，终无尤也。

九二有刚中之德，是鼎有实，足以为养也。有实而不慎所之，则为恶人利用，而陷于恶矣！君子于出处，可不慎哉！然以二之刚中，严于自守，而初六自不得近之，则是我仇有疾，不我能即，是以终无尤也。

鼎耳革，失其义也。

君臣以义合者也。上之求贤，以为民也，下之应上，行其义也。而九三以刚正巽顺之才德，足以有为以养天下，而无应与，是在上位者不知人而未能用，如鼎耳方革，而鼎养之行塞，以致雉膏不食，而享帝养贤之仪缺，由于人君失其求贤之义也。

覆公𬐚，信如何也。

人臣受君之宠，委以天下之重，必自度其有辅世长民之德，经纶天下之才，然后可以受其命。若不度其胜任与否，而冒昧从事，又任用私人，以颠覆重器，而覆公之𬐚，虽以身殉国，犹有误国之罪，况偷生乎？若质以当日受命之誓言，其致身之诚信，果如何也？

鼎黄耳，中以为实也。

六五以柔中文明之德，当鼎之耳，故其象为黄耳。鼎以养为义，鼎有实，然后能养，六五中虚而亦能养者，则是中以为实也。允执厥中，为圣圣相传之心法。经纶天下之大经，立天下之大本，不外乎中，中以为实，则足以享帝养贤，以养天下也。

本义曰："五之所以聪明应刚，为鼎之主，得鼎之道，皆由得中也。"

玉铉在上，刚柔节也。

九在鼎之上，以阳居阴，刚而温润，是玉铉也。在上而刚明温润，刚柔有节，以处鼎终，是以善终也。能以善终，故其占大吉无不利也。

震上 震下 震

震：亨，震来虩虩，笑言哑哑，震惊百里，不丧匕鬯。

震之为卦，一阳始生于二阴之下，震动发生，有亨道也。虩虩，恐惧惊顾之貌。哑哑，笑声也。震惊之骤来，令人恐惧惊顾，不敢怠荒。及惊惶既定，则笑言和悦，其声哑哑。匕，所以举鼎实而升之于俎；鬯，酒器，所以盛秬黍酒，和玉金以灌地降神者也。震为长男，主奉祭祀，当其裸将之时，虽逢雷霆震惊，亦不丧其匕鬯，则以诚敬之至，迅雷不足以动之，斯可以守宗庙社稷，以为祭主矣。然则人当颠沛危亡之际，而能处险如夷者，舍诚敬何以哉！

彖曰：震，亨。

本义曰："震有亨道，不待言也。"

震来虩虩，恐致福也，笑言哑哑，后有则也。

当震之来，能知恐惧修省，改过自新，则可以转危为安，是因恐以致福也。震惊之后，而得笑言哑哑，则以不违法度，而动静云为有则也。

震惊百里，惊远而惧迩也。出可以守宗庙社稷，以为祭主也。

程传谓象文脱不丧匕鬯一句，今从之。惊远惧迩，远近皆惊惧也。震惊百里之际，而能不丧匕鬯，诚敬之至也，如此则继世为君，可以守宗庙社稷，以为祭主也。舜入大麓，猝遇烈风雷雨而弗迷。程子乘舟遇风，身几覆而色容自若，皆以心有所主，而震惊不能动之也。

象曰：洊雷，震；君子以恐惧修省。

洊，重也。迅雷继震，震之象也。君子观之，而知震惧之来，所以警予，因以敬天之怒，无敢逸豫，虩虩恐惧以修省，格其非心，慎其言行，正其趋向，奋发自强，以答上天玉汝之心也。

初九，震来虩虩，后笑言哑哑，吉。

初九为震之主，处震之初，而刚正无私，故其象占与彖辞略同。言当震惊之来，恐惧惊顾，以自修其德，而不敢安处，然后有笑言哑哑之吉也。

六二，震来厉，亿丧贝。跻于九陵，勿逐，七日得。

亿丧贝，言所丧之多也。九陵，言其高远险阻也。六二处震惊之时而乘刚，故其象为震来厉，亿丧贝，言其势甚危，其丧甚多。然以其有柔顺中正之德，故不惜丧其所有，而顺受之，任其跻于九陵而弗追，及至七日，则时过境迁，彼刚暴者自失其势，而所丧复得矣。盖卦位有六，七则更始，时移事易，而震惊遂为往事矣。故云七日得。以六二善处事变，而能因恐以致福，丧贝既非自取，终当不求而自得也。震反为艮，艮为重山，故为九陵之象。

六三，震苏苏，震行无眚。

苏苏，缓散自失之状，六三以阴居阳为不正，以处震极，震来而神气惊散，苏苏自失，莫知所措。然以其用刚能动，故能恐惧修省，徙义从善，行义于震惧之中，而免其眚灾也。

九四，震遂泥。

九四当震之时，以阳居阴不中不正，失其阳刚之道，临震惊而不能振奋以有为，又陷于众阴之间，不能自拔，故其象为震遂泥。泥，溺也，沉溺而不能复振也。

六五，震往来厉，亿无丧有事。

六五以阴乘刚，当振荡之时，而无泛应之才与贤豪之佐，故往来皆危厉也。往来厉者，谓往而有为，来而退守，皆有危厉也。然以其有柔中之德，能恐惧修省，处境虽危，而不至丧其所有事也。

程传曰："诸卦二五虽不当位，多以中为美，三四虽当位，或以不中为过，中常重于正也。盖中则不违于正，正不必中也。天下之理，莫善于中，于九二六五可见。"

上六，震索索，视矍矍，征凶。震不于其躬，于其邻，无咎，婚媾有言。

索索，消索不存之状，谓惊惧失志也。矍矍，左右惊顾之貌，谓神情失常也。上六以阴柔处震之极，惊惧之甚，至于志气弹索，目视不定，可谓穷矣，又以处动而欲征行以避之，则往无所之，其凶益甚矣。惟于震未及身之时，一见震于其邻，即恐惧修省，杜绝致震之机，庶可以无咎矣。然犹不能免于婚媾之有言，以其不与众同动也。夫以上六阴柔之才，而处如此震极之时，诚有难以自堪者，圣人示以事先修省之义，为戒深矣。

象曰：震来虩虩，恐致福也。笑言哑哑，后有则也。

解见象辞。

震来厉，乘刚也。

初九为震之主，而善动，动则震惊百里，其势可畏，而六二密比于初，又乘其上，不时受惊，故有危厉也。

震苏苏，位不当也。

六三以阴居阳，不当其位，以处震时，故苏苏然恐惧自失也。

震遂泥，未光也。

阳刚之才，宜有光亨之道，而乃以阳居阴，不中不正，又陷于诸阴之中，为其所累，遂沉溺不能以自拔，斯其于阳刚之德，未光大也。

震往来厉，危行也。其事在中，大无丧也。

往来皆厉，行于危厉之中也。其事在中，谓能因时处中，而所为无不中，故能处险如夷，而其行不离乎道也。以其事在中，故能大无丧也。

震索索，中未得也。虽凶无咎，畏邻戒也。

中谓中心，中未得者，言以震惊失志，中无主也。所以虽凶无咎者，是见震在其邻即知畏惧戒慎，以修其德，尽去有我之私，以复其本然之善，而杜绝致震之道也。不尔，则震及于身，必至索索失志，虽欲修省，已无及矣。

艮上
艮下　艮

艮其背，不获其身，行其庭，不见其人，无咎。

艮之为卦，艮上艮下，其德为止，其象为山，为重冈，为峻峰，镇重幽静而蠚峙，壁立万丈，至静者也。圣人以中正仁义立人极，而主静焉，亦如山岳之镇静而不迁，是以有艮其背不获其身，行其庭不见其人之象也。乐记曰："人生而静，天之性也，感于物而动，性之欲也。"夫感于物而为物所引，则不能静，而失其性矣！惟有主静以应天下之感，则能止于所当止。第知理义之悦我心，而不知此外有可慕，然后天君泰然，百体从令，不识不知，顺帝之则，动静各止其所，而无一毫有我之私，故无咎也。

本义曰："艮其背而不获其身者，止而止也，行其庭而不见其人者，行而止也，动静各止其所，而皆主夫静焉，所以得无咎也。"

程传曰："不获其身，不见其身也，谓忘我也。无我则止矣，不能无我，无可止之道。行其庭不见其人，庭除之间至近也，在背则虽至近不见，谓不交于物也。外物不接，内欲不萌，如是而止，乃得止之道，于止为无咎也。"

象曰：艮，止也，时止则止，时行则行，动静不失其时，其道光明。

此以卦德释卦名义，以明艮之为止也。人之行止，各有其时，不失其时，则行止各止其所而无妄，无妄则诚，诚则明，是以动静不失其时，其道光明。

程传曰："行止动静不失其时，则顺理而合义。在物为理，处物为义，动静合理义，不失其时，乃其道之光明也。君子所贵乎时，仲尼仕止久速是也。艮体笃实，有光明之义。"

艮其止，止其所也，上下敌应，不相与也，是以不获其身，行其庭不见其人，无咎也。

人之一身，惟背为静，乃止之所也。而艮止之道，必止其所而后安。艮卦阴阳各爻上下敌应，是不交于物也，不交于物，则不为物所引，故能顾諟天之明命，而无内外人己之私，是以内不见己，外不见人，但见明命赫然，罔有内外，如是而止，于止为无咎也。

程传曰："艮其止，由止之得其所也，不得其所，无可止之理。夫子曰：于止知其所止，谓当止之所也。夫有物，必有则，父止于慈，子止于孝，君止于仁，臣止于敬，万事庶物，莫不各有其所，得其所则安，失其所则悖，圣人所以能使天下顺治，非能以身作则也，惟止之各于其所而已。"

象曰：兼山，艮；君子以思不出其位。

程传曰："上下皆山，故为兼山，此而并彼，为兼，谓重复也。君子观艮止之象，而思安其止，不出其位也。位者所处之分也。万事各有其所，得其所，则止而安。若当行而止，当速而久，或过或不及，皆出其位也。况逾分非据乎？"

初六，艮其趾，无咎，利永贞。

艮以人身取象，以见人为动物，而人心尤易动，妄动则悖，故必主静，然后能存其心养其性，而无妄动之咎也。初六居艮之始，在卦之下，其象为趾，当艮之时，止其趾而不进，时止则止，不失其时，故无咎也。然恐其阴柔不能固守，而又以阴居阳为非正，故告之曰：利永贞。所以为后世谋者无微不至。此见圣人开物成务之意至深切矣。

六二，艮其腓，不拯其随，其心不快。

六二当止之时，在腓之位，而居中得正，故其象为艮其腓，宜无不利矣。然以上比过刚不中之九三，艮其限，而失其动静之时以悖道，二欲振之，而无如三之刚愎不听何？故其心有不快也。其咎在三，其害至于厉薰心，而二乃为之不快，亦以见其德之中正，其爱人如己之心，正所谓不见其人也。

九三，艮其限，列其夤，厉薰心。

限，身上下之际，夤，即腰胯也。九三重刚而不中，居上之下，为内卦之主，当止之时，固止于上下连接之际而不动，致使上下判隔有如腰胯分裂，不相为用，则成残废人矣，如此固执，势必与物睽绝，陷于孤独，而致危厉薰心也。

六四，艮其身，无咎。

六四，柔顺得正，居身之处，当止之时，而止其身，时止则止，得止道之正者也，故无咎。

六五，艮其辅，言有序，悔亡。

六五柔顺居中，当辅之处，而艮其辅。辅，言之所由出也，惟其以柔静之德，而止其辅，时然后有言，言必有中，故其言之出，自有其序，而无失言之悔也。

上九，敦艮，吉。

上九以阳刚居卦之上，艮之终，敦厚于止者也。居上而刚健笃实，止于所当止之地而厚重不迁，则始终如一，而无纷更之患，是以吉也。

程子曰："人之止，难于久终，故节或移于晚，守或失于终，事或废于久，人之所同患也。上能敦厚于终，止道之至善，所以吉也。"

象曰：艮其趾，未失正也。

初六以阴居阳为非正，然于当止之时，能知其所止，而不失时止则止之道，故其所为，未失正也。

不拯其随，未退听也。

腓，随股者也，六二有中正之德，而不能拯救相比之九三，卒至腰脊分裂，不相为用，而百为皆废。此岂六二不亟拯救其随乎？实由九三不中不正，刚戾固执，不肯退听而然也。人之固止一隅，而举世莫与易者，读此能不内愧哉！

艮其限，危薰心也。

人之行止，贵乎得中，时止则止，时行则行，乃随时处中之道，岂容固执乎？而九三过刚不中，乃至艮其限而列其夤，必至绝人逃世，自取孤寂，而至危厉薰心也。

艮其身，止诸躬也。

六四阴柔得正，当止之时，止诸躬而不妄动，躬行子臣弟友之道，不敢不勉，所谓动静不失其时者也。

艮其辅，以中正也。

正字衍文。五之艮其辅而言有序，以中也，中则动静不失其时，故无悔也。

敦艮之吉，以厚终也。

朱子曰："止者，必至于是而不迁之意，至善则事理当然之极也，"敦艮则止而不迁矣。止于至善之地而不迁，则敦大成裕，是以吉也。

巽上 艮下 渐

渐：女归吉，利贞。

渐，渐进也。风起山下，渐及山上，其进有渐，渐之象也。卦德内艮止而外巽顺，其进也渐，无遽进之失，女子于归而如此，则吉也。卦之九五六二各得其正，以中正相应，进以正也。进以正，则无往而不吉，故其占为利贞也。

彖曰：渐之进也，女归吉也。

本义曰："之字疑衍或是渐字。"渐之为言，渐进也，以渐而进，进而得正，女归之吉占也。

程传曰："天下之事，进必以渐者，莫如女归，臣之进于朝，人之进于事，固当有序；不以其序，则陵节犯义，凶咎随之。然以义之轻重，廉耻之道言之，则女子从人，最为大也。故以女归为义。"

进得位，往有功也。进以正，可以正邦也。

以卦变释利贞之义。此卦之变，由涣而来，九进居三，由旅而来，九进居五。皆为得位之正，以此而往，则有功也。进而以正则可以匡君，而天下定矣，故曰：可以正邦也。

其位，刚得中也。

九五之刚，而得中正之位以理天下之事，必能行之有渐，而无躐等陵节之弊也。

止而巽，动不穷也。

以卦德言渐进之义，为卦内艮外巽，巽顺艮止，内静止，则无欲速躁动之心，外巽顺，则遵循序渐进之道，是以动而不穷也。

象曰：山上有木，渐；君子以居贤德，善俗。

山上有木，自初生以至拱把，渐至合抱陵云，渐之象也。君子观渐之象，知天下之物，无不由渐而成，而居德善俗，尤当以渐，非可陵节而遽至也。德必渐修而后成，德之成，必由日新又新渐积而成，非可径至也。俗必以渐而善，而俗之善，必有善政善教，渐民以仁，摩民以义，熏陶渐染，驯致于风醇俗美，非可期于朝夕之间也。居德善俗，无不由渐而致，欲速者，可以悟其非矣。

初六，鸿渐于干，小子厉，有言无咎。

渐卦以鸿取象，鸿为候鸟，来去有时，而群飞有序，其进有渐，故诸爻皆取象焉。干，水涯也。鸿居水旁，其进由下而渐高，初六居卦之下，渐之初，故其象为渐于干。渐之始，阴柔不正，是进不以正也。故其占为小子厉。夫蒙以养正，圣功也。进不以正，则日渐于邪，乃危道也。然小子何知？责在父兄失教耳，非小子之咎也。虽然，在小子亦当以正自勉，岂可自谓年幼无知，而进不以正，以自取危厉哉！

六二，鸿渐于磐，饮食衎衎，吉。

磐，大石也。六二柔顺中正，上应阳刚中正之九五，与之同德以进，是进得位，而渐以中正之道也。夫渐于磐则安，饮食衎衎则乐，既安且乐，吉何如之？此其进程之善，无以复加者；以其进以正而得位也。

九三，鸿渐于陆，夫征不复，妇孕不育，凶，利御寇。

地之高平者曰陆，鸿为水鸟，常傍水以居，渐于陆，则失其居，而不得安矣。九三在下之上，刚而不中，进不以渐，失其渐进之道，而孤征以离其群，又无正应，故其象占如此。夫仕进不以渐，而凌节逾分，遽居人上，必遭嫉害，如鸿雁孤征，势难复归。女归不以渐，则不待亲迎而私奔，或至未婚而为妇，如此而孕，岂可养育，是以凶也。然以刚勇之质，知进而不知退，用以御寇，则能杀敌致果，保卫国家，而不为身谋，乃为得宜。若用于他事，则非所利也。

六四，鸿渐于木，或得其桷，无咎。

四在三之上，其地渐高，已离于陆，而上于木矣。鸿不木栖，渐于木，则不得安矣。然六四以柔巽而正之质，其进也渐而不失，必以其道之正。故于不安之处，或得其桷以安栖，是以无咎也。桷，木上横平之柯，可栖处也。

九五，鸿渐于陵，妇三岁不孕，终莫之胜，吉。

高阜曰陵。九五之位已高矣，故其象为鸿渐于陵。五于二为正应，当渐之时，而五渐进益高，不能下交以求二，二以阴柔为九三所隔，不能上进以从五，夫妇异处，故有三岁不孕之象。然，邪不胜正，久必相遇，相与同心同德以论道经邦，总理万机，使天下渐进太平之盛世，是以终吉也。

上九，鸿渐于陆，其羽可用为仪，吉。

程传曰："安定胡公以陆为逵，逵，云路也。谓空虚之中。尔雅，九达谓之逵，通逵无阻之义也。"鸿之飞，渐进益高，而上九在至高之位，离高陵而达云霄，渐进之极也。以阳刚之姿，居渐之终，巽之极，循渐进之道，进入云程，斯其羽可用为仪，吉之道也。君子修德凝道，日就月将，渐至于高明，虽离乎人位之外，而其仪型亦可以为天下后世法。如上九者，乃虚空之中一羽毛，其学行之迹，高出一世，可用为天下之仪表也。羽者，鸿之所凭以渐进，其在人，则下学上达之功也。

象曰：小子之厉，义无咎也。

初六始进于下，上无应与，其象为小子初涉于事，而无人以教导之，无知冒进，安得不危，然于义为无咎也。仕之初进于朝，无人乎君之侧以左右之，则危厉有言，在所不免。士无贤愚，入朝则忌，仕途如此，可为浩叹！

饮食衎衎，不素饱也。

六二以柔中之德，上应九五，渐进于朝以辅国，故有饮食衎衎之乐。然非素饱也。君子之仕也，非干禄也，将以行道济时也。功以社稷，泽及生民，虽享厚禄，不为素餐，所以吉也。

夫征不复，离群，丑也。妇孕不育，失其道也。利用御寇，顺相保也。

九三过刚不中，失其渐进之道，因以致凶。夫征不复，如雁行失序，离群类而孤征，患难重重，如何得复。女归不以渐，则失其婚嫁之正，而为偷欺，为淫奔，是以妇孕不育也。然以其有刚勇之质，能奋不顾身以有为，故利用御寇，以制止其非辟之干，顺渐进之道以相保，使之各得其正也。

程传曰："君子与小人比也，自守以正，岂惟君子自完其己而已乎？亦使小人得不陷于非义，是以顺道相保，御止其恶也。"

或得其桷，顺以巽也。

四处不可栖之地，而能得其桷以安处者，以其柔顺而正，为巽之主，能巽顺乎渐进之道也。

终莫之胜，吉，得所愿也。

邪不胜正，终当与六二相遇，与之经国福民，以渐进于升平之世，而得遂其行道济时之愿也。

其羽可用为仪，吉，不可乱也。

上九身居事外，无官守之责，而其德行道义，足以为天下仪表，斯其修身行道之志，不可乱也。

䷵ 震上 兑下 归妹

归妹：征凶，无攸利。

女子谓嫁曰归，妹，少女也。为卦震之长男，动于上，而兑之少女悦而从之，归妹之象也。然以卦体言，兑以少女而从震之长男，非其匹矣。以卦德言，则为以悦而动，欲胜乎义矣！以诸爻言，自二至五位皆不正，而六三六五二爻，又皆以柔乘刚，卦德如此，以征则凶，而无所利也。

象曰：归妹，天地之大义也。天地不交，而万物不兴。归妹，人之终始也。

此以卦名言归妹之义也。阴阳交感，男女配合，天地之常理，故归妹乃天地之大义也。天地不交，而万物不兴，归妹之礼，岂可废乎？归妹女子之终也，生育之始也。斯乃人类生生相续之道也。

说以动，所归妹也。

以卦德言之，以明占之所以凶，由动于欲也。

征凶，位不当也。无攸利，柔乘刚也。

以卦体释卦辞，言归妹乃天地之大义，而其占征凶者，盖以此卦自二至五皆不当位，而失其正也。归妹不以正，是以凶也。其所以无攸利者，则以六三六五以柔乘刚，室家不正，必有夫妻反目之凶，是以无攸利也。

程传曰："男女有尊卑之序，夫妇有倡随之礼，此常理，如恒是也。苟不由正常之道，徇情肆欲，惟悦是动，则夫妇渎乱，男牵欲而失其则，妇狃悦而忘其顺，所以凶而无所利也。"

象曰：泽上有雷，归妹；君子以永终知敝。

泽上有雷，阳动而阴悦，以悦而动，悖于义矣！君子见其合之不正，知其终之有敝也。徇情肆欲，惟悦以动，失其夫倡妇随之义，乱其天常、害于尔家，凶于尔国，其敝有不可胜言者，此归妹之占，所以终凶，无攸利也。

初九，归妹以娣，跛能履，征吉。

初九有刚正之德，当于归之时无有正应，是用以为娣而从嫁也。娣之卑贱，仅能承助其君子，不能主内政以成其内治之美，故为跛能履之象。言虽能步履，而不能健行也。然以刚正之德，尽其分之所能为，以助其君子，亦已善矣，是以而征则吉也。

九二，眇能视，利幽人之贞。

九二有刚正之德，当归妹之时，上应阴暗不正之六五，乃贤女而配不良，不得用其贤明，佐夫子以成其内治之美，仅能淑慎其身，而小施之，故为眇能视之象。而其自处，则利幽人之贞也。幽人者，幽静守正，抱道自重，而不偶者也，卫之庄姜是也。

六三，归妹以须，反归以娣。

六三以阴居阳，不中不正，当归妹之时，而上无应与，理宜幽静以待其偶，乃以为悦之主，而动于欲，急不能待，反甘为娣而于归焉，自取下贱，殊为未当，士之急于仕进者，可以鉴矣。

九四，归妹愆期，迟归有时。

九四有阳刚之德而用柔，当归妹之时无有应与，故过期未嫁，惟其用柔，故以刚德自守，而不轻以许人，故宁愆期以待佳配耳。而贤德之女，人所愿娶，是以迟归有时也。此与反归以娣之六三，正相反也。

六五，帝乙归妹，其君之袂，不如其娣之袂良，月几望，吉。

帝乙，殷之贤王，其嫁妹时，曾占得此爻，故取以为帝女下嫁于诸侯之吉占也。六以柔中居尊，而阴性俭约，尚德而不尚饰，故不敢以帝女之尊，骄其夫家，是故俭其服装，不如其娣之袂良也。女德之盛如此，如月几望，而几于圆满无缺矣。是以吉也。

上六，女承筐无实，士刲羊无血，无攸利。

上六以阴柔居归妹之终，震之极，而无正应，女之反复无常，约婚不终者也。故其象占如此。承筐无实，未即承也，刲羊无血，未果刲也。礼曰："信事人也，信妇德也。"约婚而无实，已不信矣！何以事人乎？故无攸利也。

象曰：归妹以娣，以恒也，跛能履吉，相承也。

初九有刚正之德，当归妹之时而无正应，则是以娣而嫁也。恒谓德行有常也，初九之刚正，虽以无应而为娣，而实有常久之德，是以有跛能履之占，盖以身位虽卑贱，而其德亦足以相承以助其君子，故吉也。

利幽人之贞，未变常也。

刚中贤良，抱道守正，女德如此，妇道之常也。
程传曰："守其幽贞，未失夫妇正常之道也。世人以蝶狎为常，故以贞静为变常，不知乃长久之道也。"

归妹以须，未当也。

六三以阴居阳，不中不正，为兑之主，当归妹之时，悦于于归，而无应与，故以须。其处其德与其求归之道，皆为未当，故无人取之，而但须待之，卒至不能终须，而反归以娣，可耻之甚也。

愆期之志，有待而行也。

贤德之女求之者众，所以愆期者，待佳配也。不得梁鸿，则孟光不嫁，斯其志有待而行也。莘野之耕夫，磻溪之渔父，世无汤文，则必以耕钓终其身，惌期何病焉。

帝乙归妹，不如其娣之袂良也，其位在中，以贵行也。

六五以柔中之德，而居尊位，下应九二之刚中，为帝女下嫁之象。帝乙归妹之时，曾得此占，其妹尚德而不尚饰，以帝女之尊，但以天爵为贵，而俭其服饰以下嫁，不以富贵骄人，是能以贵行中也。

上六无实，承虚筐也。

承虚筐，是无信也。无信而约婚，故承虚筐也。约婚不终，以其居震之极，其志多变，而阴柔不能自守其信也。女德如此，何利之有？占者得之，必无攸利也。

震上
离下 丰

丰：亨，王格之，勿忧，宜日中。

丰，大也，假同格，至也。卦德内明而外动，明以动，是以丰大而亨通焉。然，物盛则衰，理势之常，王者如至丰盛之时，其勿忧恤，当以仁存心，以礼存心，尊贤礼士，施仁政于民，以保其丰于不替，如日中天，以照临天下，而勿使日昃也。徒忧何益哉!

象曰：丰，大也。明以动，故丰。

以卦德释卦名义。卦之德，离明而震动，明则有远大之识，动则有奋发之行，明以动，故能致天下于丰盛也。

王假之，尚大也。勿忧宜日中，宜照天下也。

王者所以能致天下于丰大，以其所尚者大也。尊为天子，富有四海，万姓仰其养育，万几待其裁决，万物赖以曲成，若无天地之量，日月之明，将何以覆载万类，照临天下乎？是以所尚者大也。然而盛极则衰，势所必至，不须忧也。惟宜明明德，以敦化源，新民以厚风教，明其政刑，以惠民除暴，由是德日进而化日醇，政日善而民益安，如日中天以照临天下，又何忧盛极而衰乎？

日中则昃，月盈则食，天地盈虚，与时消息，而况于人乎？况于鬼神乎？

此又发明卦辞外义，言不可过中也。夫盛衰相寻，隆极则替，天地日月鬼神所不能免，而圣人于隆盛之时，如日中天，照临天下者，以其知变化之道，使天下有进无已，功虽巍巍，不至于极也。唐虞君臣之相承，西周父子之相继，历百余年而不衰替者，以其与时变化，而无盛极而衰之时也。

象曰：雷电皆至，丰；君子以折狱致刑。

雷电皆至，明动相资，丰之所由也。君子观丰之象，而知明动相资之用，是以折狱如电之明，使无情者不得尽其辞，冤抑者得以免其死；致刑如雷震，奸恶者无能逃其罪，从欲者亦知畏其威。丰大之时，蟊孽易萌非明无以察其微，非动无以杜其渐，惟以明动相资则可以防微杜渐，而蟊孽无从萌矣。

初九，遇其配主，虽旬无咎，往有尚。

配主谓四，旬，均也，谓皆阳也。尚，嘉尚也。初九以刚正文明之资，居丰之初而无应，是上无援也。然火性炎上，往则与九四相遇。四为震之主，与初以位相应，明动相资，因依以为主，是遇其配主也。初与四虽皆为阳，非其正应，但当丰大之时，最易败度败礼，以致中衰。故必明动相资，方能保其丰。是故不明，则将以满荡其志，不动则将以逸豫亡其身。往而相从，则明动相资，方能保其隆盛于不替，然后可以无咎。而有嘉尚也。

六二，丰其蔀，日中见斗，往得疑疾，有孚发若，吉。

蔀，障蔽之物，丰其蔀，谓丰大其障蔽也。日中见斗，谓明极之时，日为月掩，暗极而见星斗也。六二为文明之主，柔顺中正而文明，如日之方中也。乃上遇六五阴暗萎靡之君，安于丰盛，纵情肆欲以自蔽，而不下交以求明，遂至障蔽之甚，至于安危利灾而不知其非，有如日全食而昏暗已极，往而求之，必为其所疑而愈疏。惟有积诚以感发之，使之悔悟，与之相资以保其丰，而不以丰大自蔽则吉也。

九三，丰其沛，日中见沫，折其右肱，无咎。

沛，古本作旆，谓幡幔也，沫，小星也。折其右肱，谓成残废也。九三以刚明之资在下之上，当丰之时，而文明之极，如日之方中，大有为也。乃以上应上六之阴暗，不能相资为用，犹如丰其幡幔以蔽其明，黑暗之甚，无异日中见沫也。如此则九三之明，几无所用矣！盖明动相资，不可偏废，非明则动无所之，非动则明无所用，今九三明则明矣，而上六阴暗居丰之极，耽于丰乐，而不知下求正应以自辅，犹如折其右肱，不相为用也。然此乃遭遇之不幸，非三之罪，故其占无咎也。

九四，丰其蔀，日中见斗，遇其夷主，吉。

四居大臣之位，上遇暗主，狃于丰而安于逸豫，不知尊贤以自辅，而九四以刚用柔亦不敢奋发以匡君，盛极而衰之兆，已见于此矣！故其象如此，言当明盛之时，反逞昏暗也。犹幸与初九以同德相与，明动相资，尚可以有为于其国，往而主之，共挽颓风，以缓其衰替之势，勿使丰盛之大业，隳于一旦则吉也。

六五，来章，有庆誉，吉。

六五以柔中居尊位，当丰之时，而不足于明，若能虚心求贤，学焉而后臣之，资其启沃，以开发聪明，熏陶德性，则智日明而德日进，宠任天下之英贤，以咨诹善道，讨论国政，来天下之章以为明，以理天下之事，则可以保其丰大于不替，而有福庆美誉之吉也。

上六，丰其屋，蔀其家，窥其户，阒其无人，三岁不觌，凶。

阒，寂静也，觌，见也。上六以阴柔居丰之极，处动之终，而为丰大蔽其明，其满假躁动已甚，势必侈泰自恣，穷极豪华，堂高数仞，楼阁凌云，以掩蔽其家，遂至门庭寂静，常若无人，及至三岁之久，亦不见其有人焉，障蔽之深如此，凶之甚也。

象曰：虽旬无咎，过旬灾也。

初与四虽均是阳，而明动相资以成丰，故无咎，过旬则相胜相争相乖违，而灾难随之，故不可过也。

有孚发若，信以发志也。

有孚发若，是以己之孚信，感发人之心志也。至诚而不动者未之有也。以六二之中正文明而孚信，尽忠于上，五虽蔽于丰乐，一时昏昧，然其中德未亡，终当感悟，此谓信以发志也。

丰其沛，不可大事也。折其右肱，终不可用也。

富贵不能淫，大丈夫之事也。而柔暗者处之则淫矣！丰之障蔽，六五，上六为之也，位高而处丰大之时，柔暗无远见，兼之震体善动，易为物牵，遂泥于丰乐，满假丧志，以致祸机暗伏，危在旦夕，而犹不之察，如唐明皇之宠禄山，养虎贻患而不寤，渔阳变起，歌舞始已，岂非障蔽之甚，日中见沫哉！以九三之刚明，而不能悟其上，因上六狃于丰盛，障蔽已极，不可以言语争也。既遇暗主，安可大事，其象如折其右肱，终成残疾，不可以有为也。

丰其蔀，位不当也。日中见斗，幽不明也。遇其夷主，吉，行也。

九四之丰其蔀，以其所处之位不当也，刚而能动，功震弱主，上下之情，安得不障蔽乎？日中见斗，由于障蔽之甚，以致幽暗不明也。夷，等夷也，主，所宗也。四与初以同德相与，是遇其

下　　经　　　　　　　　　　　　　　　　　333

同侪以共辅世教，感悟君心，期有以撤其障蔽，相与明其明德，以修明政教，缓其极盛而衰之势，则可以获吉于此行也。

六五之吉，有庆也。

柔中处尊，致天下之明以为明，进天下之贤以自辅，则世道日隆，国运益丰，而有安富尊荣之吉，福禄美誉之庆也。

丰其屋，天际翔也，窥其户，阒其无人，自藏也。

天际翔，谓其屋高大华美，如翔飞于云际也。丰大其屋，高翔天际以自蔽，是以窥其户阒若无人焉，则是自造障蔽以自藏也。居丰之极，习于奢侈而不返，故自造障蔽，至于如此，不仁者不可以长处乐，昏暗如上六，岂能久乎？

☲ 离上
艮下 旅

旅：小亨，旅贞吉。

旅，寄旅也，山止于下而不移，有似逆旅。火炎于上而将去，形似过客，故其卦名旅。旅居他乡，事多违愿，能得小亨，亦云幸矣！而卦之才，亦止能致小亨也，旅处之时，必须固守其正则吉，失正则凶矣。

本义曰："旅非常居，若可苟者，然道无不在，故自有其正，不可须臾离也。"

彖曰：旅，小亨，柔得中乎外，而顺乎刚，止而丽乎明，是以小亨，旅贞吉也。

以卦体卦德释卦辞。以卦体言，六五以柔中文明旅于外，而能顺乎刚，以卦德言，内艮止而外离明，内止则不动于欲，外明则能通世务，以是处旅，则无过举，故可得小亨矣，然必以正自守则吉也。在旅而固守其正，则动静云为无不正，人自感服而相助，吉之道也。

旅之时义大矣哉。

旅之时为难处，故叹其时义之大也。

象曰：山上有火，旅；君子以明慎用刑，而不留狱。

火在山上，所照者远，君子观其象，而以明慎用刑，不使囚犯久系于狱也。是故照察狱情，明若观火，判断要囚，慎重如山，既得其情，及时判决，不使南冠者久系于他乡也。

初六：旅琐琐，斯其所取灾。

阴柔不正，居下而有应于上，在旅之初，其交未深，而初六阴暗猥鄙，不知处旅之道，反欲一切如意，故琐琐求之而无厌，斯其所以取灾也。琐琐，猥细之意。言琐琐以细故求人，而不度交情之浅深，斯其自取侮辱也。

六二，旅即次，怀其资，得童仆贞。

六二之德，柔顺中正而安止，柔顺则无骄横之失，中正则善处旅之道，安止则无不足之心，善于旅处者也。故其象占如此。在旅而就舍，有资财，又得童仆之贞信，皆由六二中正之德有以致之也。

本义曰："即次则安，怀资则裕，得其童仆之贞信，则无欺而有赖，旅之最吉者也。二有柔顺中正之德，故其象占如此。"

九三，旅焚其次，丧其童仆，贞厉。

九三虽正而不中，当旅处之时，居下之上，而过刚自高，失其处旅之道，故有焚次丧仆之厉。盖自高则傲上，上为离火，玩火焚次，则失其所处矣！过刚则虐下，虐下则丧其童仆，孤独无依矣！其为人如此，无往而不危，故其占虽正亦厉也。

九四，旅于处，得其资斧，我心不快。

九四以刚处柔，在上之下，当旅之时，刚而用柔，得旅处之道，故其象如此。然以阳居阴，未当其位，而又上承六五之君，下遇初六之应，皆不足相依以行其志，羁旅之臣，益觉孤独，是以身虽安裕，而心未快也。

六五，射雉一矢亡，终以誉命。

离为雉，文明之物，射雉，谓弋取文明也。五为文明之主，柔顺得中，在旅之时，能顺于上下之阳，而所行力求中正而文明，故为射雉之象，虽不无一矢之亡，而必以誉命终焉。誉谓荣誉，命谓朝命，旅居之时能如此，可谓善处旅者矣。

程传曰："人之处旅，能合文明之道，可谓善矣！寄旅之人，动而或失，则困辱随之，动而无失，然后为善。"六五之终以誉命由柔中文明而顺乎刚，动容周旋无不中礼而得之，虽居蛮陌，亦当有美誉，况在旅乎？

上九，鸟焚其巢，旅人先笑后号啕，丧牛于易，凶。

九以阳刚居卦之上，明之极，而不中不正，自恃高明而不能下人，取祸之道也。故其象占如此。鸟焚其巢，失其栖身之处也，旅人先笑，谓其以居高，自鸣得意也，后号啕，失其所居而悲伤，犹如鸟焚其巢也。究其焚巢之由，则以身在寄旅，不知以柔顺自处，反以刚明居高为得意，其象如丧牛于易耳，是以凶也。盖离为牝牛，至顺也，丧于易，谓丧其柔顺而不自知也。

象曰：旅琐琐，志穷灾也。

阴柔居下，暗于事情，身在寄旅，不知处约之道，特以上有应与，故以琐细之事干之，而不思其火性炎上，岂肯应之，徒取辱耳，斯其贪求无厌之志至于穷极，以自取灾难也。

得童仆贞，终无尤也。

柔顺中正，待人有诚，处事有方，故能得童仆之贞信，虽在寄旅，而不孤寂，是以终无尤也。

旅焚其次，亦以伤矣。以旅与下，其义丧也。

旅焚其次，则无所诧庇，岂不伤哉！以旅之时，而过刚不中以与下，义当丧其童仆，而孤独无亲也。

旅于处，未得位也。得其资斧，心未快也。

旅于处，未得位也，故虽得其资斧，而心未快也。盖以阳刚不得其位，不能有为以成其志，身愈安，而志益苦矣，刚明之君子，岂以一身之安危，为忧乐哉！

338

终以誉命，上逮也。

六五柔中而文明，所为无不中乎礼，是以功绩上闻，而以誉命终也。君无羁旅，旅则失其位矣，故不以六五为君也。

以旅在上，其义焚也，丧牛于易，终莫之闻也。

寄旅之人，当以谦下自处，而九乃喜居人之上，失其道矣，必招众忌以取祸，义当焚其巢也。以刚明居上为得意，丧其柔顺之德而不知，其无闻知如此，安得不失其居也。

巽上
巽下 巽

巽：小亨，利有攸往，利见大人。

巽，入也，一阴伏于二阳之下，其性能巽以入，故其卦名巽。时当巽而巽，则可以致小亨，而九五以阳刚巽乎中正之道，初与四皆能顺乎刚，故其占如此，而巽之用，则利于有所往，尤利于往见大人也。

彖曰：重巽以申命。

巽为风，草上之风必偃，令下，民从之象也。卦体为重巽，是重申其命也。君子之于民也，念之切，望之深，虑之远，令下而虑其不能遍知，故令之五日一读法，知之恐其不能顺从也，故又重申之，使之家喻户晓，咸明上意，欲其从上之命而执行之，以利于有所往也。

刚巽乎中正而志行，柔皆顺乎刚，是以小亨，利有攸往，利见大人。

五以阳刚巽乎中正之道，而其志得行于天下，初四之阴皆顺乎刚而从命，上下巽顺，故能小亨，而利有攸往也。然，人之顺从，必巽于大人以则其威仪，听其教言，观其行事，以察其用心，遵大人之道而行之，则无往不利，是故利见大人也。

象曰：随风，巽；君子以申命行事。

随，相继之义，两风追随，巽之象也。君子观随风之象，而知政令之足以动人也，故重申其命以施行政事，使之家喻户晓，人人皆知，则民顺从而奉行之，故可以致小亨，其所以不得元亨者，则是导之以政令，不如导之以德之深入人心也。孔子曰："为政以德，譬如北辰居其所而众星拱之。"岂区区政令所能致之乎？

初六，进退，利武人之贞。

以阴柔居巽之初，在卦之下，过于卑巽，而进退不果者也。

故告之以利武人之贞，欲其勉为刚贞，以济其卑巽畏惧，不敢有为之失，而能徙义以进于善也。圣人开物成务之意深矣，遵而行之，则可以变化气质，渐致于中正，而不至以卑怯终也。

九二，巽在床下，用史巫纷若，吉，无咎。

九二以阳处阴，当巽之时，刚而用柔，以居下位，故有此象。盖巽体象床，史巫所以道达诚意；纷若，繁多也，言其巽顺处下，而祝祷纷繁，以自道达，欲人之谅己也。当巽之时，而卑巽如此，非过也，二之刚中，自无过举，当巽而巽，故吉而无咎也。

九三，频巽，吝。

九三过刚不中，居下之上，本不能巽，但当巽时，不得不巽，勉为而屡失，为可吝也，故其象占如此。

六四，悔亡，田获三品。

六四以阴居阴，而无应与，又居上下诸阳之间，宜有悔也。乃以居上之下，当巽之时，柔正而巽，以顺乎刚，得大人之信任薰炙，德进行修而悔亡，故有田获三品之功也，三品者，一为乾豆，一供宾客，一以充庖，获之以奉神人，不敢专有也。巽而得正，且附大人，是以悔亡，而所获无不备也。

九五，贞吉，悔亡，无不利，无初有终，先庚三日，后庚三日，吉。

九五阳刚中正以居尊位，而在巽体，以政令导民者也。政者正也，必先正己，而后能正人，若徒以政令导民，民将违其政令，从厥攸好，是有悔也。惟巽乎中正而固守之，正己正人，则令出而民从之，是以悔亡而无不利也。居巽体而有悔，无初也，贞吉悔亡无不利，有终也。申命以变更政事而图治，必深思熟虑，见其有利无弊，而后更之，则可以无悔也。先庚三日，丁也；后庚三日，癸也。丁，所以丁宁于其变之前，必求有利而无弊；癸，所以癸度于其变之后，以验其见于政事者，果能有利无弊与？有所变更而慎重如此则吉也。

上九，巽在床下，丧其资斧，贞凶。

上九以阳刚之德，而处阴用柔，居巽之极，过于巽而丧其刚断者也。故其象占如此。居上而巽在床下，无以临下矣，丧其资斧，不能以义制事矣，共行如此，虽正亦凶，况于不正乎？

象曰：进退，志疑也。利武人之贞，志治也。

进退不果，心有疑而不知所从也。利于以武夫之勇，固守其正，则志意治，而不疑其所行矣。

纷若之吉，得中也。

九二以阳处阴而居下，当巽之时，以卑巽自处而得中者也，身居下位，又值巽时，是以不敢自安，而使史巫纷然以道达诚意，其卑巽如此，方为得中，惟其得中故吉也。

频巽之吝，志穷也。

过刚不中，居下之上，非能巽者也。当巽之时，不得不巽，至于志穷而后勉强为之，故频巽频失，而不安于顺，可耻之甚也。

田获三品，有功也。

柔顺得正，而顺乎刚，密迩大人，受其启迪教诲，而致有功也。

九五之吉，位正中也。

九五之所以吉，以其位正中也。以中正之道，而巽以行权，则其所为，必中乎轻重缓急之宜，而无姑且尝试之弊，是以吉也。

巽在床下，上穷也。丧其资斧，正乎凶也。

巽在床下，则是居上而巽顺太过也。道贵得中，过则为害，上乃巽顺之极，至于丧其资斧，则不能以义制事矣，是以凶也。

䷹ 兑上 兑 兑下 兑

兑：亨，利贞。

兑，悦也，一阴进于二阳之上，喜悦见于外也。卦体内刚外柔，其德为悦，内刚则不屈于欲，外柔则事顺乎理，其悦在此，故足以致亨，若所悦非正，则凶咎随之，故又利于贞固，以保其亨也。

彖曰：兑，悦也。

以卦德释卦名义。

刚中而柔外，说以利贞，是以顺乎天而应乎人，说以先民，民忘其劳，说以犯难，民忘其死，说之大，民劝矣哉！

以卦体释卦辞，而极言之，卦体内刚外和，其德为悦，内刚则无人欲之私，而顺乎天命之性，外和则中乎礼义之节，而应乎人心之悦。而九五以阳刚中正之道悦天下之心，而天下悦之，故其占如此。悦以利贞，是以顺乎天而应乎人，言其所以亨也。以民之所悦而先民，则民忘其劳，以民之所悦而犯难，则民忘其死，悦之大，则民忘劳忘死，而勉于为善矣。

象曰：丽泽，兑；君子以朋友讲习。

兑为泽，两泽相丽，互相滋益，兑之象也，君子观兑之象，以朋友讲习，相与切磋琢磨，劝善规过，以成其德，则不至孤陋寡闻，虚度一生也。丽泽之益，其大如此，此古人所以重师友也。

初九，和兑，吉。

初九，以刚正处下而无应，无所私系，自然和悦，悦以利贞者也，故其象占如此。六爻之中，惟初不与阴比，无柔道之牵，而所悦者正，是以吉也。

九二，孚兑，吉，悔亡。

九二以阳处阴，有悔也。刚而得中，孚信内充，理义悦心，非有外慕，是以吉而悔亡也。

六三，来兑，凶。

六三以阴居阳，不中不正，当悦之时，牵于所悦而不能自守，又以无应于上，而来就二阳以求悦，悦不以正，凶之道也。

九四，商兑未宁，介疾有喜。

九四以阳居阴为非正，当悦之时，承五乘三而无应，欲舍三而从五，则以处阴用柔，系于三之柔悦，而不能自克，欲背五而悦三，又以刚德未泯，明知五之中正为贵，何忍自绝。为其理欲交战于中而不能决，故有商兑未宁之象。然以其质本阳刚，特以用柔比阴，牵于欲而失其明决，故犹豫乃尔。圣人以介疾有喜开示之，使之幡然悔悟，介然自守，疾恶六三之邪悦而舍之，上从九五之刚中，资其薰陶以善身善世，将有致天下于和悦之喜也。

九五，孚于剥，有厉。

九五阳刚中正，以居尊位，而下无正应，当悦之时，密比上六而悦之。而上六为悦之主，处悦之极，耽于媚悦，能妄悦以剥阳，而五乃悦而信赖之，是孚于剥也。剥其阳刚中正之德，则变而为小人矣，危孰甚焉。自古人君密近小人未有不亡国败家者也。以九五之刚中，亦不免有厉，可不戒哉！

上六，引兑。

上六以阴居阴，为悦之主，处悦之极，狃于悦而不知自反者也。故为引兑之象。悦已极矣，又引而长之，无趣甚矣！然其所悦者未见其为邪，故无凶咎之戒。

象曰：和兑之吉，行未疑也。

和兑之所以吉，以其所悦者正，故不疑其所行也。

孚兑之吉，信志也。

中实为孚，孚兑者，孚信在中以自悦也。学有所得，行无所愧，有以自信而悦之，其志之中正而悦之不移，故吉也。

来兑之凶，位不当也。

以阴居阳，不中不正，上无应与，来就九二以求悦，凶之道也。安有不中不正之人，而所悦不失其正者乎？世之趋吉避凶者，可不慎其所处哉！

九四之喜，有庆也。

四当邪正两途疑其所从之际，能介然守正以疾邪，以之修身，则德日进而过日寡，以之为国，则君子进而小人退，以之为政，则治益隆而民益安，以之事君，则有以格君心之非，正其君以正天下，而福庆得以远被于无穷，是以知九四之喜，有福庆也。

孚于剥，位正当也。

九五处怡悦之时，有为容悦之臣，无有诤臣，遂悦于上六之悦己而与之，危之甚矣，其所以孚于剥者，由其在至尊之位，为所欲为，而莫之制止也。古之以悦丧邦者，未必皆昏愚也。特以妄自高大溺于所悦，而不亲忠直之臣以自辅，是以悦日深而德日昏，卒致危厉而不自觉也。

上六引兑，未光也。

悦已极矣，又引而长之，其无意味甚矣，安有光也。

巽上 坎下 涣

涣：亨，王假有庙。利涉大川，利贞。

涣：散也，为卦下坎上巽，风行水上，呈见离披涣散之象，故其卦名涣。当涣之时，九五以阳刚之才，得位得中，其势足以有为，而九二自三而来居中位，上与九五同德相与，以散财聚民，犹可致亨也。王格有庙，致诚敬以奉祭祀，所以聚祖考之精神，冀其来享也。利涉大川，以卦体巽在坎上，为舟行水上之象，济险有具也。利贞者，济涣之道，在于固守其正，不可诡遇获禽，以败其法也。

象曰：涣亨，刚来而不穷，柔得位乎外而上同。

以卦变释卦辞，涣卦由渐变来，九三之刚来居于二而得中，得中则不穷矣，六往居三而上同于四，则不孤矣，当人心涣散之际，能得中而有同，故可以致亨也。

王假有庙，王乃在中也。

中谓庙中，王在庙中，精诚奉祭，以聚祖考之精神，冀其来享也。至诚感神，而况于人乎？人心既散，惟至诚为能感人心而复聚之，爱民如子，视臣如手足，乃其德普恩洽，人心安有不聚者乎？此济散涣之道也。

利涉大川，乘木有功也。

舟车之利，万民以济。有舟可乘，则利于涉大川也。人心散离之后，危乱益甚，险难益深，急当任用天下之贤，救民于水火之中，而置之衽席之上，以慰天下之心，所谓若济巨川，用汝作舟楫也。

象曰：风行水上，涣；先王以享于帝，立庙。

风行水上，浪翻澜倒，有涣散之象。而离合聚散，物理之常，神人所不能免。先王观散之象，而思有以聚之，故享帝立庙，而致孝乎鬼神，以聚祖考已散之精神，当其致诚敬以行孝享之时，则洋洋乎如在其上，如在其左右矣。

初六，用拯，马壮吉。

初居坎体，坎为马之美脊亟心者，脊美则有力，心亟则善奔。居卦之初，涣之始也。人心始涣而拯之，为力虽易，然拯之稍缓，则不及拯矣！故当如追亡，如救火，如防溃，从速拯之。而初六上比九二而从之，资其刚中之才以济涣，如得壮马，疾驰以救之，则涣者聚，而将涣者不至于涣，故吉也。

九二，涣奔其机，悔亡。

奔谓疾走，机者，人所凭也。涣奔其机，谓九来居二而得中也。以九居二，宜有悔也，但当人心涣离之秋，无有应与，上弗援，下弗推，虽有超群之才，不为时用，而济涣无权，惟有急奔就安，以存身耳。奔而得其机，安其身以图济涣之功，则悔亡矣。

六三，涣其躬，无悔。

六三以阴居阳，在下之上，当涣之时，不中不正，宜有悔也。但以上有应与，能散其私，以从上九之阳刚以济涣，善于去私者也。如能尽散其身之所有以济涣，志在济时，而无有我之私，则可以无悔矣。

六四，涣其群，元吉，涣有丘，匪夷所思。

六四以柔顺而正，为巽之主，当涣之时，居大臣之位，下无应与之私，而密比于五，为涣其朋党，顺从于上之象，大善之吉也。人心之涣，群小比周为之也。如能周而不比，散小群以成大群，则涣散之人心，必将聚而若丘，此乃理势之必然，但非常人思虑之所及也。六四之智，超人一等矣，故能涣其群而致元吉也。

九五，涣汗其大号，涣王居，无咎。

九五阳刚中正，以居尊位，在巽之体，故有此象。涣汗其大号者，令出必行，如汗出不反，德泽及民，民必信从焉。涣王居者，散王府所积之财物，以济下民之困，民必归心焉。能如此，则始之散者，终将复聚，可以转危为安，而得无咎矣。财散则民聚，济涣之道也。

上九，涣其血去逖出，无咎。

逖，当作惕，谓惕惧也。或曰：去逖出为句，文似重复。上九居涣之极，在事之外，故以出涣为功，当人心涣离之极，天下无统，患难重重，故其象为血为惕，以示杀伤之祸，为可惧也。而九以阳刚之才，居涣之极，巽之终，为能巽以行权，以离去血伤之害。为其身居事外，既无官守，又无言责，故其象占如此。

言涣其血则去，涣其惕则出，则无咎也。

象曰：初六之吉，顺也。

初六之所以吉，以其能顺从刚中之九二，用拯于涣之始也。始涣而拯之，为力则易，然其成功，则二之力也。

涣奔其机，得愿也。

得愿，谓刚来而不穷也。当涣之时，奔而获其机，去危就安，存其身以待时，为得其愿也。

涣其躬，志在外也。

外对躬言，在外，谓不在躬也。其志在济天下之涣，而不为身谋，是以涣其躬而无悔也。

涣其群，元吉，光大也。

涣其群元吉者，则以六四之心光明正大，忠顺无私，能散其小群而成大群，以济天下之涣，而其功德，光辉盛大也。

来氏知德曰："欲树私党者皆心之暗昧狭小者也。"惟无一毫之私，则光明正大，自能涣其群矣，故曰："光大也。"

王居无咎，正位也。

人心涣散之时，患难不胜言矣！惟阳刚中正之王者居之，则能以公天下之心，济天下之急，一天下之心而无咎，以其以斯德居斯位，为正位也。若无王者之德，而居斯位，值此时，则天下不可为矣！亿万离心，岂能无咎也。

涣其血，远害也。

涣其血伤而去之，所以远其害也。

坎上 兑下 节

节：亨，苦节不可贞。

节之为卦，下兑上坎，泽上有水，其容有限，故为节。节之体，阴阳各半，而二五之阳，得中用事，是以亨也。然节之义，为有限而止，过则为苦节矣！人之衣食居处一切便身之物，所以养生也，过于节约，则身失其养，而不堪其苦矣，故不可守以为贞也。

彖曰：节，亨，刚柔分而刚得中。

以卦体释卦辞，而言节之亨，以卦体刚柔平分而不过，二、五刚中而中节，节而得中，故亨也。然节固有亨道也，是故行己有节则寡过，出言有节则寡尤，制财用之节，则民殷富而国用足，节道之亨，固有不待言者矣。

苦节不可贞，其道穷也。

节，美德也，财用有节，则不困穷，而仰事俯畜，皆有所资，固守之以为正，未为不可。而苦节所以不可贞者，以其节制太过辛苦已极，人情所不能堪。以此为节，则节道穷矣，岂可守以为贞乎？

悦以行险，当位以节，中正以通。

以卦德卦体释卦义。卦德内悦外险，为悦以行险，常人之情，悦于放恣，而惮于检束，惟君子为能制节谨度，以礼法自律，而悦于人之所难，此谓悦以行险也。九五阳刚中正以居尊位，当节之时，节以制度，以与天下共守之，所谓当位以节也。以中正之德与阳刚之才以制节，则其为节，无有不中不正者，故可行于天下，而无不通，此之谓中正以通也。而坎之为通，正以阳刚在中耳，此中庸之为德，岂不至矣乎哉！

天地节而四时成，节以制度，不伤财，不害民。

极言节道之大也。有春夏秋冬四时以成岁，而百物生焉。圣人立制度以为节，与臣工遵而行之，则不伤财，不害民，而国运兴隆，物阜民安矣。

程传曰："人欲之无穷也，苟非节以制度，则侈肆，至于伤财害民矣。"

象曰：泽上有水，节，君子以制数度，议德行。

泽上有水，吞吐有限，水盛则吞，水落则吐，以容量调节乎水，节之象也。君子观其象，以制数度，议德行，由是数度立，则凡物之大小、高下、文质、隆杀如车服、采章、宫室、器用之类，皆有数度，以防僭越之萌。德行议则人之品德之高下，行为之善恶，才能之优劣，大白于众，以防滥竽之失，如此，则举事用人，庶几无大过矣。

孔氏颖达曰："数度，谓尊卑礼命之多少，德行，谓人才堪用优劣，君子象节以制其礼数等，皆使有度，议人之德行，任用皆使得宜。"

初九，不出户庭，无咎。

户庭，户外之庭也。初九以刚正之德居卦之下，当节之时，外虽有应而弗援，安其在下之节，而不出户庭，则无咎矣。

九二，不出门庭，凶。

九二有刚中之德，足以辅世长民，而其才足以论道经邦，上与九五同德，可仕之时也。乃以处阴用柔，当节之时，亦悦于家居，而不出门庭，失可行之时，废君臣之义，忍心忘物忘世，凶之道也。

六三，不节若，则嗟若，无咎。

六三以阴居阳，不中不正，德不足以长人，才不足以济世，乃以志刚慕外，当节之时，而不能节，汲汲于富贵之求，而不顾时之通塞，遂至悔尤交集，嗟叹莫及，又将谁咎也？

六四，安节，亨。

柔顺而正，上承中正之九五，而推行其道，安守臣节，而无僭越之失，亨之道也。

九五，甘节，吉，往有尚。

甘，犹美也，甘节者，以节为甘，而嗜之如饴焉。九五刚健中正，以居尊位，以节俭为天下倡，所谓当位以节，中正以通，吉之道也。由此而往，则甘节成风，必致天下殷富，礼乐兴而刑措不用，其成功可嘉尚也。

上六，苦节，贞凶，悔亡。

上六阴性俭啬，居节之极，过于节而人情所不能堪，故其象占如此。然礼奢宁俭，若节虽不可贞，却无侈泰之失，是以悔亡也。

象曰：不出户庭，知通塞也。

初九以刚正处下，无位无权，故裹足不出户庭，以其知通塞之道也，君子之于天下也，无适也，无莫也，义之于比，时止则止，非忘君也，故无咎。

不出门庭，凶，失时极也。

君子之出处进退，无固必之心也，揆之于义，适其时而已矣。九二有刚中之德，上有九五同德相与，可行之时也。乃以居阴用柔，不出门庭，是知节而不知通，失其可行之时，而自蹈于不仕无义，是以凶也。

不节之嗟，又谁咎也。

当节不节，妄行取困，徒自悲嗟，又谁咎也。

安节之亨，承上道也。

柔顺而正，以顺承九五中正之道，安守臣节，以经邦泽民，是以亨也。

甘节之吉，居位中也。

阳刚中正，以居尊位，而其所行，无有不中，节之无过不及，而处之甘美如饴，故吉也。

苦节贞凶，其道穷也。

程传曰："节既苦，而贞固守之则凶，盖节之道，至于穷极矣。"

䷼ 巽上 兑下　中孚

中孚：豚鱼吉，利涉大川，利贞。

本义曰："孚，信也。为卦二阴在内，四阳在外，而二五之阳皆得其中，以一卦言之，为中虚，以二体言之，为中实，皆孚信之象也。又下悦以应上，上巽以顺下，亦为孚义。豚鱼无知之物。

又木在泽上，外实内虚，皆舟楫象。至信可感豚鱼，涉险难，而不可以失其贞。故占者能致豚鱼之应，则吉，而涉大川，又必利于贞也。"

中虚谓无私意之蔽，物欲之累，无私无欲，则诚斯存，中实谓实理在中。故中虚中实，皆为中孚。中孚之为德利于贞，孚于正，则天德常存矣。能信及豚鱼则无不可感之物，能济大川，则无不可济之事，中孚之贞也。是故君子诚之为贵。

彖曰：中孚，柔在内而刚得中，说而巽，孚，乃化邦也。

以卦体卦德释卦名义，二柔在内为中虚，二刚得中为中实，皆中孚之象也。下悦而上巽，中孚之道也，孚信相感，上下交孚，乃所以化邦也，此卦之所以名中孚也。

豚鱼吉，信及豚鱼也。利涉大川，乘木舟虚也。

此以卦象释卦辞也。以豚鱼之蠢，而孚信足以感通，使之相信，人为万物之灵，岂有不能感通之理。令出而民不从者，由上之诚信未孚于民也。苟能信及豚鱼，则天下咸服，可以无为而治矣。大川在前，非舟楫不济，中孚之象，为木浮泽上而中虚，可乘以济川，故利涉也。

中孚以利贞，乃应乎天也。

天地之道，可以一言而尽之，其为物不贰，则其生物不测，人有中孚之德，而贞固不失，乃应乎天命之於穆不已，而上下与天地同流也。

象曰：泽上布风，中孚；君子以议狱缓死。

风感水受，有感斯通，中孚之象也。君子观之，用以议狱，而缓狱囚之死，尽其刑之轻重。与其杀不辜，宁失不经，数议之以求其生而不得，而后加之刑焉，则死者与我皆无憾，所谓孚也。杀之而不怨，利之而不庸，非至诚感人之深，不足以与于此。

初九，虞吉，有它不燕。

虞，度也。燕，安也。初九阳刚得正，上应柔顺而正之六四。当孚之初，其交尚浅，宜度其可信而信之，则吉。既信之，若复有它焉，则悖其孚信之道，反使其心动摇不安矣！戒占者于其所信，当主一也。

九二，鸣鹤在阴，其子和之，我有好爵，吾与尔靡之。

在阴谓以九居二，以喻孚信相感于隐暗之中也。靡，縻通。九二以阳居阴，而得中有孚，九五以中孚应之，为鸣鹤在阴，其子和之之象。因知至诚感通之道，无有远近幽明之间，而二五同德，尤易感通也。好爵即天爵，谓中孚也。尔谓五也。言懿德人之所好，我有此好爵，当与尔共系縻之也。君子之于天爵，犹小人之慕人爵也。故以为喻，使人知懿德之好，实为急先之务，不可有系縻人爵之意也。

六三，得敌，或鼓或罢，或泣或歌。

六三以阴居阳，不中不正，当中孚之时，意乱，不能自主，故与上九相遇，如得敌然，惶惶鸣鼓而攻之；既而悟其非敌遂罢攻；及知其为正应，始相遇而感泣；既相孚而相欢，乃幸喜而歌。其行事轻率如此，能无悔吝乎？之所以如此卤莽，喜怒无常若彼者，则以才短志刚，昧于事理，而悦于自信耳。其无凶咎之占者，为其始迷而终悟也。占得此爻者，宜详辨物我，慎勿以亲为仇矣哉！

六四，月几望，马匹亡，无咎。

六四柔顺而正，以孚于上，正合中孚利贞，乃应乎天之义，故其象为月几望，言阴德方盛，已充其量也。四与初相应而为匹，乃能绝类以信从九五，尽诚于上，公而忘私，为马匹亡之象。四当中孚之时，其精诚无私如此，故亡咎也。

九五，有孚挛如，无咎。

九五以阳刚中正，以居尊位，孚于中正，而上下应之，其至诚恻怛之心，见于政令施为者，足以感天下之心，而天下信之，上下相孚，挛然固结，而莫能间之，天下心服，孚于正，故无咎也。

上九，翰音登于天，贞凶。

巽为鸡，飞则羽翰有音，故又名翰音，上九处中孚之终，在卦之上，而不当其位，故自信太过，欲望太高，而不量才力之所能，犹鸡不能高飞，而登于天，能无坠毁之凶乎？德不足以辅世长民，才不足以拨乱反正，妄欲朝诸侯有天下，后必有灾，故其占贞凶也。

象曰：初九虞吉，志未变也。

度其可信而信之，不变其初心则吉。其德刚正孚信如初者，当能不变其志，如变则失其正矣！

其子和之，中心愿也。

懿德人之所好，二、五中实，同德相与，犹如鹤鸣而子和之，其鸣和之忱，出于中心所愿，以其所好者相同也。

或鼓或罢，位不当也。

以阴居阳，智昏志刚，故举事不当，遂至或鼓或罢，敌我不分也。

马匹亡，绝类上也。

古者驾车用四马，如不能备纯色，则两服两骖各一色，而大小必相称，故两马为匹。四与初为正应，乃不系初而上孚于五，如马亡匹也。亡匹而绝类以从上，则无咎，以见大臣以道事君，当孚信不贰，以勤劳王家，尽瘁事国，而无私交之系累也。

有孚挛如，位正当也。

九五以至诚待下，使朝野上下，有孚挛如，义当然也。不言吉庆者，以其身在高位，必如此方为当位，不然则德不称位，为有咎也。

翰音登于天，何可长也。

鸡非登天之物，而勉强上飞，力尽则下，如何能久。或为烈风卷之而登于天，则有粉身碎骨之祸。人之自信太过，狂妄自是，才疏而志奢，智小而谋大，不度德，不量力，冒昧从事，以取高位，未有不败者也。

䷽ 震上 艮下　小过

小过，亨，利贞，可小事，不可大事，飞鸟遗之音，不宜上宜下，大吉。

小谓阴，小过，小者过也。为卦四阴在外，二阳在内，阴多于阳，小者过也。当小过之时，必小过而后能亨，如过恭过哀过俭之类是也。过以利贞，虽过而不失其正，时当然也。卦体二、五之阴，得中用事，而三、四两阳，失中无权，故但可小事，不可大事。卦体内实外虚，形似飞鸟，鸟之飞，鸣音才闻，鸟已飞过，小过之象也。诗云：绵蛮黄鸟，止于丘隅。鸟之飞鸣，以求止也，上则远其所止，故不宜上，下则得其所止，故宜下。既下则得其所止，栖有枝，息有巢，饮啄得时而无害，故吉也。占得此卦者，宜观象玩辞，谨遵可小与宜下之训，不可好大以求高也。

象曰：小过，小者过而亨也。

以卦体释卦名义与其辞，阴过乎阳曰小过。阴性收敛俭啬，故易过俭过哀过恭，小过虽非中道，却无侈泰之失，过而不过，是以亨也。

过以利贞，与时行也。

过则失中而不正，若其时宜过而过之，则不失其正，以其所行，合乎时宜也。

柔得中，是以小事吉也。

当小过之时，六二六五皆得中，则过而不过，是以小事吉也。

刚失位而不中，是以不可大事也。

天下大事，惟具有阳刚中正之德者，为能为，亦惟有得位得中，然后能为之。卦之三四两阳，皆失位而不中，失位则无权，不中则失道，是以不可大事也。

有飞鸟之象焉，飞鸟遗之音，不宜上宜下，大吉，上逆而下顺也。

以卦体言，两阳在中，如鸟之身，四阴在外，如鸟之翼，故有飞鸟之象也。飞鸟之音才闻，而鸟飞已过，小过之义也。其所以宜下不宜上者，上则逆其飞翔觅食之愿，下则顺其审识所止之情也。处小过之时，而昧于时务，不过于下，而欲过于上，上愈高则势愈危，如鸟之高飞不止，则欲下不能，而有粉身碎骨之患也。

象曰：山上有雷，小过；君子以行过乎恭，丧过乎哀，用过乎俭。

山雷已过而雷声始闻，小过之象也。君子观其象，于其事之宜过者，而小过之，以趋于正，是以行过乎恭而近乎礼，丧过乎哀，而不灭性，用过乎俭而不奢，过以利贞，则吉亨也。

初六，飞鸟以凶。

初六阴柔不正，而有应于上，当小过之时，其志上行，如鸟之飞行，上而不下，愈上愈危，因以致凶也。

六二，过其祖，遇其妣，不及其君，遇其臣，无咎。

三与四以阳居下，祖也，臣也，六五以阴居尊位，妣也，君也。六二当小过之时，柔顺中正，上与六五相与，则过其祖，而反遇其妣矣，揆之小过之义，则太过，惟有不及其君，遇其臣，则过而不过，乃为得其臣子之分，故无咎也。

九三，弗过防之，从或戕之，凶。

小过之时，阴过必害阳，理之常也。而九三以阳居阳，自恃其刚，而不过为之防，则不免从或戕之之凶矣！

九四，无咎，弗过遇之，往厉必戒，勿用永贞。

九四当小过之时，在大臣之位，以阳处阴而用柔，以避群小之忌，行过乎恭，过而不过，恰合小过之意。且当阴过之时，上遇阴暗之主，如弗过恭以遇之，暗主必疑其逼，从此以往必有危厉，所宜深戒也。圣人教之以勿用永贞，盖欲其随时变易以处中，勿得以刚为正，而忘弗过遇之之戒，为暗主所害也。

六五，密云不雨，自我西郊，公弋，取彼在穴。

以阴居尊，又当小过之时，阴多阳少，阴阳不和，故为密云不雨，自我西郊之象。云阴物，西郊，阴方，阴暗之盛也。在穴谓穴居之物，如蛇鼠之类，指六二也。弋，弋取之也。五与二同气相求，同德相与，故取之以为助，其不能济大事也可知矣，不知其君，视其所使，六五舍三与四之阳刚而不用，而弋取在穴之阴，岂能有济？不言吉凶者，盖以中德未亡，欲学者自思以得之也。

上六，弗遇过之，飞鸟离之，凶，是谓灾眚。

上六居小过之极，震之终，过之已远，离道已极，如鸟之高飞，上而不下，远离安栖之地而不反，何能有遇，但取凶灾耳，故其象占如此，是谓灾眚；重言以深警之，欲其迷途知返也。灾谓天灾，肯为人祸，盖言其过于失中，必致天灾人祸，同时骈至也。

象曰：飞鸟以凶，不可如何也。

初六处下失正，上有应与，而遄往以从之，如飞鸟之疾，上而不下，势必取祸。虽欲救之，而无如其不听何？殊可叹也。

不及其君，臣不可过也。

君臣之分，不容僭越，越则为不臣矣。不及其君遇其臣，以臣不可过，谓不容僭越也。前进之程，遇阳则阻，遇阴则通，三四皆阳、故不可过也。若过之，则不合小过之义，而为大过矣。当小过之时，而大过，则有咎矣，故不可过也。

从或戕之，凶如何也？

刚而不中，不肯戒备，及至从或戕之，其如凶祸何？言不可救药也。

弗过遇之，位不当也。往厉必戒，终不可长也。

位不当，谓其以阳居阴为不正，又近于君，若不过恭以遇之，往则有厉，岂可不戒乎？终不可长，谓危厉不远也。

密云不雨，已上也。

阴阳和而后雨泽降，令地气上升而为密云矣，而天气不能下肃，无以为雨，则以阴气已上，以致阴阳不和故也。

弗遇过之，已亢也。

处小过之终，亢之极，其行已太过，而不合于小过之道，故有凶灾之占耳。

坎上
离下　**既济**

既济：亨小，利贞，初吉，终乱。

既济，谓已济巨川，事之已成也。为卦水火相交，各得其用，六爻之位，各得其正，故名既济。亨小，当作小亨。事至既济，无有可虞，若不于此时修明政教，励精图治，则苟且偷安，无所事事，入则无法家弼士，出则无敌国外患，朝野上下，狃于太平之治，而无警惕之心，必至乱机四伏而不知，故无元亨之可言，而但有小亨耳。然必固守其正而后可，否则虽小亨亦不能久矣。既济之初，万事得吉，终止于此而不进，则乱矣！盖治乱相寻，古之常理，狃于既济，未有不乱者也。

彖曰：既济亨，小者亨也。

济下疑脱小字。事既济矣，何以言小者亨也？盖易之为道，危者使平，易者使倾，天下既济，人心慢易，其终必有倾危之患而水火二物，同居一卦虽不相射，而相灭之患，已伏其中，不可不知。圣人视远惟明，惧以终始，故止言小亨也。

利贞，刚柔正而位当也。

以卦体释利贞之义也。卦体刚柔得正，坎居外而离在内，而六爻各得其位，故占得此卦者，必事事皆正，然后可以当此占也。

初吉，柔得中也。

柔指六二，二之德，柔顺中正而文明，居方济之初，能尽其职，以保持既济之功，故吉也。

终止则乱，其道穷也。

天下之事，不进则退，狃于既挤，而不复求进，是终止也，终止，则乱矣！以其人自以为治道已极，而忧惕之意衰，慢易之心生，苟安旦夕，而不知选贤与能，励精图治，则纲纪弛，而政刑紊，其所谓既济者，已复乱而不存矣，故曰：其道穷也。

象曰：水在火上，既济，君子以思患而预防之

水火相交、各相为用，既济之象也，君子观之，而思水盛而火灭，火盛则水竭，水火有相胜之患，不可不预为之防。如凡事既济之后，不知变通以进于道，则所谓既济者，必相胜相灭，而毁于一旦矣。

初九，曳其轮，濡其尾，无咎。

当既济之初，上虽有应，而刚正处下，不肯援上，而四以阴暗不明，狃于既济，不知下交以求贤。初九之明，审时度势，知其不可以有为也，故自曳其轮而不进，濡其尾以自惕，随遇而安，故得无咎也。

六二，妇丧其弗，勿逐，七日得。

六二以中正文明之德，上有九五之正应，宜得行其志矣。而五乃安于既济，不知求贤以自辅，使二远处于下位，无由得进以行其志，故为妇丧其茀之象。茀，妇车之蔽，丧其茀，言失其所以行也。以六二之中正文明，岂能久废，一时见弃，终当大用，所以勿用逐求，七日自得。卦止六爻，七则已变，七日谓时变也。时既变，则道自有可行之机矣。

九三，高宗伐鬼方，三年克之，小人勿用。

以刚明之资，处既济之时，而重刚不中，勇于兴师，而不顾成败利钝者也，故其象占如此。高宗，殷王戊丁也。鬼方，殷时北方之国，恃强叛殷，寇边殃民，故高宗伐之也。出师远征，涉险攻坚，其师易老，其敌难服，虽以高宗之神武，亦须三年而后克之，况他人乎？如小人占得此爻，切勿兴师以取祸也。

六四，繻有衣袽，终日戒。

变革之际，既济之已久，衅孽将萌，不易处也。而六四柔正谨慎，能豫为之防，故有繻有衣袽，终日戒之象，未然而戒备之，如舟已渐敝，将有罅漏之时，既备有衣袽以塞之，又自朝至暮，时时戒惧以防之，而不敢安处也。谨慎如此，可以无覆舟之患矣。然不速修其舟，而但以塞罅为事，亦非长久之计也。

九五，东邻杀牛，不如西邻之禴祭实受其福。

本义曰："东阳西阴，言九五居尊而时已过，不如六二之在下，而始得时也。又当文王与纣之事，故其象占如此。"象辞，初吉终乱亦此意也。九五六二，同有中正之德，而二居方济之时，其运正隆，五居既济之后，终止则乱，以所处之时不同，而敬怠各异，故其象占不同如此。是以古之圣王，敬天勤民，兢兢业业，忧勤惕厉以终身，而不知有既济之时，故无穷极之秋也。

上六，濡其首厉。

上六以阴柔之质，处既济之终，险之极，而无才无德，其不能济也必矣。涉险而濡其首，其命难保，危厉之甚也。在卦之上坎之内，故其象如此。盖物极必反，理之常也。既济之终，反至濡首，终止则乱，理固然矣。凡事如此，可不戒哉！

象曰：曳其轮，义无咎也。

既济之初，身处于下，自度不能有为，因曳其轮而不进，则于进退出处之义，为无咎也。

七日得，以中道也。

中正之道，不可终废，虽不见用于一时，终必见用。七日得，谓时变之后，必将为世所用，以行其道也。

三年克之，惫也。

师久于外，则师老将疲，财耗民困，幸而克之，国力已惫，如弗能克，甚或师徒挠败，其祸可胜道哉！小人勿用，为戒深矣。

终日戒，有所疑也。

四之终日戒，以其有疑于舟将漏，而时时提防之也。

东邻杀牛，不如西邻之时也。实受其福，吉大来也。

东邻杀牛以祭，不如西邻之禴祭得时也，盖以二居既济之初，时运方盛，五当既济之后，终止则乱，故西邻实受大来之福吉，而东邻不与焉。自以为既济而不复求进者，可不引以为戒哉！

濡其首厉，何可久也。

既濡其首，久将窒息，其危甚矣！如何可久，言当见之早，改之速，而勿至于极，则无濡首之厉矣。夫安于既济，而不励精图治，其终必有濡首之患，唐之明皇是矣，溺于逸豫，祸机四伏而不知，渔阳既叛，不思所以讨贼以正邦，乃轻弃宗社人民而幸蜀，濡首之厉，自取之矣。

䷿ 离上坎下 未济

未济：亨，小狐汔济，濡其尾，无攸利。

卦体火自炎上，水自润下，水火不交，未能相济，而卦之六爻皆失其位，故为未济。六五贤明，亲贤以自辅故亨。狐能涉水，老狐知渡之浅深，而小狐则不知，故未济以小狐取象。汔，几也，几济而濡其尾，尾重莫举，则不能济，而知有胥溺之险矣！故其占为无攸利也。

象曰：未济，亨，柔得中也。

柔指六五，言其柔顺文明而得中，以居尊位，当未济之时，下有九二刚中之应，得贤自辅，同心共济，如济巨川得舟楫，故亨也。

小狐汔济，未出中也。濡其尾，无攸利，不续终也。虽不当位，刚柔应也。

小狐汔济而未济，犹未出险也。中谓险中。几济而濡尾，则尾重不能济，功败于垂成何利之有？所以然者，由无恒心毅力，以终其济险之事也。卦之六爻虽不当位，而刚柔皆相应，有可济之理。占得此卦者，当慎终如始，与众戮力同心，以洪济于艰难，则可以济险，而得亨通也。

象曰：火在水上，未济；君子以慎辨物居方。

水火异物，各居其所，而不交，未济之象也。君子观之，以谨慎分辨诸物所居之方，而使之相济为用，勿任其相互对立，失其相反相成之机，而成未济也。

初六，濡其尾，吝。

六居未济之初，柔弱暗昧，不量其智力可否，而急于速济，初济而已濡其尾，必难济矣，可吝之甚也。

九二，曳其轮，贞吉。

九二阳刚得中而用柔，当未济之时，上遇阴柔之应，自度不足以有为于天下，遂止而不进，坎如轮舆，曳之，则不能进矣。故其象占如此。时止则止，不失其出处之义，以此为正而固守之，则吉也。

六三，未济，征凶，利涉大川。

六三以阴居阳，不中不正，在下之上，处险之极而用刚，必无能济之理，故其象占如此。言三在险之上，其势不可济，而其才竟不能济，是以凶也。利涉大川，颇为费解，或疑利字上当有不字，理或然也。

九四，贞吉，悔亡，震用伐鬼方，三年有赏于大国。

九四以阳居阴为不正，宜有悔也，惟以刚明之德，而固守其正则吉，处将济之时而用柔，有刚明之德，而无刚躁之失，足以任重而济时，是以其悔乃亡也。欲济天下之难，必须扫除一切作难者，譬如鬼方寇边，当震动六师以伐之，苦战三年，而渠魁歼，鬼方平，险难既济，得受大国之赏矣。以九四之才德与其所处之时言之，其象占如此也。

本义曰："以九居四，不贞而有悔也，能勉而贞，则悔亡矣。然以不贞之资，欲勉而贞，非极其阳刚用力之久不能也。故其占为伐鬼方，三年而受赏之象。"

六五，贞吉无悔，君子之光，有孚吉。

以六居五为非正，宜有悔也，以其能中以行正，事无不吉，故无悔也。以刚中文明之德，得位用事，处将济之时而用刚，则君纲以振，又能真诚下交以求贤，而与九二刚中忠诚之佐，风云际会，足以洪济于艰难。斯其中正文明之德，充积于中，而光辉见于外，发于事业，孚信著于四海，而天下无思不服，是以吉而又吉也。

上九，有孚于饮酒，无咎。濡其首，有孚失是。

上九居未济之终，明之极而无位，身在事外，无权以济险难，只能居以俟命，自信自养以待时，故其象占为有孚于饮酒，则无咎。然岂无所事事哉！若不知乐天知命，厚养其德以待时，而但饮食燕乐，无有悲天悯人之意，则沈湎自溺，如小狐未济而濡首，乃其所以自信者，为失是矣！

象曰：濡其尾，亦不知极也。

本义云："极字或恐是敬字，"今以九二象辞中以行正之韵考之，良是。初济濡尾，虽因才力微弱，实由知笃敬以续终其事，而致陷溺其尾，为难济也。

九二贞吉，中以行正也。

道贵得中，中则不违于正，九二之曳其轮，则是中以行正，而得贞吉也。

未济征凶，位不当也。

才弱志刚，不中不正，以处未济之时，征则必凶，以其所处之位不当也。

贞吉悔亡，志行也。

四以刚明之才，处未济之时，而能用柔以事上，恭承君命，以济天下之艰难，故得行其志，而致悔亡也。

君子之光，其晖吉也。

晖者光之盛而散及远方，如光被四表之类是也。君子之德晖，散及四远，而天下文明，其晖之所至，即吉之所至，言天下共庆其吉也。

饮酒濡首，亦不知节也。

自信自养，以待时也，其德刚明，而有为有守，其言动举止，皆纲常名教之所系，非无所事事也。若饮酒濡首，则是不畏天命，沉湎于酒，而不知节也，岂得为君子哉！

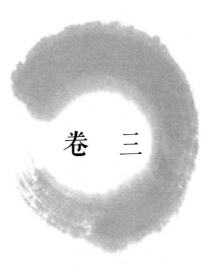

卷　三

系 辞 上 传

本义曰："系辞本文王周公所作之辞，系于卦爻之下者，即今经文。此编乃孔子所述系辞之传也。以其通论一经之大体，凡例，故无经可附，而自分上下云。"

天 尊 章

此章论圣人本天地造化以作易，而以乾坤为首。有乾坤，则阴阳交易变易，相摩相荡，而为六十四卦，以体天地之撰，以通神明之德，乃与天地準矣。此章所论，盖示学者以学易法天之道也。

天尊地卑，乾坤定矣。卑高以陈，贵贱位矣。动静有常，刚柔断矣。方以类聚，物以群分，吉凶生矣。在天成象，在地成形，变化见矣。

天位乎上而尊，地位乎下而卑，乾卦象天，坤卦象地，而尊卑之分定矣。卑高者，天地万物上下之位，陈谓陈列。贵贱者，易中卦爻上下之位。言天地万物，上下陈列，高者贵，卑者贱，而六爻之位，亦以在上者为贵，在下者为贱矣。阳动阴静，二气之常也，而爻之刚柔动静，断然分判，如阴阳动静之有常也。方谓事情所向，如屯蒙需讼之类。物谓爻象刚柔善恶，如当位失位，得中失中之类。盖以当位顺时而得中者为善，而多吉；失位违时而失中者为恶，而多凶也。此则易中卦爻占决之辞，与天地万物之情一致也。日月星辰之在天者成象，有昼夜寒暑之变；山川动植之在地者成形，有盛衰得令之化。而易之蓍策卦爻。阴变阳，阳化阴，亦如天地之变化焉。

本义曰："此言圣人作易，因阴阳之实体，为卦爻之法象，庄周所谓易以道阴阳，此之谓也。"

是故刚柔相摩，八卦相荡。

六十四卦之初，刚柔两画而已，两相摩而为四象，四相摩而为八卦，八相荡而为六十四卦。此言易卦之变化，所以象形天地之变化，以行鬼神也。

鼓之以雷霆，润之以风雨，日月运行，一寒一暑。

此以变化之见于太空者言之，以明在天成象之义。雷霆风雨日月，天之象也，而易卦震巽坎离以象之。日月运行，而为昼夜。运行不息，而为寒暑。四时行而百物生。日月雷霆风雨者，变化之见于天象也，所以发育万物者也。

乾道成男，坤道成女。

周子曰："无极之真，二五之精，妙合而凝，乾道成男，坤道成女，二气交感，化生万物（此言气化也）。万物生生而变化无穷焉（此言形化也）。"

天地所生之物，得乎乾道者成男，得乎坤道者成女。而易卦震坎艮为男，巽离兑为女。此以变化之见于造物者言之，以明天地生物之功，而易卦之成象成形，亦如是而已。

本义曰："此二节又明易之见于实体者，与上文相发明也。"

乾知大始，坤作成物。

知，犹主也。万物资始于天，故乾知大始；资生于地，故坤作成物。天施地生，阳施阴受，二气交感，化生万物，万物生生而变化无穷焉，此天地自然之易。而易之一阴一阳，相摩相荡，为两仪四象八卦，为六十四卦、三百八十四爻，万有一千五百二十策，而成易。所谓乾知大始，坤作成物，亦如天地之始终万物也。

乾以易知，坤以简能。

乾之知大始也，至易而无难，四时行，百物生，不待拟议安排也。坤之作成物也，至简而不繁，承天时行，品物咸亨，非物物刻而雕之也。易简者，天地之所以生成万物也。

易则易知，简则易从。易知则有亲，易从则有功，有亲则可久，有功则可大。可久则贤人之德，可大则贤人之业。

此言人法乾坤之道，至于德久业大，则可以为贤矣。人之存心处事，如乾之易，则表里如一，言行相顾，其心昭然若揭，而人易知。如坤之简，则其事要约而中理，而人易从。易知则人亲近而信赖之，与之同心者多，故有亲。易从则与之协力者众，故有功。有亲则德不孤，而自信益深，故可久。有功则业日广而泽及民物，故可大。久与大，乃贤人之德业，而其人则为贤人矣。

易简而天下之理得矣。天下之理得，而成位乎其中矣。

人之德行，能如乾坤之易简，则尽人合天，而天下之理得之于己矣。天下之理得，则与天地合其德，而成其人之位于天地之中也。此体道之极功，圣人之能事，可以与天地参矣。

上第一章　此章论伏羲画卦圣贤体易之事

本义曰："此章以造化之实，明作经之理。又言乾坤之理，分见于天地，而人兼体之也。"

圣 人 章

此章言伏羲设卦，文王、周公系辞以明吉凶，而君子学易以趋吉避凶之事。使学者明于三极之道而不违，则有自天佑之，吉，无不利之效也。

圣人设卦，观象系辞焉，而明吉凶。

伏羲之易，有卦而无辞，文王观卦之象，以系彖辞，周公观爻之象，以系爻辞，而阐明卦爻之吉凶焉。

刚柔相推而生变化。

卦爻刚柔相推，而生变化，其象乃著，而三极之道，吉凶悔吝之占，寓于其中矣。

是故吉凶者，得失之象也。悔吝者，忧虞之象也。

吉凶悔吝者，易象之辞，得失忧虞者，事变之情，得其道则吉，失其道则凶，自恨其失以求得者为悔，自凶趋吉之机也。自恕其失，改过不勇者为吝，自吉向凶之道也。圣人设卦，观其有此象者，则系以此辞，使学者观象玩辞，自鉴其失，自致其中，以趋吉避凶也。

变化者，进退之象也，刚柔者，昼夜之象也，六爻之动，三极之道也。

刚柔相推而生变化。柔化而趋于刚者，退极而进也；刚变而趋于柔者，进极而退也。刚为阳，昼之象也；柔为阴，夜之象也。卦之六爻，初二为地，三四为人，五上为天，立天之道曰阴与阳，立地之道曰柔与刚，立人之道曰仁与义，是谓三才之道，即太极也。是故六爻之动，而三极之道见乎其中。盖天地与人，各具一太极也。学者观象玩辞，默识三极之道，以应万事，可以无大过矣。

本义曰："极，至也，三极，天地人之理，三才各一太极也。此明刚柔相推以生变化，而变化之极，复为刚柔，流行于一卦六爻之间，而占者得因其所值以断吉凶也。"

是故君子所居而安者，易之序也，所乐而玩者，爻之辞也。

本义曰："易之序，谓卦爻所著事理当然之次第。玩者，观之详。"

此承上文而言君子所居而安者，卦爻刚柔变化所著事理当然之次第，故其存心处事，不违三极之道，而尽人合天也。乐，音洛。爻辞为圣人所系，以阐发吉凶消长、进退存亡之理，故君子乐而玩之，以期依乎中庸，以神明其德也。

是故君子居则观其象而玩其辞，动则观其变而玩其占，是以自天佑之，吉，无不利。

占谓其所值吉凶之次也。承上文而言，学易之君子，平居则观其卦爻之象，而玩其辞之旨；动时则观其刚柔之变化，而玩其所值吉凶之占，使己之动静，无一时一事或违乎易理则不离于三极之道，而动静云为不违乎天矣。静与天俱，动与天游，是以自天佑之吉无不利也。

上第二章　此章论文王周公系辞，君子学易用易之事

本义曰："此章言圣人作易，君子学易之事。"

象　者　章

此章解释卦爻象占之通例，而示人以趋吉避凶、悔过自新之道也。

象者，言乎其象者也；爻者，言乎其变者也。

象谓卦辞，文王所作，统言一卦之象，而断其吉凶。爻谓爻辞，周公所作，分言诸爻之变化，而断其吉凶也。

吉凶者，言乎其得失也。悔吝者，言乎其小疵也。无咎者，善补过也。

此卦爻辞之通例，得其道者吉，失其道者凶，象有小疵，而能悔过者，可以使悔亡。吝于改过者，终归凶咎。有过咎而善于补过，则可无咎矣。吾人欲趋吉避凶，去悔吝而期无咎者，可不知所从事哉。

是故列贵贱者存乎位，齐小大者存乎卦，辨吉凶者存乎辞。

位谓六爻之位；齐，犹定也。小谓阴，大谓阳，言序列贵贱之等者，在于诸爻所居之位，齐小大之体者，在于卦，辨吉凶之占者，在于圣人所系之辞也。

朱子曰："上下贵贱之位：二四，则四贵而二贱；五三，则五贵而三贱；上初，则上贵而初贱。上虽无位，然本是贵重，所谓贵而无位，高而无民。在人君，则为天子父，为天子师。在他人，则清高而在物外，不与事者，此所以为贵也。"

忧悔吝者存乎介，震无咎者存乎悔。

介，谓辨别之端，善恶之念，已萌而未形于外之时也。此时忧之而慎其独，则不至于致悔而取于羞矣。震，动也，事有小失而知悔，则有以动其补过之意，而期于无咎也。

是故卦有小大，辞有险易，辞也者，各指其所之。

承上文而言，卦有小大之分，而辞有险易之辨。盖小险而大易也。之，向也。卦爻之辞，各指其事情之所向，而言吉凶也。

朱子曰："卦有小大，只是好底卦，便是大，不好底卦，便是小。如复泰大有之类，尽是好底卦，如睽困小过之类，尽是不好底卦。所以谓卦有小大；辞有险易。大卦辞易，小卦辞险，即此可见。好底卦其辞平易，气象和乐，读之如行坦途，如逢阳春；不好底卦其辞艰险，气象凛剽，读之如涉风涛，如履雪霜。"

上第三章

本义曰："此章释卦爻辞之通例，示人以趋吉避凶之方也。"

易 与 章

此章赞易道之大，圣人以之穷理尽性，以至于命也。

易与天地准，故能弥纶天地之道。

本义曰："易画卦爻，具有天地之道，与之齐准。弥如弥缝之弥，有终竟联合之意，纶有选择条理之意。盖言易之为书既与天地之道相弥合，又能经纶天地之道也。"

仰以观于天文，俯以察于地理，是故知幽明之故。原始反终，故知死生之说。精气为物，游魂为变，是故知鬼神之情状。

此穷理之事。以者，圣人用易书也。阴阳变易谓之易，故易者，阴阳交易变易而已。仰以观于天文，则有昼夜日星，昼日明而星夜幽。俯以察于地理，则有南北高深，南明而北幽，高者明而深者幽。明者，阳也；幽者，阴也。而幽明之故可知矣。推原其物之所以始，反求其物之所以终，则知二五之精，合而成形，物之始也。阴阳之精，散而为变，物之终也。而生之与死，无非阴阳之变，而死生之说可知矣。阴精阳气，聚而成物，神之申也；魂游魄降，散而为变，鬼之归也。申则生机盎然，中心悦豫，而有活泼精爽之态；归则生机已尽，中心悲伤，呈现萧索僵直之状，而鬼神之情状可知矣。此则造化之迹，乃阴阳之聚散也。因知万事万物之理，皆具于易，而圣人用以穷理，至于无所不知也。

与天地相似，故不违；知周乎万物，而道济天下，故不过；旁行而不流，乐天知命，故不忧；安土敦乎仁，故能爱。

此圣人尽性之事。智与仁，天地之道也，性之德也。易与天地准，其象数本于自然之易，其理原于天地之道，其辞出于圣人之情，是以与天地相似而不违。圣人与天地合其德，先天而天弗违，后天而奉天时，故其著见于云为者如此也。其智周乎天地万物之情，智同乎天也。而仁足以济天下，仁同乎地也。其神以知来，智以藏往，依乎中庸，以应万变，而不涉于索隐行怪。智且仁，故其智不过矣。旁行者，行权之智也；不流者，守正之仁也。事有不得直行者，则权其轻重，而旁行以达之，权不离经，故无流荡之失。天，即理也；命，犹令也。命兼性理与气数言，既乐天理，又知天命，故能无忧，而其智益深。土谓处境，敦厚也。随遇而安，而无一息之不仁，故能不忘其济物之心，而仁益笃。盖仁者爱之理，爱者仁之用，故其相为表里如此。此圣人尽性之事，所以与天地相似而不违者也。

范围天地之化而不过，曲成万物而不遗，通乎昼夜之道而知，故神无方而易无体。

通乎昼夜之道而知则知阴阳矣，有阴阳则有鬼神，鬼神者二气之良能也，神无所不在，故无方；易变动不居，故无体。乾之坤则阳变而为阴矣，坤之乾则阴变而为阳矣，论易之刚柔，无定体也。

本义曰："此圣人至命之事也。范，如铸金之有模范。围，匡郭也。天地之化无穷，而圣人为之范围，不使过于中道，所谓裁成者也。通，犹兼也。昼夜，即幽明死生鬼神之谓。知此然后可以见至神之妙，无有方所；易之变化，无有形体也。"范围天地之化，如禹抑洪水敷下土；益烈山泽，逐鸟兽；羲和治历明时，周公兼夷狄、驱猛兽之类。曲成万物，如爱养撙节，以遂其生，匡直辅翼，以复其性之类。兼知昼夜幽明死生之道，无非阴阳之变，则知神无方，而无处不在。易无体，而无时不变不化也。天地生物，而圣人裁成辅相之，其过化存神之妙，浑然与天地相参，而无间矣。此圣人至命之事也。

上第四章

系辞上传

393

此章言易道之大，圣人用之如此。

一 阴 章

此章言道之体用，不外乎阴阳，犹三极之道，不外乎易。教人用易以体道也。首节是纲，中七节详其实，末节则赞其神也。

一阴一阳之谓道。

阴阳迭运，变化无穷者，气也。其所以一阴一阳，而不能自已者，道也。故曰：一阴一阳之谓道。如昼夜寒暑，运行不息，道在其中矣。

继之者善也，成之者性也。

本义曰："道具于阴而行乎阳，继，言其发也，善谓化育之功，阳之事也。成言其具也，性谓物之所受，言物生则有性，而各具斯道也，阴之事也。周子程子之书，言之备矣。"维天之命，於穆不已，继之者善也。乾道变化，各正性命，成之者性也。知化育之为善，则命之出于天者，无有不善矣。知性命之各正，则性之成于己者，原本于天命也。此孟子所以言性善也。然则，顺天命自然之易理，以体三极之道，以成己成物，盖用易以体道之事也。

周子曰："大哉乾元，万物资始，诚之源也。乾道变化，各正性命，诚斯立焉。纯粹至善者也。故曰：一阴一阳之谓道，继之者善也，成之者性也。大哉易也，性命之源乎？"

仁者见之谓之仁，知者见之谓之知。百姓日用而不知，故君子之道鲜矣。

仁阳智阴，各得斯道之一隅，仁者见其生物之心，而谓之仁。知者见其生物之巧，而谓之知，百姓日日用此，而行之不著，习焉不察，终身由之，而不知其为道，故君子之道鲜矣。然亦莫不有斯道焉，但有偏全之不同耳。是以夫妇之愚不肖，可以与知与能，及其至也，虽圣人亦有所不知不能焉，此道之所以为大也。

显诸仁，藏诸用，鼓万物而不与圣人同忧，盛德大业至矣哉！

显，自内而外也；仁谓造化之功。此道显于造化，但见生物之心，永无转移，造化之功，永无止息，而生物无穷焉，所谓显诸仁也。藏，自外而内也；用谓机缄之妙。天地生物，虽有造化之迹，而莫知为之者；物生将成，而生道各具，如草木一结实，而生机已藏于其中，所谓藏诸用也。天地造化之迹，一显一藏，鼓舞万物，生生不息，而不与圣人同其忧虞，其盛德大业，无以复加矣。

程子曰："天地无心而成化，圣人有心而无为。"

朱子曰："恻隐羞恶辞让是非，只是这个恻隐随时发现，及至成那个事时，一事各成一仁，此便是藏诸用。其发现时，在这个道理中发去，及至成事时，只是这个道理。一事既各成一道理，此便是业。业是事之已成处，事未成时，不得谓之业。"

俞氏琰曰："仁本藏于内者也，显诸仁，则自内而外。如春夏之发生，所以显秋冬所藏之仁也。用本显于外者也，藏诸用，则自外而内，如秋冬之收成，所以藏春夏所显之仁也。"

富有之谓大业，日新之谓盛德。

承上文以释盛大之义。言业何以言大，富有之谓也。德何以言盛，日新之谓也。日新者，日新又新，久而不已者也。德日新，故愈久愈盛；业日富，故愈居愈有。盛德足以弘大业，大业足以显盛德也。

生生之谓易。

阴生阳，阳生阴，生生不已之谓易，理与书皆然也。一阴一阳，迭运不已，而易行乎其中矣。

成象之谓乾，效法之谓坤。

在天成象，在地成形，变化见矣。是以易之成象者谓乾，效法者谓坤。效，呈也，法谓造化之详密可见者。在天成象，造化初有显露，在地成形，然后万法齐现，乾坤具而刚柔交，则变化无穷矣。

极数知来之谓占，通变之谓事。

占，筮也。筮者执策，通过分二、卦一、揲四、归奇之四营而成易，以究极七八九六之数，如此十有八变而成卦，以占吉凶，所谓极数知来之谓占也。事，行事也。通过极数知来。得以通事之变，以决吉凶，定趋避，所谓通变之谓事也。占则测事之未来，属乎阳也。事则占之已决，属乎阴也。识得此，则知天地之间，万事万物，无一不在阴阳变易之中矣。

阴阳不测之谓神。

张子曰："两在故不测。"总言全章之意，以结之，以见阴阳变易交易，无非神之为，而所谓神者，在阴乎？在阳乎？所谓阴者为阴，而阳者为阳乎？抑阳变为阴，阴化为阳，而神无所不在乎？此所谓阴阳不测之为神也。而通章之所述，无非神之为也。

上第五章

此章言道之体用，不外乎阴阳，而其所以然者，则未尝倚于阴阳也。

夫 易 章

夫易，广矣大矣，以言乎远，则不御；以言乎迩，则静而正；

以言乎天地之间，则备矣。

　　此言易道之广大也。广象地，大象天，天大无外，地广无垠，易亦如之。故言其远，则如昊天罔极，无处无易，言其近，则静而正，言易理即此而在也。静指本体言，正谓其所具之理也。理极于无外，故曰远；性具于一身，故曰近。远言统体之理，迩言各具之理，以言乎天地之间则备矣，极言易道之广大，塞于天地之间，无处不有也。

　　夫乾，其静也专，其动也直，是以大生焉。夫坤，其静也翕，其动也辟，是以广生焉。

　　乾，天也，立天之道，曰阴与阳，阴静而阳动也。立地之道，曰柔与刚，柔静而刚动也。静体而动用，静别而动交也。专谓专一，直谓直遂。翕谓翕聚，辟谓发散。盖不专一，则不能直遂；不翕聚，则不能发散也。天之形体，实包于地之外，静而专也，而其气常行乎地之中；动而直也。地则承天时行，秋冬则静，翕，春夏则动辟也。易之为书，摹写乾坤者也。故其广大配天地也。

　　广大配天地，变通配四时，阴阳之义配日月，简易之善配至德。

　　易之为书，足以体天地之撰，通神明之德，其广大与天地配焉。天地以四时生成万物，而易之变动不居，往来不穷，与天地之四时推迁相似也。日月相推而明生，易有阴阳以配天之日月焉。乾易坤简，其易简之善，足以配至德也。此所谓以言乎天地之间则备矣者也。

上第六章

此章言易与天地准，其广大变通，阴阳易简，与天地日月四时至德相匹配焉。

易 其 章

此章言易道，至矣尽矣，无以复加矣。而圣人用以崇德广业，以效天法地，故其天性常存，而道义由此以出，亦如天地设位，而易行乎其中也。

子曰：易其至矣乎？夫易，圣人所以崇德而广业也。知崇礼卑，崇效天，卑法地。

本义曰："十翼皆夫子所作，不应自著子曰字。疑皆后人所加也。穷理则智崇如天，而德崇。循理则礼卑如地，而业广。此其取类，又以清浊言也。"

天地设位，而易行乎其中矣。成性存存，道义之门。

天位乎上，地位乎下，阴阳交易变易于其中，而万化由此出。

圣人效天法地，其成性存存，而道义出，一如天地设位，而易行乎其中也。

上第七章

圣 人 章

此章言圣人设卦、观象系辞焉而为易，所以先天下而开其物，使天下至赜至动之事，皆有典章，而要拟议以处之，不至临事惶乱，不知所措也。因举诸卦为例以示人，以为观象玩辞，观变玩占者取法焉。所谓后天下而成其务也。

圣人有以见天下之赜，而拟诸其形容，象其物宜，是故谓之象。

本义曰："赜，杂乱也。象，卦之象，如说卦所列者。"圣人仰观俯察有以见天下事物，极其杂乱，不可胜纪。因而摹拟其形容，画而为卦，以象事物之宜，以为穷理之具，是故谓之象。如乾以象天，坤以象地，震以象雷，巽以象风之类是也。

圣人有以见天下之动，而观其会通，以行其典礼。系辞焉，以断其吉凶，是故谓之爻。

本义曰："会谓理之所聚而不可遗处。通谓理之可行而无所碍处。如庖丁解牛，会则其族，而通则其虚也。"圣人之系辞也，盖以其进德修业之所至，与其修齐治平之所得，有以见天下之动，无不有理之会聚，而行之通达无碍之典礼，因而观其爻之合乎典礼者，则系之辞以断其为吉，违乎典礼者，则断之以凶，用以效天下之动，教人以趋避之方，是故谓之爻。

言天下之至赜而不可恶也，言天下之至动而不可乱也。

恶，犹厌也。世事虽多，尽是人事，虽极杂乱，亦要人做，安可厌恶。天下事虽变动无常，亦当观其会通以行其典礼，岂可以变动之故，而乱吾心乎？

拟之而后言，议之而后动，拟议以成其变化。

处至赜至动之事，必拟议之而后言，发禁躁妄，无易由言，言必有中矣。亦必拟议之而后动，动则得其会通，以行其典礼。如此拟议以处天下之事，故不违乎自然之易理，而有以合乎圣人之易，如下七爻所云也。

本义曰："观象玩辞，观变玩占，而法行之，此下七爻，则其例也。"

"鸣鹤在阴，其子和之，我有好爵，吾与尔靡之。"子曰：君子居其室。出其言善，则千里之外应之，况其迩者乎？居其室，出其言不善，则千里之外违之，况其迩者乎？言出乎身，加乎民，行发乎迩，见乎远，言行，君子之枢机，枢机之发，荣辱之主也。言行，君子之所以动天地也，可不慎乎？

　　此释中孚九二爻义。在阴，谓九居于二，其子谓九五，鹤鸣在阴暗之地，其子闻其声而应和之，二以刚中之德处于下，而五以刚中之德应之。同德相孚，故言行相应也。夫子因推言之，以明言行所关之重，不可以不慎也。言出而民孚，以诚信在言先也。至诚而不动者，未之有也。不诚，未有能动者也。鸣鹤在阴，其子和之，中孚故也。

　　蔡渊曰："居其室，即在阴之义，出其言，即鸣之义。千里之外应之，即和之之义。"感应者，心也，言者心之声，行者心之迹，言行乃感应之枢机也。

　　"同人，先号咷而后笑。"子曰：君子之道，或出、或处，或默、或语，二人同心，其利断金，同心之言，其臭如兰。

　　此释同人九五爻义，二与五以中正相应，同心者也。乃为三四所隔，不得与之同，然邪不胜正，终当相遇，故其象为先号咷而后笑。夫子因推言之曰：君子之道，或出而仕，或处而隐，或默于家，或言于朝。迹虽不同，而其行道之志，则无不同，志同道合，则心心相印，物莫得而间之。是以二人同心，其利断金，同心之言，其臭如兰。三四虽强，岂能使其不遇哉。

"初六，藉用白茅，无咎。"子曰：苟错诸地而可矣，藉之用茅，何咎之有？慎之至也。夫茅之为物薄，而用可重也，慎斯术也以往，其无所失矣。

释大过初六爻义。初六以阴居下，为巽之主。当大过之时，过于畏慎者也。故有藉用白茅之象。人之处世，谨慎则寡过，轻忽则多失，况在大过之时，而可不慎乎？如初六者，可谓能慎矣。夫慎于言则寡尤，慎于行则寡悔，慎斯术也以往，宜无所失矣。诸葛一生唯谨慎，盖有得于此义也。

"劳谦君子，有终吉。"子曰：劳而不伐，有功而不德，厚之至也，语以其功下人者也。德言盛，礼言恭，谦也者，致恭以存其位者也。

本义曰："释谦九三爻义。德言盛，礼言恭，言德欲其盛，礼欲其恭也。"九三为谦之主，卦之所以为谦者也。三为一卦之主，诸阴之所顺从，以成谦亨之象，有功劳者也。而处上卦之下，为不居其功，而虑以下人也。故夫子称其厚之至，而赞其德盛礼恭也。致恭存位，以释君子有终吉之义。陈梦雷曰：德盛礼恭，本君子修身之事非有心以保禄位，然天下莫与争劳争功，自能永保斯位矣。

"亢龙有悔。"子曰：贵而无位，高而无民，贤人在下位而无

辅。是以动而有悔也

此释乾卦上九爻义，而言亢龙之所以有悔也。

"不出户庭，无咎。"子曰：乱之所生也，则言语以为阶。君不密，则失臣，臣不密，则失身，机事不密则害成，是以君子慎密而不出也。

释节初九爻义。但彼以出处言，此以语默言，此见圣人取象多端，而不滞于一隅一事。所以取益无限也。子夏言诗而悟礼，子贡论学而悟诗，君子观象玩辞，亦当如斯也。

子曰：作易者，其知盗乎？易曰："负且乘，致寇至。"负也者，小人之事也。乘也者，君子之器也。小人而乘君子之器，盗思夺之矣，上慢下暴，盗思伐之矣。慢藏诲盗，冶容诲淫，易曰："负且乘，致寇至，"盗之招也。

释解六三爻义。知盗，谓知盗之所自生也。负且乘，谓才德不称其位，盗亦思夺之，如项羽见秦皇之贵盛，欲取而代之也。上慢者，上无礼也，下暴者，贼民兴也。上慢则犯义，下暴则犯刑，君子犯义，小人犯刑，是予盗以可乘之机，而招之来伐也。故以慢藏诲盗，冶容诲淫之易见者言之，以明盗之思夺思伐，皆由在上位者不能选贤与能，而任用小人以取祸，而盗贼之起由上以招之也。以上诸节，圣人举例明拟议以成其变化之事，使学者观象玩辞，举一反三，以启悟几，以穷理尽性，以至于命也。

上第八章。

此章言卦爻之用示人以学易之方也。

天　一　章

此章言易之数，起于天地生成之数，圣人制为揲蓍求卦之法，以妙其用，而又系之辞以开物成务，使学易者因法以知数，因数以通神，因辞以明道，用易之理数，以神明其德也。

天一地二，天三地四，天五地六，天七地八，天九地十。

本义曰："此简本在第十章之首。"程子曰："宜在此。"今从之

此言天地之数，阳奇阴偶。即所谓河图也。其位一六居下，二七居上，三八居左，四九居右，五十居中。就此章而言之，则中五为衍母，次十为衍子，次一二三四，为四象之位，次六七八九，为四象之数。二老位于西北，二少位于东南，其数则各以其类交错于外也。"

天数五，地数五，五位相得而各有合，天数二十有五，地数三十，凡天地之数，五十有五，此所以成变化，而行鬼神也。

五行之生以清浊为次，故一水二火三木四金五土，清者易变而浊者难变也。

本义曰："此简本在大衍之后，按宜在此。天数五者，一、三、五、七、九，皆奇也。地数五者，二、四、六、八、十，皆偶也。相得：谓一与二、三与四、五与六、七与八、九与十，各以奇偶为类，而各自相得。有合：谓一与六、二与七、三与八、四与九、五与十，皆两相合。二十五者，五奇之和数也。一、三、五、七、九相加为二十有五，今谓之合。三十者，五偶之和数也。变化：谓一变生水，六化成之；二化生火，而七变成之；三变生木，而八化成之；四化生金，而九变成之；五变生土，而十化成之。鬼神谓凡奇偶生成之屈伸往来者。"

大衍之数五十，其用四十有九，分而为二以象两，挂一以象三，揲之以四以象四时，归奇于扐以象闰，五岁再闰，故再扐而后挂。

本义曰："大衍之数五十，盖河图中宫天五乘地十而得之。至用以筮，则又只用四十有九。盖皆出于理势之自然，而非人之智力所能损益也。两，谓天地也。挂，悬其一于左手小指之间也，三，三才也。揲，间而数之也。奇，所揲四数之余也。扐，勒于左手中三指之两间也。闰，积月之余日而成月者也。五岁之间，再积日而再成月，故五岁之中，凡有再闰，然后别起积分，如一挂之后，左右各一揲而一扐。故五者之中，凡有再扐，然后别起一卦也。"

乾之策，二百一十有六，坤之策，百四十有四，凡三百有六十，当期之日。

期，音基。

本义曰："凡此策数，生于四象，盖河图四面，太阳居一而连九，少阴居二而连八，少阳居三而连七，太阴居四而连六。揲蓍之法，通计三变之余，去其初卦之一，凡四为奇，凡八为偶，奇圆围三，偶方围四，三用其全，四用其半，积而数之，则为六七八九。而第三变揲数，策数，亦皆符会。盖余三奇则九，而其揲亦九，策亦四九、三十六，是为居一之太阳。余二奇一偶则为八，而其揲亦八，策亦四八、三十二，是为居二之少阴。二偶一奇则为七，而其揲亦七，策亦四七、二十八，是谓居三之少阳。三偶则六，而其揲亦六，策亦四六、二十四。是谓居四之老阴。是其变化往来，进退离合之妙，皆出自然，非人之所能为也。少阴退而未极乎虚，少阳进而未极乎盛，故此独以老阳、老阴，计乾坤六爻之策数，余可推而知也。期，周一岁也。凡三百六十五日四分日之一，此特指成数而概言之耳。"

二篇之策，万有一千五百二十，当万物之数也。

本义曰："二篇谓上下经，凡阳爻百九十二，得六千九百一十二策；阴爻百九十二，得四千六百八策，合之得此数。"

是故四营而成易，十有八变而成卦。

本义曰："四营谓分二挂一，揲四，归奇也。易，变易也。谓一变也。三变成爻，十八变则成六爻也。"

八卦而小成。

本义曰："谓九变而成三画，得内卦也。"

引而伸之，触类而长之，天下之能事毕矣。

本义曰："谓已成之六爻，而视其爻之变与不变，以为动静，则一卦可变为六十四卦，以定吉凶，凡四千九十六卦也。"精义曰："引而伸之，一卦可变为六十四卦，触类而长之，六十四卦，可变为四千九十六卦。其法即以八卦相荡而为六十四卦，六十四相荡而为四千零九十六卦也。"

显道神德行，是故可与酬酢，可与佑神矣。

陈梦雷曰："受命如响，如宾主之应对，故曰酬酢。神不能言吉凶以示人，蓍卦有辞代鬼神言之，是佑神也。"

本义曰："道因辞显，行以数神。酬酢谓应对，佑神谓助神化之功。"

子曰：知变化之道者，其知神之所为乎？

本义曰："变化之道，即上文数法是也，皆非人之所能为，故夫子叹之，而门人加'子曰'以别上文也。"

上第九章

此章言天地大衍之数，揲蓍求卦之法。

易有章

此章言易为圣人所作，而其辞、变、象、占，各具圣人之道。是故易之为易，已极至于至精至变至神之域。可用以极深研几，以神明其德也。

易有圣人之道四焉，以言者尚其辞，以动者尚其变，以制器者尚其象，以卜筮者尚其占。

辞谓象象之辞，皆圣人所系以示人者。其言曲中事情，足以开物成务，故凡商度事理，以辨吉凶，定行止者，则尚其辞也。天下之至变者莫如易，凡人泛应机务，必法易之变易，随时处中，然后能神其用也。器谓形器，象则卦爻之象也。易象既形，其器乃现，如乾坤坎离鼎井之类。器以象著，而家人之卦，父父、子子、兄兄、弟弟、夫夫、妇妇。亦由爻象著，而形器见，程子所谓制器作事，当体乎象也。事有所疑，谋诸卜筮，则占辞能告人以吉凶，故尚乎占也。易之辞、变、象、占，乃圣人所作，故宜尊尚之也。

程子曰："言所以述理，以言者尚其辞，谓以言求理者，则存意于辞也。以动者尚其变，动则变也。顺变而动，乃合道也。制器作事，当体乎象，卜筮吉凶，当视乎占。"

是以君子将有为也，将有行也，问焉而以言，其受命也如响，无有远近幽深，遂知来物，非天下之至精，其孰能与于此。

命，谓将筮而告蓍之辞，远谓千里百年之外，近谓旦夕几席之间，幽则不易明，深则不易测，无有远近幽深，遂知来物，惟易为能之。故夫子叹其为天下之至精也。至精者，谓虚明鉴照，如水晶之无纤翳，而精米之无秕糠也。圣人之德，纯粹以精，故能作易以体天地之撰，以通神明之德也。

参伍以变，错综其数，通其变，遂成天地之文，极其数，遂定天下之象，非天下之至变，其孰能与于此。

本义曰："此尚象之事，参者，三数之也，伍者，伍数之也，既参以变，又伍以变，一先一后，更相考核，以审其多寡之数也。错者，交而互之，一左一右之谓也；综者，总而挈之，一低一昂之谓也，此亦皆谓揲蓍求卦之事，盖通三揲两手之策，以成阴阳老少之画，究七八九六之数，以定卦爻动静之象也。参、伍、错、综皆古语，而参伍犹难晓，按荀子云：'窥敌制变，欲伍以参。'韩非曰：'省同异之言，以知朋党之分，偶参伍之验，以责陈言之实。'又曰：'参之以比物，伍之以合参。'史记曰：'必参而伍之。'又曰：'参伍不失。'汉书曰：'参伍其贾，以类相准。'此足以相发明矣。"

易，无思也，无为也，寂然不动。感而遂通天下之故，非天下之至神，其孰能与于此。

易之体，本无思为，而寂然不动，及其问焉而以言，其受命也如响。无有远近幽深，遂知将来之事物，则是感而遂通天下之故也。自非天下之至神，不足以与此。

本义曰："此四者之体所以立，而其用所以行者也。"

夫易，圣人所以极深而研几也。

本义曰："研，犹审也，几，微也，所以极深者，至精也，所以研几者，至变也。"

唯深也，故能通天下之志；唯几也，故能成天下之务；唯神也，故不疾而速，不行而至。

圣人究极幽深之理以作易，故足以开物以通天下之志。圣人研审几微之动，著为象占之法，示人以吉凶悔吝之所自生，使之知所趋避，以成天下之务，而其所以通志而成务者，一本于天地自然之易，乃神之所为也。唯其神也，故不疾而速，不行而至，是以感而遂通也。

张子曰："一故神，譬之人身四体皆一物，故触之而无不觉，不待心使至此而后觉也。此所谓感而遂通，不行而至，不疾而速也。"

朱子曰："变化之道，莫非神之所为也，故知变化之道，则知神之所为矣。易有圣人之道四焉，所谓变化之道也。观变玩占，可以见其精之至矣，观象玩辞，可以见其变之至矣。然无有寂然感通之神，则亦何以为精，为变，而成变化之道哉！此变化之所为，神之所也。"

两间之气，一气也，一故神，故无感而不通。今电报电视之无远弗届，则不疾而速，不行而至，信而有证矣。

子曰："易有圣人之道四焉者，此之谓也。"

夫子重言以结此章之意，明上文所言，皆所以阐发易有圣人之道也。辞、占、象、变之至精至变至神，以开物成务者，易之道。而易道之所以至精至变至神，乃圣人作易之功也。

上第十章

易何为章

此章言圣人以开物成务为心，而作易，兴神物以为卜筮之法，系辞焉以定吉凶，使天下之人勉于为善，以趋吉避凶也。

子曰："夫易何为者也，夫易开物成务，冒天下之道，如斯而已者也。是故圣人以通天下之志，以定天下之业，以断天下之疑。"

圣人作易，所以开物成务也。故其于万事之理，无所不包，而于天地万物之情，无有不备，故能通天下之志，定天下之业，而断天下之疑也。理有未明，则观象玩辞以明之，其志得通矣。事有可疑，则观变玩占以决之，其业乃定矣。盖易之象、占、辞、变，包括万事万物之理，冒得天下万物之情，故能断天下之疑，以通天下之志，以定天下之业也。

是故蓍之德，圆而神，卦之德，方以知，六爻之义易以贡，圣人以此洗心，退藏于密，吉凶与民同患，神以知来，知以藏往，其孰能与于此哉？古之聪、明、睿、知，神武而不杀者夫。

知智同，知以，睿知之知并同。易音易，与音予，夫音扶。退藏于密，寂然不动也，神以知来，知以藏往，感而遂通也。本义曰："圆神：谓变化无方；方知：谓事有定理。易以贡：谓变易以告人，圣人体具三者之德，而无一尘之累，无事则其心寂然，人莫能窥，有事则神智之用，遂感而应，所谓无卜筮而知吉凶也。神武不杀：得其理，而不假其物之谓。"

是以明于天之道，而察于民之故，是兴神物，以前民用。圣人以此斋戒，以神明其德夫。

承上文而言：圣人于天道民事无不明察，故能兴龟蓍神物，制为卜筮之法，以前民用，遂以此斋戒以神明其德，而有神武不杀之妙用也。

本义曰："神物谓蓍龟，湛然纯一之谓斋，肃然警惕之谓戒，明天道故知神物之可兴。察民故，故知其用之不可不有以开其先。是以作为卜筮以教人，而于此焉斋戒以考其占，使其心神明不测，如鬼神之能知来也。"

是故阖户谓之坤，辟户谓之乾，一阖一辟谓之变，往来不穷谓之通，见乃谓之象，形乃谓之器，制而用之谓之法，利用出入，民咸用之谓之神。

此以户之开阖，以喻天地阴阳昼夜寒暑之推移变通，而象器由此以形见，是为天地自然之易，圣人法此作易，冒天下之道，以前民用，则谓之法。使天下之民，用之以出以入，而无不利，昼作夜息，耕田凿井，以仰事俯育，无敢怠倦，而莫知其然，故谓之神也。

本义曰："阖辟，动静之机也，先言坤者，由静而动也，乾坤变通者，化育之功也。见、象、形、器者，生物之序也。法者，圣人修道之所为，而神者，百姓自然之日用也。"

是故易有太极，是生两仪，两仪生四象，四象生八卦。

阴阳变化者，气也；太极者，理也。理寓于气之中，而有不离不杂之妙，是故易有太极也。太极动而生阳，静而生阴，分阴分阳，两仪立焉。圣人画卦，先画一奇以象阳，画一偶以象阴，所谓两仪也。次于阳仪之上加一奇，为太阳之象，加一偶，为少阴之象。而于阴仪之上加一奇，为少阳之象，加一偶，为太阴之象。此谓两仪生四象。次于四象之上，又各加一阴一阳，而为乾、兑、离、震、巽、坎、艮、坤八卦。此谓四象生八卦。

本义曰："一每生二自然之理也。"又曰："此数言者，实圣人作易自然之次第，有不假丝毫智力而成者。画卦揲蓍，其序皆然。"详见序例启蒙。

八卦定吉凶，吉凶生大业。

本义曰："有吉有凶，是生大业。"俞氏琰曰："八卦具而定吉凶，则足以断天下之疑矣。吉凶定而生大业，则有以成天下之务矣。"

是故法象莫大乎天地。变通莫大乎四时。县象著明莫大乎日月。崇高莫大乎富贵。备物致用，立成器以为天下利，莫大乎圣人。探赜索隐，钩深致远，以定天下之吉凶，成天下之亹亹者，莫大乎蓍龟。

县，音玄，同"悬"。亹（wěi），勉也。成象之谓乾，效法之谓坤。乾为天，坤为地，天地者，万物之父母，而法象之所自出也。故曰："法象莫大乎天地"。四时错行，复姤互移，寒暑相推而岁成，万物生焉。而卦变之阴阳太少，变动不居者，犹四时之变化也。故曰："变通莫大乎四时"。在天成象，有日月星辰，云雨霜露。而幽明昼夜阴阳，以日月分焉。故曰："悬象著明，莫大乎日月"。在地成形，有万物之科，惟人为万物之灵，而其首出庶物，为天子者，为能宰制山河，为法天下，故曰崇高莫大乎富贵。圣人作易，以冒天下之道，尚象制器。以利天下，故"备物致用，立成器以为天下利，莫大乎圣人"也。卜筮之法，必用蓍龟，人有大疑，谋诸卜筮，问焉而以言，其受命也如响。无有远近幽深，遂知来物。是故"探赜索隐，钩深致远，以定天下之吉凶，成天下之亹亹者，莫大乎蓍龟"。纷纭杂乱，茫无头绪，谓之赜，探赜者，于烦杂之中，探出其形容物宜也。隐者，隐微难辨，索隐者，穷索隐微之理，以贡于人也。钩者引而出之，深谓幽深难测之事。钩深者钩取吉凶未形之理。致远者，推致其时事之未至者，而预知也。

是故天生神物，圣人则之，天地变化，圣人效之，天垂象，现吉凶，圣人象之。河出图，洛出书，圣人则之。

神物指蓍龟言。圣人用之以卜筮者。天地变化，自然之易也。圣人作易，有六十四卦，三百八十四爻，以效天地之变化。天垂象见吉凶。如日月光华，庆云呈见，则吉也；日月薄蚀，星孛出见之类，则凶也。圣人则以卦爻之吉凶悔吝以象之。河图之位，洛书之文与天地之象变，圣人则之以作易。

本义曰："此四者，圣人作易之所由也。"河图洛书，详见启蒙。

易有四象，所以示也。系辞焉，所以告也。定之以吉凶，所以断也。

四象谓阴阳老少。示，谓示人以所值之卦爻。揲蓍求卦之法，以所得七八九六之四象，以为爻而成乎卦，所以示人以所值卦爻之吉凶也。系之以辞，所以告人以进退存亡之道，定之以吉凶，以断其必然，所以使人果于趋避以从道也。

上第十一章

此章专言卜筮。

系辞上传　　　　　　　　　　　　　　417

天 佑 章

易曰："自天佑之，吉无不利。"子曰：佑者，助也，天之所助者顺也，人之所助者信也，履信思乎顺，又以尚贤也，是以自天佑之，吉无不利也。

本义曰："此释大有爻义，然在此无所属，或疑是错简，宜在八章之末。"

子曰：书不尽言，言不尽意，然则，圣人之意，其不可见乎？子曰：圣人立象以尽意，设卦以尽情伪，系辞焉以尽其言，变而通之以尽利，鼓之舞之以尽神。

本义曰："言之所传者浅，象之所示者深，观奇偶二画，包含变化，无有穷尽，则可见矣。变通鼓舞，以事而言。"书不尽言，言不尽意，圣人之意，将何以见之也。圣人忧天下后世不明吉凶之途，而妄行取困，于是仰则观象于天，俯则观法于地，观鸟兽之文，与地之宜，近取诸身，远取诸物，于是始作八卦，以通神明之德，以类万物之情，示人以进退存亡，吉凶消长之道也。其所以观变于阴阳而立卦，发挥于刚柔而生爻，盖欲立象以尽意，设卦以尽情伪也。卦象既设，爻象既立，圣人系以象象之辞，则八卦以象告，爻象以情言。于是爱恶相攻，而吉凶生；远近相取，而悔吝生；情伪相感，而利害生之情可见矣。故知圣人系辞，乃将以尽其言也。凶兆既萌，则改途易辙，变而通之以尽利；吉兆一见，则鼓之舞之，日迁于善以尽神也。

乾坤其易之蕴也，乾坤成列而易立乎其中矣，乾坤毁，则无以见易，易不可见，则乾坤或几乎息矣。

本义曰："蕴，所包蓄者，犹衣之著也，易之所有，阴阳而已，凡阳皆乾，凡阴皆坤，画卦定位，则二者成列，而易之体立矣。乾坤毁，谓卦画不立；乾坤息，谓变化不行。"精义曰："天地设位，而易行乎其中。以造化言。乾坤成列，而易立乎其中，以卦位言也。"

是故形而上者谓之道，形而下者谓之器，化而裁之谓之变，推而行之谓之通，举而措之天下之民，谓之事业。

形而上者，谓象器之理，虽曰无声无臭，实为象气之主宰，事物之法则，人之所当行者也。故谓之道。形而下者，谓载道之器，易之阴阳卦爻皆是也，故谓之器。因其自然之化而裁制之，使合于中，变之义也。随时变易以从道，则其行无不中，无不通矣，所谓推而行之谓之通也。道器变通者，圣人所以通天下之志，定天下之业，断天下之疑者也。故举而措之天下之民，则谓之事业。

程子曰："系辞曰：'形而上者谓之道，形而下者谓之器。'又曰：'立天之道曰阴与阳，立地之道曰柔与刚，立人之道曰仁与义。'又曰：'一阴一阳之谓道。'阴阳亦形而下者也。而曰道者，唯此语截得上下最分明。元来只此是道，要在人默而识之也。"

朱子曰："形而上者谓之道，形而下者谓之器，道是道理，事事物物，皆有个道理，器是形迹，事事物物，皆有个形迹，有道须有器，有器须有道，有物必有则也。形而上下，以形言最得当，设若以有形无形言之，便是物与理间断了。所以谓截得分明者，只是上下之间，分别得一个界止分明，器亦道，道亦器，有分别，而不相离也。"

是故，夫象，圣人有以见天下之赜，而拟诸其形容，象其物宜，是故谓之象。圣人有以见天下之动，而观其会通，以行其典礼，系辞焉以断其吉凶，是故谓之爻。

承上文而申言象与爻之所以立，以明道器之不相离也。道寓于器，器载乎道，不相离，亦不相杂也。形容者，器也。物宜则道也。动者形也，典礼者道也。系辞焉以断吉凶，得道则吉，失道则凶也。

极天下之赜者，存乎卦，鼓天下之动者，存乎辞。

本义曰："卦既象也。辞，爻辞。"天下事物之变，杂乱纷纭，至赜者也。圣人设卦观象，能以穷极天下之赜。万事万物之理难明，圣人系辞以断吉凶，使人观变玩占，明于趋避之道，而不疑于所向往，乃所以鼓天下之动也。

化而裁之，存乎变；推而行之，存乎通；神而明之，存乎其人；默而成之，不言而信，存乎德行。

此言用易之事。卦爻之变，圣人因其自然之化而裁制之，以系辞。占者当因其辞，默识圣人化裁之意，而随时变易以从道，由是推而行之，则无往而不通矣。洗心藏密，知来藏往，不做卜筮而前知，则所谓神而明之，存乎其人也。天不言而四时成，圣人默而识之以希天，而欲无言。不假于辞以尽意，所谓默而成之，不言而信，存乎德行也。

朱子曰："卦爻所以变通者在人，人之所以神而明之者在德。"

程子曰："易因爻象论变化，因变化论神，因神论人，因人论德行，大体通论易道，而终于默而成之，不言而信，存乎德行。"

上第十二章

系辞下传

八　卦　章

自八卦成列，至贞夫一，言卦爻变动以生吉凶，而刚柔变通，吉凶有常，天地日月，法象昭然，示人以天下之动，虽万变纷纭，终不外乎一理耳。

八卦成列，象在其中矣。因而重之，爻在其中矣。

本义曰："成列谓乾一，兑二、离三、震四、巽五、坎六、艮七、坤八之类。象谓卦之形体也。因而重之，谓各因一卦，而以八卦次第加之为六十四也。爻，六爻也。既重而后卦有六爻也。"

刚柔相推，变在其中矣，系辞焉而命之，动在其中矣。

本义曰："刚柔相推，而卦爻之变，往来交错，无不可见，圣人因其如此，而皆系之辞，以命其吉凶，则占者所值当动之爻象，亦不出乎此矣。"

吉凶悔吝者，生乎动者也。

本义曰："吉凶悔吝，皆辞之所命也，然必因卦爻之动而后见。"周子曰："吉凶悔吝生乎动，噫！吉一而已，动可不慎乎？"

刚柔者，立本者也。变通者，趣时者也。

本义曰："一刚一柔，各有定位，自此而后，变以从时。"
朱子曰："此两句相对说，刚柔者，阴阳之质，是移易不得之定体，故谓之本。若刚变为柔，柔变为刚，便是变通之用。刚柔者，昼夜之象，所谓立本。变化者进退之象，所谓趣时。刚柔两个是本，变通便只是其往来者。"

吉凶者，贞胜者也。

本义曰："贞，正也，常也，物以其所正，为常者也。天下之事，非凶则吉，常相胜而不已也。"

天地之道，贞观者也。日月之道，贞明者也。天下之动，贞夫一者也。

观（guàn）。夫，音扶。

本义曰："观，示也。天下之动，其变化无穷，然顺理则吉，逆理则凶，则其所正而常者，亦一理而已。"

朱子曰："天下之动虽不齐，常有一个是底，故曰贞夫一。"高萃曰："天常示人以易，地常示人以简，虽阴不能以不惨，阳不能以不伏，而贞观之理，常自若也。"日明乎昼，月明乎夜，虽日中不能不昃，月盈不能不食，而贞明之理，常自若也。天下之动，进退存亡，不可以一例测，然而顺理则裕，从欲惟危，同一揆也。惠迪之吉，从逆之凶，无二致也。是则造化人事之正常，即吉凶之贞胜，岂可以二而求之哉！大成曰："天下容有善遇凶，恶而获吉者，然非其常也。惠迪吉，从逆凶，乃理之常也。故当以常者为胜，偶有变易，不足言也。天下之动，岂不常归于一理乎?"天地之大德曰生，而阴阳四时者，所以生成万类也。夫春生夏长为阳，秋收冬藏为阴，阳主生，而阴主杀，故有阳善阴恶之说，阳进阴退，则万物发荣，阴长阳消，则百物凋残，此其常也。然春夏容有水旱之灾，秋冬亦有休徵之见，不当以偶有变异，而疑天道之无常也。

夫乾，确然示人易矣。夫坤，隤然示人简矣。

本义曰："确然，健貌；隤然，顺貌，所谓贞观者也。"

爻也者，效此者也，象也者，像此者也。

本义曰："此谓上文乾坤所示之理，爻之奇偶，卦之消息，所以肖而像之。"承上而言乾坤示人以简易，而卦之爻象，效此简易之善，而像之也。

爻像动乎内，吉凶见乎外，功业见乎变，圣人之情见乎辞。

揲蓍求卦，精诚以筮，十有八变而成卦，则爻象见，是爻象动乎内也。爻象既著，而吉凶悔吝乃见，是吉凶见乎外也。占者观所值卦爻之变，而玩其占，以趣时，则功业成，是功业见乎变也。抑阴、扶阳，嘉善惩恶者，圣人之情也，于象象之系辞见之矣。

本义曰："内谓蓍卦之中，外谓蓍卦之外，变即动乎内之变，辞即见乎外之辞。"

天地之大德曰生，圣人之大宝曰位，何以守位曰仁，何以聚人曰财，理财正辞，禁民为非曰义。

天地之大德曰生。而阴、阳、寒、暑、昼、夜，皆所以生物也。无阴阳，则无寒暑昼夜，无昼夜，不能普生东西方之物；无寒暑，则不能普生南北方之物。是则幽明四时之变，皆所以生物也。赞天地化育之功者惟圣人，然不得其位，亦不能范围天地之化而不过，曲成万物而不遗。天位者，圣人所资以裁成辅相，以覆育万物者也。故称之为大宝。当施仁政以保其民而守之，所谓得众则得国也。民以食为天，以财为用，欲得民心，必先使民丰衣足食，仰事俯畜而无忧，若四海困穷，则天禄永终矣。理财以富民，正辞以教民，禁民为非以保民，此则大君之宜，故曰义。仁义施而天下治，圣人之心，一如天地生物之心也。此结全章之意，以天地有造化，圣人有功业，而易之卦爻象象以效天地之化，以类万物之情，以章天地之心，亦因以见圣人作易以开物成务，忧天下来世之苦衷也。

张子曰："将陈理财养物于下，故先叙天地生物。"

朱子曰："正辞便只是分别是非。"又曰："教化便在正辞里面。"

上第一章

此章言卦爻吉凶造化功业之常。

古 者 章

此章言圣人作易制器尚象之事，首节论作易，二节以下皆言制器尚象之事。

古者包牺氏之王天下也，仰则观象于天，俯则观法于地，观鸟兽之文与地之宜，近取诸身，远取诸物，于是始作八卦，以通神明之德，以类万物之情。

本义曰："俯仰远近，所取不一，然不过以验阴阳消息两端而已。神明之德，如乾健坤顺震动艮止之性，万物之情，如水流泽聚风散离丽之状，雷风山泽之象。"仰则观象于天，以察日月星辰昼夜寒暑之变，俯则观法于地，以见南北高深飞潜植动之化，观鸟兽之文，而识龙马之图，凤凰之仪，麒麟之游。观地之宜，而知百果草木禾黍以及动潜之生，有山林川泽水陆之宜。近取诸身，而觇首腹足股耳目手口之用。远取诸物，以验马牛龙鸡豕雉狗羊之性。由是阴阳消息之理，会于心而无疑，然后作八卦以通神明之德，以类万物之情，而人文以之宣朗矣。

作结绳而为网罟，以佃以渔，盖取诸离。

本义曰："两目相承，而物丽焉。"古以物入网罟为离，诗曰鱼网之设，鸿则离之是也。网取鸟兽曰佃，取鱼曰渔。

包牺氏没，神农氏作，斲木为耜，揉木为耒，耒耨之利，以教天下，盖取诸益。

本义曰："二体皆木，上入下动，天下之益，莫大于此。"神农、古帝，教民耕种，以树艺百谷者也。斲，斲木为器也。削斲之使之锐利以为耜，如今之铧。矫揉之，使之弯曲以为耒，如今之犁。耒耨之器，用以耕种，使野生者变为人工培植，而民食以足，益之大者也。

系辞下传   427

日中为市，致天下之民，聚天下货，交易而退，各得其所，盖取诸噬嗑。

噬嗑之为卦，离日在上，震动于下，为日中为市之象。又借噬为市，嗑，为合。市场交易，以有易无，各得所需，噬嗑之意也。神农教民，当日之中，互相市易，盖古以五十里为市，日中，则远近适市者无不至矣。

神农氏没，黄帝、尧、舜氏作，通其变，使民不倦，神而化之，使民宜之。易穷则变，变则通，通则久，是以自天佑之，吉无不利，黄帝尧舜垂衣裳而天下治，盖取诸乾坤。

本义曰："乾坤，变化而无为。"子曰："无为而治者，其舜也与？夫何为哉！恭己正南面而已矣。"黄帝尧舜，以易简临民，如天地之四时行，百物生，不见其为之之迹，而物生不穷，是以民日迁善，而不知为之者。夫易穷则变，变则通，通则久。黄帝、尧、舜之善于变通，譬如四时之错行，如日月之代明，而万方万物，无不被其覆载照临矣，是以自天佑之，吉无不利。其所以垂衣裳而天下治，盖取诸乾之易以知大始，坤之简以作成物也。

刳木为舟，剡木为楫，舟楫之利，以济不通，致远以利天下，盖取诸涣。

木得水而浮，刳凿大木，使其中虚而为舟；剡削其木，使其末锐而为楫，舟楫之利，以济大水之阻，盖取诸涣卦木在水上之象而制之也。

服牛乘马，引重致远，以利天下，盖取诸随。

随卦震下兑上，下动上悦，圣人观此象，而服牛乘马，以引重致远象下之动；人得用之以运输重物，旅行远方，象上之悦也。

重门击柝，以待暴客，盖取诸豫。

豫，备豫不虞也，城郭重门以防外，暮夜击柝以警内，则暴客无间可乘，而人得以安居矣。此盖观豫之象，而设此以防之也。

俞琰曰："坤为阖户，重门之象也；震动之木有声，击柝之象也。"

断木为杵，掘地为臼，臼杵之利，万民以济，盖取诸小过。

震木上动，为杵之象，艮土下止，为臼之象，臼杵之利，使民去粗粝而得精食，以养生厚生，而不厌其过者，盖取小过之象，而断木掘地，以济民也。

弦木为弧，剡木为矢，弧矢之利，以威天下，盖取诸睽。

噬卦互坎为弓。离为戈兵，矢乃戈兵之一也。用弦揉木制为弓，削锐木端制为箭，盖取噬卦之象，作弓矢以威慑天下之谋为不规者。又噬者，乖离也，故以弓矢威服之。

上古穴居而野处，后世圣人易之以宫室，上栋下宇，以待风雨，盖取诸大壮。

上古之民，无有宫室，冬则穴居，夏则野处，无以蔽风雨。后世圣人改为宫室，上栋下宇，以御风雨，盖取诸大壮。栋即檩，言栋则梁与椽俱在其中矣。上下四方谓之宇，即宫室之内景也。大壮之为卦，乾下震上，其象为架木以为宫，而坚固可居，风雨攸除，鸟兽攸去，君子攸芋，芋，尊大也。大壮之意也。

司马温公曰："风雨动物也，风雨动于上，栋宇健于下，大壮之象也。"

古之葬者，厚衣之以薪，葬之中野，不封不树，丧期无数，后世圣人易之以棺椁，盖取诸大过。

衣，去声。厚衣之以薪，谓以薪厚裹之也。不封土以为坟，不植树以表墓，丧期长短无定数，后世圣人改用棺椁，而无厚薄之度，中古棺七寸，椁称之。盖送死大事，故当过于厚，大过之义也。

大成曰："棺椁者，取木在泽中也。又死者以入土为安，故入而后悦之。"

上古结绳而治，后世圣人易之以书契，百官以治，万民以察，盖取诸夬。

夬，明决之意，为卦上兑下乾。乾，为君，为父，为金，操决断之权。兑为口 ，为语言。言以宣心，书以纪事，契以验信，以书籍代结绳，则百官之功罪可稽，万民之户籍可查，万事之得失利弊，无不可考而知之，此之谓百官以治，万民以察也。

上第二章

此章言圣人制器尚象之事。

易 者 章

此章论卦爻象象之义，以明吉凶悔吝之所由以生也。

是故易者，象也，象也者，像也。

此承上章尚象之意，而言易之为易，即天地万物之象也，象也者，万事万物之形象也。六十四卦，三百八十四爻，以像万事万物，观其象，而事物之理可推而知也。

象者，材也。

彖言一卦之材，文王彖辞，就每卦之材质，系之以辞也。

爻也者，效天下之动者也。

效，仿效也，所以效天下事物之动也。周公乃因爻之变动，而系之辞，以明吉凶也。

是故吉凶生而悔吝著也。

卦之材质有淑慝，爻之材质，有刚柔善恶，其位有贵贱之分，而其变动有得失之异，以象人事之万变纷纭，而文王周公之辞，著明其所以吉凶悔吝之理，使人观象玩辞，以明趋避之道也。

上第三章

此章承上章制器尚象之义而言易之包罗万象也。

阳　卦　章

此章以易卦之阴阳奇偶之数，以别君子之道与小人之道也。

阳卦多阴，阴卦多阳。

本义曰："震坎艮为阳卦，皆一阳二阴。巽离兑为阴卦，皆一阴二阳。"

其故何也？阳卦奇，阴卦偶。

本义曰："凡阳卦皆五画。凡阴卦，皆四画。"

其德行何也？阳一君而二民，君子之道也，阴二君而一民，小人之道也。

君谓阳，民谓阴。阳为君、为父、为夫，阴为臣民、为妻、为子。臣无二君，妇无二夫，子无二父，理之常也，君子之道也，反此，则为小人之道矣。

上第四章

憧 憧 章

此章释诸爻辞，以推演易理，欲学者观象玩辞，引申其义，期有以洞悉圣人之情也。

易曰："憧憧往来，朋从尔思。子曰：天下何思何虑？天下同归而殊途，一致而百虑，天下何思何虑？"

憧憧，往来不停貌。咸之九四，当心之位，心之感物，惟贞为吉，若憧憧然用其私心以感物，岂能无感不通哉！

本义曰："引咸九四爻辞而释之，言理本无二，而殊途百虑，莫非自然，何以思虑为哉！必思而从，则所从者亦狭矣。"

日往则月来，月往则日来，日月相推，而明生焉。寒往则暑来，暑往则寒来，寒暑相推，而岁成焉。往者屈也，来者伸也，屈伸相感，而利生焉。

日往月来，寒往暑来，天地生物之迹，自然如此，往者既屈，而来者方伸，屈伸相感，而昼夜分，四时行，百物生矣。是故日月相推而为昼夜，寒暑相推而为四时，殊途也，而同归于明照天下，生成万物矣。往来屈伸无已时，不啻百虑矣，而其生物之心无二致。此则天地至公至仁之心，所以普照两间之物而无所遗者，永恒如此，又何得容私意于其间哉！

本义曰："言往来屈伸，皆感应自然之常理，加怦怦焉，则入于私矣，所以必思而后有从也。"

尺蠖之屈，以求信也，龙蛇之蛰，以存身地，精义入神，以致用也，利用安身，以崇德也。

本义曰："因言屈伸往来之理，而又推以言学，亦有自然之机也。精研其义，至于入神，屈之至也；然乃所以为出而致用之本。

利其施用，无适不安，信之极也；然乃所以为入而崇德之资。内外交相养，互相发也。"

尺蠖，蛾的幼虫，行时先屈后伸。此言屈伸之理，不惟天时人事则然，而生物亦有类此者，今观尺蠖之行，屈以求伸，龙蛇之蛰，屈以存身，益信殊途百虑，莫非自然，而憧憧往来，只是枉费心机，徒自困扰，以自离于道耳。物理如此，为学亦何独不然，夫精研其义，至于入神，屈之至也，然乃所以为出而致用之本，岂非伸乎？利其施用，无适不安，伸之极也，然乃所以为入而崇德之资，复归于屈矣。此与日往月来，暑往寒来之理，岂有二致哉！

过此以往，未之或知也，穷神知化，德之盛也。

穷理至于精义入神，行义至于无入而不自得，下学之功已至，在颜子，则如有所立卓尔之时也。过此以往，则为大而化之之事。未之或知，则所谓虽欲从之，莫由也已。至于通神明之德，知变化之道，乃德盛仁熟而自致耳。

本义曰："下学之事，尽力于精义利用，而交养互发之机，自不能已。"自是以上则亦无所用其力矣。至于穷神知化，乃德盛仁熟，而自致耳。然不知者，往而屈也，自致者，来而伸也。此亦感应自然之理而已。张子曰："气有阴阳，推行有渐为化，合一不测为神。"

以上四节，皆以释咸九四爻义。

易曰："困于石，据于蒺藜，入于其宫，不见其妻，凶。"子曰：非所困而困焉，名必辱，非所据而据焉，身必危，既辱且危，死期将至，妻岂可得见邪？

释困六三爻义。困而不失其所亨，处困之道也。六三之不中不正，失其所亨矣！才弱志刚，德险而承乘皆刚，趁刚掩之时，而必欲掩刚，凶之道也。夫崇山峻岭，不能困江河，岩石岂能困人乎？以其志刚，不肯旁行，故为所困，而不得进耳。六三才弱，居下之上而乘刚，如坐针毡，无片刻之安，所以必欲据此者，以其志刚也。在困之中，其行如此，何以自全，是以有不见其妻之凶也。

易曰："公用射隼于高墉之上，获之，无不利。"子曰：隼者，禽也，弓矢者器也，射之者人也。君子藏器于身，待时而动，何不利之有？动而不括，是以出而有获，语成器而动者也。

括，结碍也。此释解上六爻义。凡欲有为于天下者，必于德成才达之后，待时而动，方能出而有获，未成器而动，必无成功之理，此君子所以贵于成器而动也。

子曰：小人不耻不仁，不畏不义，不见利不劝，不威不惩，小惩而大诫，此小人之福也。易曰："屦校灭趾，无咎，"此之谓也。

此释噬嗑初爻义。仁者人也，人而不仁，则非人矣，可耻之甚也，而小人则不以为耻。义者宜也，人之正路，所当遵而行之者也，人而不义，则国法所不容，舆论所痛斥，可畏之甚也，而小人则不知畏。小人所喻者利也，见利则劝，不见利不劝也。从获如流，小人之情也，不威之以刑，则无以惩其为恶之心。故于其犯刑之初，即以刑具威之，使之知畏而不进于恶，则不至自取杀身之祸，岂非小人之福乎？此屦校灭趾，所以无咎也。

善不积，不足以成名，恶不积，不足以灭身，小人以小善为无益而弗为也，以小恶为无伤而弗去也，故恶积而不可掩，罪大而不可解，易曰："荷校灭耳，凶。"

此释噬嗑上九爻义。汉昭烈诫后主曰：勿以恶小而为之，勿以善小而不为。后主不察，未能积善去恶，正心修身，以励精图治，卒失其国。若以小善为无益而弗为，以小恶为无伤而弗去，积小恶以成大恶，至于罪大恶极，而成杀身之祸，则悔之无及矣。

子曰：危者，安其位者也；亡者，保其存者也；乱者，有其治者也。是故君子安而不忘危，存而不忘亡，治而不忘乱，是以身安而国家可保也。易曰："其亡其亡，系于包桑。"

此释否九五爻义，示人以安身保国之道，在于居安思危，知存知亡，致治于未乱，以远阴祸也。

子曰：德薄而位尊，知小而谋大，力小而任重，鲜不及矣。易曰："鼎折足，覆公餗，其形渥、凶，"言不胜其任也。

知，音智。此释鼎九四爻义。

张浚曰："自昔居治鼎之任，德、力、智三者一有缺，则弗能胜其事，而况俱不足者乎？有德而无智，则不足以应变，有智而无力，则不足以镇浮，若夫德之不立，虽有智力，亦无以感格天人，而措天下于治矣。"

子曰：知几其神乎？君子上交不谄，下交不渎，其知几乎？几者动之微，吉之先见者也，君子见几而作，不俟终日。易曰："介于石，不终日，贞吉。"介如石焉，宁用终日，断可识矣。君子知微知彰，知柔知刚，万夫之望。

几音机。先见之"见"音现。望（wáng）。此释豫卦六二爻义。汉书，吉之之间有凶字。此言知几者其神矣乎？上交尽礼，人以为谄，而君子本非谄；下交和易，人以为渎，而君子则不渎。不谄不渎，其惟知几者乎？盖几者动之微，善恶攸分，而吉凶之先见者也。君子见几而作，不俟终日。豫之六二，以中正自守，其介于石焉，果于循理去欲，故不俟终日而弃去其足以亡身之逸豫焉，岂非知几者乎？惟君子为能知微知彰，知柔知刚，而无所不知，故能知几而为万夫之望焉。

项安世曰："谄者本以求福，而祸常基于谄；渎者本以交欢，而怨常起于渎。易言知几，而孔子以不谄不渎明之，此真所谓知几者矣。"

子曰：颜氏之子，其殆庶几乎？有不善，未尝不知，知之未尝复行也。易曰："不远复，无祇悔，元吉。"

殆，危也。庶几，近义，言近道也。此释复初九爻义。颜氏之子，谓颜渊也。有不善未尝不知，则知几矣，知之未尝复行，则复于善矣。颜子无形见之过，是失于意念之初萌，既知而改之，是不远复也。觉知于意念之初萌，则是知微知彰，知柔知刚而知几也，几微之中有不善，即去之而不复萌，失之不远而复，故无悔也。元吉者，复之至善者也。

朱子曰："颜子有不善，未尝不知，知之未尝复行，今人只知知之未尝复行为难，殊不知有不善未尝不知是难处。"

天地氤氲，万物化醇，男女媾精，万物化生，易曰："三人行，则损一人，一人行，则得其友，"言致一也。

本义曰："氤氲，交密之状，醇谓厚而凝也，谓气化者也。化生，形化者也。此释损六三爻义。"此言天地之气交密氤氲，而化源以敦，万物资其醇厚之气，凝而成形，由是男女媾精，阳施阴受，而万物化生矣。夫天施地生，由致一而万物化醇，男女媾精，由致一而万物化生，损之为卦，损乾之阳，以益坤之阴，乾坤之阴阳相交，而为氤氲之气，以化生万物，所谓万物化醇也。泰卦变而为山泽损，兑下艮上，男女媾精，而物生不穷，所谓万物化生也。损乾之九三以益坤，为三人行则损一人之象，九居于上，与六三相应，为一人行，则得其友之象。盖两相与则专，三则杂而乱，故必致一，然后能亲密无间也。颜子有不善，未尝不知，知之未尝复行，能致一也。此所以三月不违仁也。

子曰：君子安其身而后动，易其心而后语，定其交而后求，君子修此三者，故全也。危以动，则民不与也，惧以语，则民不应也，无交而求，则民不与也，莫之与，则伤之者至矣。易曰："莫益之，或击之，立心勿恒，凶。"

易其之易去声。此释益上九爻义。君子多见缺殆，慎行其余，则是安其身而后动也，未能修己以敬以为安人之本，自觉危殆而妄动，在己则为徼幸，人亦必骇而远之，谁肯与之同心戮力，以冒危难哉！君子多闻阙疑，慎言其余，是易其心而后语也。若疑虑满腹，而以其所疑惧者语人，谁将信而应之哉！夫言行君子之所以动天地也，至于无与无应，且不能见信于友，况未定交者乎？无交而求，谁能与之？不度可否，而固求之，人将起而攻之矣。易曰："莫益之，或击之，立心勿恒，凶，"所以警之者深矣，世之求益无厌者，可不戒哉！

上第五章

乾 坤 章

此章言乾坤为易之门，而卦爻皆由此出。诸卦刚柔之体，无一不出于乾坤，故能体天地之撰，通神明之德。而文周系辞，所以开物成务，使处衰世者观象玩辞，明于吉凶消长之理，而不疑其所行也。

子曰：乾坤其易之门也。乾，阳物也，坤，阴物也，阴阳合德，而刚柔有体，以体天地之撰，以通神明之德。

本义曰："诸卦刚柔之体，皆以乾坤合德而成，故曰：乾坤其易之门。撰，犹事也。"六十四卦之初，"━、╍"阳与阴两画而已，"━"乾阳"╍"坤阴，乾坤交而阴阳合德，相摩而为八卦，八相荡而为六十四，其刚柔之体，皆以乾坤合德而成，故曰：乾坤其易之门。六十四卦具，则象事知器，占事知来，而天地之撰用以体，神明之德因此而通也。

其称名也杂而不越，于稽其类，其衰世之意也。

本义曰："万物虽多，无不出于阴阳之变，故卦爻之义，虽杂出而不差谬。然非上古醇质之时，思虑所及也，故以为衰世之意，盖指文王与纣之时也。"不越谓不越乎义理之正，稽其类，谓考其事物之类型也。

夫易彰往而察来，而微显阐幽，开而当名，辨物，正言，断辞则备矣。

本义曰："而微显，恐当作显微而。开而之而，亦疑有误。"显者事物之迹，有形，有象，幽者事物之理，无声无臭。天地之撰，出于阴阳之变，各具性命之理，而易之为书，依据卦爻之象以系辞，使民观象玩辞以彰往，观变玩占以察来，显者微之使隐，欲其穷性命之理。幽者阐之使明，欲其行中庸之道。是故圣人以象名卦，而名无不当，以卦体之刚柔动静贵贱与其中正与否、当位与否以辨物，而事物之是非得失无不辨。圣人之辞以正言其吉凶悔吝，使民玩之占之，以趋吉避凶，而成其务，斯其义，皆备于断辞矣。大成讲义曰："易本阴阳而画卦，文周本阴阳以系辞，而易之为书无有不备矣。是故天道已然曰往，阴阳之故也；易则昭其消息盈虚之数，而往者彰。人事未然曰来，阴阳之几也；易则示其吉凶得失之兆，而来者察。民生日用事为之著，曰显，阴阳之迹也；易则即其庸行之显，而推其根于理数，而显者微之。义理终日由之而不知为幽，阴阳之理也；易则即其性命之幽，而著其理于事为而幽者阐之。天地之间，名各有当，物各有类，易于尊卑贵贱之名，则因阴阳上下之分而称之，无一不当其实。于动植器用之物，则因阴阳生成之质而别之，无一不从其类。至论道理，则是非可否，皆本阴阳典常之道，正言之而无褊曲回互。至论占决，则从违趋避，皆本阴阳得失之故判断之，而不涉两可也。天地之撰，神明之德，殆无一之不备矣。"

朱子曰:"微显阐幽,幽者不可见,便就这显处说出来。显者便说上面寻其不可见底,教人知得。"又曰:"如显道神德行相似。"

吴氏澄曰:"彰往,即藏往也,谓明于天之道,而彰明已往之理。察来即知来也,谓察于民之故,而察知未来之事。微显,即神德行也,谓以人事之显,而本之于天道,所以微其显。阐幽,即显道也,谓以天道之幽,而用之于人事,所以阐其幽。"

其称名也小,其取类也大,其指远,其辞文,其言曲而中,其事肆而隐,因贰以济民行,以明得失之报。

中(zhòng),肆,陈也。贰,疑也。称名小,如白茅、丛棘、苋陆、蒺藜、牛、羊、马、豕、雉、鹤之物,出入往来,刑赏、狱讼、田猎等日用之事;取类大,谓皆取类于阴阳,而天地万物之情无不由此而见。而其言虽近,其旨则远,其辞则文,虽止言各具之一曲,而无不中于统体之一理,其事陈肆于前虽属日用常见之物,而其理则隐深而难知,其用则因民之疑贰,而设此筮法,使之观变玩占,以释其疑而济其行,盖以明示吉凶之占,无非言行得失之报,是故中正顺时,则吉,失中违时则凶,此则理数之常,殊少差谬,所以使占者于吉凶之途,不可有侥幸之心也。

上第六章

此章多缺文疑字,不可尽通,后皆仿此。

易 兴 章

此章言文王作易于忧患之中，故其书多恐惧修省之意，章中三陈九卦，示人以学易修德，以处患难之道也。

易之兴也，其于中古乎？作易者，其有忧患乎？

本义曰："夏商之末，易道中微，文王拘于羑里而系辞，易道复兴。"

是故履，德之基也；谦，德之柄也；复，德之本也；恒，德之固也；损，德之修也；益，德之裕也；困，德之辨也；井，德之地也；巽，德之制也。

本义曰："履，礼也。上天下泽，定分不移，必谨乎此，然后其德有以为基而立也。谦者自卑而尊人，又为礼者之所当执持，而不可失者也。九卦皆反身修德，以处患难之事也，而有序焉，基所以立，柄所以持，复者心不外而善端存，恒者守不变而长且久，惩忿窒欲以修身，改过迁善以长善，困以自验其力，井以不变其所，然后能巽顺于理，以制事变也。"

履和而至，谦尊而光，复小而辨于物，恒杂而不厌，损先难而后易，益长裕而不设，困穷而通，井居其所而迁，巽称而隐。

礼之用和为贵，无礼则乖庆而不和；履而和，其为美矣。谦以自卑，则人尊重而称誉之，其德益尊而光矣。一阳初复，弱小无朋，而能不为群阴所乱，非明辨于物，不足以及此。恒常之事，杂冗纷纭，苦于应接，然，有物有则，当顺应之而不厌。损己之欲，初觉为难，久之纯熟，则私欲自不能干矣。德善日积，则成长优裕于罔觉，不得有所造作，而揠苗助长。困虽穷厄，而道则亨，足以自考验也。井不动而寒泉食，其养无穷也。巽则称物之宜以入之，其事隐而不见其迹也。

履以和行，谦以制礼，复以自知，恒以一德，损以远害，益以兴利，困以寡怨，井以辨义，巽以行权。

此用九卦之义以修德也。行己无礼，则乖庆而不和，以礼自律，以和其行也。礼以让为本，谦让自卑，所以制礼也。穷理尽性，复其固有之善，则知人之所以为人之道矣，所谓自知也。恒其德而不已，则立不易方，始终如一，所以一德也。损己之欲，以至于无，则雍容乎安宅之中，从容于正路之上，而害斯远矣。迁善改过以自益，则德日进而业日修，无所往而不利矣。处困而亨，躬自厚，而薄责于人，则寡怨矣。井体不动，可以为鉴，人心则静而后能安，安而后能虑，能虑则可以辨义矣。巽顺乎事物之理，义之与比，通权达变，而不失其中，所谓巽以行权也。

朱子曰："巽以行权，是逶迤曲折以顺理。巽有入之义，巽为风，如风之入物。只为巽便能入义理之中，无细不入。见得道理精熟后，于物之精微委曲处，无处不入，所以说巽以行权。"

上第七章

此章三陈九卦，以明处忧患之道。

易 书 章

此章专论卦爻象象之义，示人以学易之要，在于率其辞而揆其方，以察其典常，而知吉凶消长之理，因而恐惧修省，随时变易以从道，而期于无过也。

易之为书也，不可远；为道也屡迁。变动不居，周流六虚，上下无常，刚柔相易，不可为典要，惟变所适。

上，上声，下，去声。本义曰："远犹忘也，周流六虚，谓阴阳流行于卦之六位。此言文周之易，所以阐明天地自然之理，进退存亡之道，乃民生日用所不可离者，非可远也。然其为道也，随时迁变，而九与六变动不居，周流于卦之六位，而或上或下，无有常处，刚与柔相互变易，无有定体，是故不可为典要，惟视乎变易之所适，以为吉凶之占耳。"

邵子曰："六虚者，六位也，虚以待变动之事也。"

朱子曰："易不可为典要，易不是确定硬本子。杨雄太玄，排安三百五十四赞当昼，三百五十四赞当夜，昼底吉，夜底凶，吉之中又自分轻重，凶之中又自分轻重，易却不然，有阳居阳爻而吉底，又有凶底，有阴居阴爻而吉底，又有凶底，有有应而吉底，有有应而凶底，只是不可为典要书也。是有那许多变，所以如此。”

吴氏慎曰：“不可为典要，变无方也。既有典常，理之定也。故曰：易者变易也，不易也。”

其出入以度，外内使知惧。

本义曰：“此句未详，疑有脱误。”

出入，谓利用易之变动不居之道以出入，而应万变也。度，法，法度，即典常也。出入以度，谓随时变易，以从道也。易虽不可为典要，而其变之所适，占之所值，则有定理，不可易也。识此，则知畏惧，外而处事，内而存心，不敢或违于易之道矣。

又明于忧患与故，无有师保，如临父母。

本义曰：“虽无师保而常若父母临之，戒惧之至。”读文周“危者使平，易者使倾”之辞，而明于忧患与其所以然之故，是以虽无师保，而常如父母临之，戒惧之心，无时或已，故其修德，动而不括也。易岂可远乎哉！

初率其辞而揆其方，既有典常。苟非其人，道不虚行。

本义曰："方，道也，始由辞以度其理，则见其有典常矣。然神而明之，则存乎其人也。"易之体，虽不可为典要，而其理则有典常矣。学易之初，宜循其辞而揆其理，学之既久，则见卦爻之吉凶悔吝，皆有典常之道，而不可易，则其动静云为，自知戒惧，而不敢违其典礼矣。然神而明之，存乎其人，苟非其人，则易道不能虚行矣！夫子言此，所以教学者深造自得，驯致于神化之域，以期与天地合其德，与日月合其明，与四时合其序，与鬼神合其吉凶，而成为神以知来，智以藏往之知易者，不可浅尝辄止，自画于既有典常之时，而不知进取也。

上第八章

此章教人以学易之方，在于识得易体，以知易理，循序渐进，以造其极也。

原 始 章

此章言六爻之地位不同，而善恶吉凶亦异，一以示学易之方，一以示处世之道也。

易之为书也，原始要终以为质也，六爻相杂，唯其时物也。

本义曰："质谓卦体，卦必举其始终，而后成体，爻则惟其时物而已。"六十四卦，皆以初爻为始，上爻为终，六爻备，而后卦体成，所谓原始要终以为质也。而卦之六爻，杂居一卦之中，质有刚柔，位有当否，所比有敌友，所趋有得失，其吉凶悔吝，各以其进退往来适时与否为定；所谓六爻相杂，唯其时物也。

其初难知，其上易知，本末也。初辞拟之，卒成之终。

此论初上二爻也。初爻居卦之始，卦之本也。事物初生，一切在拟议之中，故为难知。上爻居卦之上，卦之末也。其事已终，其善恶是非已定，故易知也。

若夫杂物撰德，辨是与非，则非其中爻不备。

此论中四爻也。卦之六位，刚柔相间，六爻之变，阴阳相杂，而德之淑慝不同，志之所向亦异，圣人以此辨是与非，而系之辞，以体天地之撰，则非卦之中四爻，不足以尽发其理蕴矣。

噫！亦要存亡吉凶，则居可知矣。知者观其彖辞，则思过半矣。

右知音智，夫子于是叹息而言曰：卦爻之撰，亦要具备进退存亡，吉凶消长之义，使学者观而玩之，则知所以自处矣。智者一观文王所系之辞，则于一卦六爻之情，可以知其六七，不待遍观六爻之辞，而后知之也。彖辞统论一卦六爻之义，故智者观之，则思过半矣。

二与四同功而异位，其善不同，二多誉，四多惧，近也。柔之为道不利远者，其要无咎，其用柔中也。

本义曰：“此以下论中爻。同功，谓皆阴位。异位，谓远近不同。四近君，故多惧。柔不利远，而二多誉者，以其柔中也。”

三与五，同功而异位，三多凶，五多功，贵贱之等也。其柔危，其刚胜邪。

胜音升。本义曰：“三五同阳位，而贵贱不同，然以柔居之则危，惟刚能胜之。”三居下之上、上之下，在诸侯之位，五当君位，有天下国家之责者也。而三多凶，五多功者，贵贱之等不同也。然其任大责重，唯阳刚者居之，为能胜任，若以阴柔居之，则危矣。

上第九章

广 大 章

此章言易道之大，无所不备，而天道人道地道，无不悉具其中矣。其所以有吉凶祸福之异，则以卦体有变动，爻位有等级，而刚柔杂居，有当位与否故也。

易之为书也，广大悉备，有天道焉，有人道焉，有地道焉，兼三才而两之，故六；六者非它也，三才之道也。

朱子曰："三画已具三才，重之，故六，而以上二爻为天，中二爻为人，下二爻为地。"

道有变动，故曰爻；爻有等，故曰物；物相杂，故曰文；文不当，故吉凶生焉。

本义曰："道有变动，谓卦之一体。等谓远近贵贱之差。相杂，谓刚柔之位相间。不当、谓爻不当位。"

上第十章

易 兴 章

此章言文王演周易于羑里拘囚之时，故多危辞，而其易道之大，百物不废，其所以开物成务者，惟在于慎以终始，其要无咎而已。

易之兴也，其当殷之末世，周之盛德邪？当文王与纣之事邪？是故其辞危。危者使平，易者使倾，其道甚大，百物不废，惧以终始，其要无咎，此之谓易之道也。

邪（yé），易者之易，去声，要、平声。

本义曰："危惧，故得平安，慢易，则必倾覆，易之道也。"
张栻曰："既惧其始，使人防微杜渐，又惧其终，使人持盈守成，
要之以无咎而补过，乃易之道也。"

高攀龙曰："一部易，原始要终，只是敬慎无咎而已，故曰惧
以始终。无咎者，善补过也。易中凡说有喜、有庆吉、元吉，都
是及于物处，若本身，只到了无咎便好。"

上第十一章

夫 乾 章

此章言乾坤为易之门，而其易简之德，自能知险阻，辨是非，
定吉凶，可用以断天下之疑，成天下之务。学易者察易之情，以
通天下之情；玩易之辞，以知天下之言，则处身涉世，庶可以无
大过矣。

夫乾，天下之至健也。德行恒易以知险。夫坤，天下之至顺
也，德行恒简以知阻。

夫音扶，行易并去声。

本义曰："至健则所行无难，故易。至顺则所行不繁，故简。
然其于事，皆有以知其难，而不敢易以处之，是以其有忧患，则
健者如居高临下，而知其险，顺者如自下趋上，而知其阻，盖虽

易而能知险，则不陷于险矣；既简而又知阻，则不困于阻矣。所
以能知危惧而无易者之倾也。"

能说诸心，能研诸侯之虑，定天下之吉凶，成天下之亹亹者。

说音悦，侯之二字衍。

本义曰："说诸心者，心与理会，乾之事也。研诸虑者，理因
虑审，坤之事也。悦诸心，故有以定吉凶，研诸虑，故有以成
亹亹。"

朱子曰："能悦诸心，能研诸虑，方始能定天下之吉凶，成天
下之亹亹，凡事见得通透了，自然欢悦。既悦诸心，是理得了，
于事上更审一审，便是研诸虑。研是更去研磨，定天下之吉凶，
是剖判得这事，成天下之亹亹，是作得这事业。"

是故变化云为，吉事有祥，象事知器，占事知来。

变化云为者，卦爻所呈之象也，吉事有祥者，占卜所得之兆
也，变化有善否，云为有得失，而品质各殊，故象事者于此而知
器。国家将兴，必有祯祥；有物将至，其兆必先；故占事者可以
豫测知事之吉凶也。

天地设位，圣人成能，人谋鬼谋，百姓与能。

天位乎上，地位乎下，而雷风水火山泽之气，变化于其间，以生成万物，此天地自然之易也。圣人法天地之象数以作易，用以体天地之撰，通神明之德，而成其象事知器，占事知来之能，于是人谋鬼谋，百姓皆得以与其能矣。

　　八卦以象告，爻彖以情言，刚柔杂居，而吉凶可见矣。

　　八卦成列而相荡，各以其象告。爻彖之辞，则以其情言。观其爻位，刚柔杂居，而位有尊卑，德有淑忒，制裁有刚柔，所居有当位与不当位之分；所承乘有相得相害之情，而吉凶悔吝，于是乎见矣。

　　变动以利言，吉凶以情迁，是故爱恶相攻而吉凶生，远近相取而悔吝生，情伪相感而利害生，凡易之情，近而不相得，则凶；或害之，悔且吝。

　　吉凶悔吝生乎动，卦爻之变动，吉凶之所由生也。动而由于义，当其时，则利于动矣；动而不以礼，违其时，则动为不利矣。故变动以利言也。而其吉凶，则以卦爻之情为迁变。是故相爱相助则吉生，相恶相害则凶生。远取诸应，近取诸比，违于义，失其时，则悔吝生。爻与爻之间，以情实相感，则利生；以诈伪相感，则害生。凡易之情，位相近，而志不相能，则凶、害、悔、吝，各以其相恶之微甚而生焉。学易者，观易之情，以察识世人之情，则知所以处世之道矣。

将叛者，其辞惭，中心疑者其辞枝，吉人之辞寡，躁人之辞多；诬善之人其辞游，失其守者其辞屈。

此以听言观人之法，以明吉凶以情迁，不惟见于行动，亦可于言辞见之，卦爻之辞，亦犹是也。叛谓叛义叛道，背叛君亲之类。夫天理难昧，将叛者，必先自叛其心，而良心难昧，故其辞惭。中心疑者，理有未明，而揣度以言，故其辞枝蔓而不达。吉人谨言，言必有中，故辞寡。躁人轻言，言不由衷，故辞多。诬善之人，语言诡谲，以誉为毁，故其辞游移而不定。失其守者，心中无主，故其辞屈抑而不伸。

王氏申予曰："歉于中者，必愧于外，故将叛者其辞惭。疑于中者，必泛其说，故中心疑者其辞枝。吉德之人见理直，故其辞寡。躁竞之人急于售，故其辞多。诬善类者，必深匿其迹，而阴寓其谋，故其辞游。失其守者，见义不明，而无所主，故其辞屈。"

上第十二章

说 卦 传

昔 者 章

此章言蓍之用，筮之数，求卦之法，与圣人作易之极功，以明易之大，而民生日用所不可离者也。

昔者圣人之作易也，幽赞于神明而生蓍。

本义曰："幽赞神明，犹言赞化育。"龟策传曰："天下和平，王道得而蓍茎长丈，其丛生满百茎。"生谓生长茂盛，即所谓长丈满百茎，用之于筮，无有远近幽深，遂知来物也。

参天两地而倚数。

此言揲蓍以求七八九六之数而立卦，用以占吉凶之法。阳数七为少，九为老；阴数八为少，六为老；老变而少不变，筮者观变玩占以知吉凶也。

本义曰："天圆地方，圆者一而围三，三各一奇，故参天而为三。方者一而围四，四合二偶，故两地而为二。数皆依此而起，故揲蓍三变之末，若其所余为三奇，则三三而九，三偶则三二而六，两二一三则为七，两三一二则为八。"

观变于阴阳而立卦，发挥于刚柔而生爻，和顺于道德而理于义，穷理尽性以至于命。

伏羲观天地阴阳交易变易之象而画卦，初以刚柔相摩而为八卦，继以八卦相荡为六十四，而易卦以立，所谓观变于阴阳而立卦也。六爻发挥刚柔善恶之义，以旁通一卦之情，是发挥于刚柔而生爻也。卦爻既立，圣人即象系辞；以开物成务，兴神物以前民用，使人观象玩辞，观变玩占，以穷理尽性，以至于命也。

本义曰："和顺从容，无所乖违，统言之也。理谓随事得其条理，析言之也。穷天下之理，尽人物之性，而合于天道，此圣人作易之极功也。"

朱子曰："观变于阴阳而立卦，只是就阴阳上观，未应说到蓍数处。"

上第一章

圣　人　章

昔者圣人之作易也，将以顺性命之理，是以立天之道曰阴与阳，立地之道曰柔与刚，立人之道曰仁与义。兼三才而两之，故易六画而成卦。分阴分阳，迭用柔刚，故易六位而成章。

本义曰："兼三才而两之，总言六画，又细分之，则阴阳之位，间杂而成章也。"天之道，昼夜寒暑，一阴一阳也。地之道，承天时行，有柔有刚也。人之道，居仁由义，人道乃章也。天下事物，无独必有对，分阴分阳，迭用柔刚，间杂而成文章也。

上第二章

天 地 章

此章言乾坤六子阴阳相配而八卦成列，以象造物，挂于座右，朝夕观之，以识取造化之机也。

天地定位，山泽通气，雷风相薄，水火不相射，八卦相错。

邵子曰："此伏羲八卦之位，乾南坤北，离东坎西，兑居东南，震居东北，巽居西南，艮居西北，于是八卦相交，而成六十四卦，所谓先天之学也。"

此言先天八卦之位，示人以化育之渊源，造物之实体也。天位乎上，地位乎下，天施地生，发育万物，书所谓惟天地万物父母也。震为雷、为电、为龙火、乃天地之生机，万物所资，以为生发之机也。巽为风、为气，乃天地之生气，而万物以之充体，以之吐故纳新，以延续生命者也，坎为水、为雨露；离为火、为日，民非水火不生活，而雨以润之，日以暄之，乃天地之化育，所以生成万物者也。艮为山、陆地是也，兑为泽、江湖海洋是也，陆与海民物生息之所也。乾坤震巽坎离艮兑者，化育之渊源，造物之实体也。是以圣人画而挂之以形容造物之象，所以使天下后世观而玩之，以默识天地神化之妙用也。

数往者顺，知来者逆，是故易逆数也。

数往者顺，谓自坤数至乾，数已生之卦也。知来者逆，谓自乾推至坤，测未生之卦也。易之生卦，则以乾兑离震巽坎艮坤为序，故曰：易、逆数也。

本义曰："起震而历离兑以至于乾，数已生之卦也。自巽而历坎艮以至于坤，推未生之卦也。易之生卦，则以乾兑离震巽坎艮坤为次，故皆逆数也。"

上第三章

雷 动 章

此章备言造物之功用，以明八卦各具神功妙用，以发育万物也。

雷以动之，风以散之，雨以润之，日以暄之，艮以止之，兑以说之，乾以君之，坤以藏之。

此言圣人画卦，以象造物之功也。雷以动之，动其生机也。风以散之，散发其生机，且以散其郁积之气，以新其气机也。雨以润之，以滋养生机，日以暄之，以温煦生机。艮以止之，以安其生。兑以悦之，以悦其性。乾以君之，以为之主宰。坤以藏之，以含其根柢。此天地造物之妙用，而化育之功，所由以成也。

上第四章

帝　出　章

此章以帝之生物之序，明文王后天八卦之位，又从而释之，使人记取造化之迹，以默识天地生物之心也。

帝出乎震，齐乎巽，相见乎离，致役乎坤，说言乎兑，战乎乾，劳乎坎，成言乎艮。

本义曰："帝者天之主宰。"邵子曰："此卦位乃文王所定，所谓后天之学也。"后天八卦，以帝之生物为序，即震东、兑西、离南、坎北、乾位西北、坤位西南、艮居东北、巽居东南，而天之四时行，百物生，则以春夏秋冬为序，始于震而终于艮，而成一岁，此则造化之迹，帝之所以生成万物者也。震居东方，于时为春，乃帝之生物之始，造化之迹，因震动发生而出现，所谓帝出乎震也。巽居东南，当春夏之交，万物因风气而生长洁齐，所谓齐乎巽也。离居正南，当盛夏之时，天地之生气旺盛，生物因日之暄而流形聚会，所谓相见乎离也。坤居西南，夏秋之季，万物华实，坤作成物之功，莫重于此时，故曰："致役乎坤焉。"役谓劳役，坤作成物之役也。兑，正秋也，物生已成，生机内含各足，无不欣然自得，故曰："悦言乎兑也。"乾居西北，秋冬之交，阴盛逼阳，百物凋残，龙战于野之时也，故曰："战乎乾。"坎居正北，阴寒已极，生机内藏而固秘，以涵养本源，帝之慰劳造物之时也，故曰："劳乎坎。"艮居东北，冬春之交，此岁已终，而明春继至，万物成始成终之时也，故曰："成言乎艮。"

万物出乎震，震，东方也。齐乎巽，巽，东南也，齐也者，言万物之洁齐也。离也者，明也，万物皆相见，南方之卦也。圣人南面而听天下，向明而治，盖取诸此也。坤也者地也，万物皆致养焉，故曰致役乎坤。兑，正秋也，万物之所说也，故曰：说言乎兑。战乎乾，乾，西北之卦也，言阴阳相薄也。坎者，水也，正北方之卦也，劳卦也，万物之所归也，故曰：劳乎坎。艮东北之卦也，万物之所成终，而所成始也，故曰：成言乎艮。

本义曰："上言帝，此言万物之随帝以出入也。"大全曰："帝之神运万方，物之化生有序，故以物之出入，明帝之出入也。"洁谓草木枝叶嫩绿光洁，齐谓万物俱生。

上第五章

神 也 章

此章言造物之功，神妙不测，而其迹之可见者，则有雷风水火山泽之形象，圣人画卦以象造物之形，而夫子于此赞其能妙万物也。

神也者，妙万物而为言者也，动万物者，莫疾乎雷；挠万物者，莫疾乎风；燥万物者，莫熯乎火；说万物者，莫说乎泽；润万物者，莫润乎水；终万物、始万物者，莫盛乎艮。故水火相逮，雷风不相悖，山泽通气，然后能变化，既成万物也。

本义曰："此去乾坤而专言六子，以见神之所为，然其序位，亦用上章之说，未详其义。"易曰："知变化之道者，其知神之所为乎？"夫乾坤六子，所以造物者也，观其四时行，百物生，其造化之迹，固可见矣。是故循其迹以察其变，则雷动风挠、火燥、水润、兑悦，而艮之终始万物者，似皆有迹可寻，惟其所以妙万物者，则不易知，所谓阴阳不测之谓神也。是故水火相逮，雷风不相悖，山泽通气，阴阳妙合，然后能变化，以运此神机，而生成万物也。

上第六章

乾 健 章

本义曰："此言八卦之性情。"

乾，健也；坤，顺也；震，动也；巽，入也；坎，陷也；离，丽也；艮，止也；兑，说也。

邵子曰："乾，奇也、阳也、健也，故天下之健，莫如天。坤，偶也、阴也、顺也。故天下之顺莫如地，所以顺天也。震，起也，一阳起于二阴之下。起，动也，故天下之动，莫如雷。坎，陷也，一阳陷于二阴，陷，下也，故天下之下，莫如水。艮，止也，一阳于是而止也，故天下之止莫如山。巽，入也，一阴入二阳之下，故天下之入莫如风。离，丽也，一阴丽于二阳，其卦错然成文而华丽也，故天下之丽莫如火。又为附丽之丽。兑，悦也，一阴出于外，而悦于物，故天下之悦，莫如泽。"

朱子曰："以通神明之德，以类万物之情，尽于八卦。而震巽坎离艮兑，又总于乾坤。曰动、曰陷、曰止，皆健底意思，曰入、曰丽、曰悦，皆顺底意思，圣人下此八字，极状得八卦性情尽。"

张子曰："阳陷于阴为水，附于阴为火。一陷溺而不得出为坎，一附丽而不得去为离"。

上第七章此章详述神明之德

乾 为 马 章

此言远取诸物也。两间之物，各具易象，此但举例言之，以见圣人作易，能类万物之情也。

乾为马，坤为牛，震为龙，巽为鸡，坎为豕，离为雉，艮为狗，兑为羊。

本义曰："远取诸物如此。"乾，奇也、阳也、健也，马蹄圆而行健，故乾为马。坤，偶也、阴也、顺也，牛蹄拆而性驯顺，故坤为牛。震，起也，震为雷、为电、为水中火。龙阳物，而潜在渊，飞于天，则兴云致雨，而雷电皆至，故震为龙也。巽入也，一阴伏于二阳之下，乘阳虚而入以为风也。鸡有翼而不能飞，伏于人家而不去，故巽为鸡也。一阴丽于二阳之中，错然成文而华丽，二阳附于一阴之外，而灿然光明者离也。雉性耿直，而羽毛华美，文彩外著，如火日外光，故离为雉也。一阳陷于二阴之中，内阳刚而外阴暗为坎，豕昏愚而性刚躁，好浴于水，故坎为豕也。一阳止于二阴之上为艮，艮为山，山陵险阻为地险，能阻止物之通行，狗善守门以阻物之入，故艮为狗也。一阴见于二阳之上外悦内刚为兑。羊之为物，外柔说而性刚很，有似于兑，故兑为羊也。观其取象于物，则天地间皆易也。

上第八章

乾 为 首 章

此章言近取诸身以作八卦，以见易理具于一身也。

乾为首，坤为腹，震为足，巽为股，坎为耳，离为目，艮为手，兑为口。

此言近取诸身也。伏羲仰观俯察，远取近取，以验阴阳奇偶之数与其著见之象，以作八卦，以通神明之德，以类万物之情，此则取象于人身也。天有日月星辰，照临于上，人之耳目精明在头而居上，故乾为首。地以陆海山川以载物，人之藏腑精神，俱藏于腹，故坤为腹。震，起也，一阳动于下也，人之起行在足，是以震为足。巽卦下断，而人之两股，在身之下，其象似巽，故巽为股。坎者陷也，耳形如坎，故坎为耳。目似离照，故离为目。艮卦一阳在上，二阴拆列下垂，如人之两手，故艮为手。兑，悦也，一阴上出而悦于物也，口在于面，而喜悦先见于口唇，故兑为口也。观其近取诸身如此，则知人之一身，具备易象，在人自察而自体之耳。

上第九章

乾 天 章

乾，天也，故称乎父；坤，地也，故称乎母；震一索而得男，故谓之长男；巽一索而得女，故谓之长女；坎再索而得男，故谓之中男；离再索而得女，故谓之中女；艮三索而得男，故谓之少男；兑三索而得女，故谓之少女。

本义曰："索，求也。谓揲蓍以求爻也。男女指卦之一阴一阳言。"惟天地万物父母，故乾称父，坤称母。得乎乾道者成男，故震坎艮为男，得乎坤道者成女，故巽离兑为女。震巽居初，故为长，坎离次之，故为中，艮兑晚出，故为少，此乾坤六子之所以得称也。乾坤交而卦爻生，故称父母，六子各得乾坤之一体，故称子。万物之生机，待震而动，待气而延，故震巽居长，万物得雨露之养，离日之暄，以生以长，而民非水火不生活，故坎离居中。山泽海陆，万物之所栖止，以生以长，以育子孙者也，故艮兑为少。乾坤六子者，造化之本源，所以造物者也，故伏羲画以为卦以示众，使人知生之所自来，思有以穷理尽性，以至于命，而保全其人之所以为人之道也。

上第十章　此章详述乾坤六子所以称名之故。

乾 为 天 章

此章引申八卦之象，以明八卦能包罗万象也。

乾为天、为圜，为君、为父、为玉、为金、为寒、为冰，为大赤，为良马、为老马、为瘠马，为驳马，为木果。

本义曰："荀九家此下有为龙、为直、为衣、为言。圜音圆。"乾体纯阳，而健运，其象为天。天大无外而圜图，故为圜。乾统万物，故为君。乾始万物，故为父，乾德纯粹如玉，刚健如金，故为玉，为金。后天卦位，乾居西北，于时为秋冬之交，故为寒，寒则水结为冰。先天卦乾位在正南。四月之卦，巳火用事，火色赤，火盛，故为大赤。乾为马，马以健行为良，乾体健运，故为良马。乾为老父，故在马则为老马。马老则瘠，故为瘠马。驳马有锯齿，性最猛，能食虎豹，乾体纯刚，故为驳马。果形圆，其仁为木之始，天形圆，其元为万物之始，故又为木果。

坤为地，为母，为布，为釜，为吝啬，为均，为子母牛，为大舆，为文，为众，为柄，其于地也为黑。

本义曰："荀九家有为牝、为迷、为方、为囊、为裳、为黄、为帛、为浆。"坤卦纯阴而至顺，其象为地。万物资生，故为母。地上花草，如布帛之文，故为布，坤也者地也，万物皆致养焉，釜为饮食以养人，故为釜。阴性俭啬，受而不施，故为吝啬。地无不载，万物皆致养焉，故为均。坤为牛、为众，故为子母牛。坤厚载物如舆然，故为大舆。地生万物，焕然成章，故为文。坤为臣民，故为众。地掌成物之权柄，而本乎地者亲下，亦如柄然，故为柄。纯阴暗黑，又先天卦坤位于北，北方之色黑，故其于地也为黑。

震为雷、为龙、为玄黄，为敷，为大涂，为长子，为决躁，为苍筤竹，为萑苇，其于马也为善鸣，为馵足，为作足，为的颡，其于稼也，为反生，其究为健，为蕃鲜。

本义曰："荀九家有为玉、为鹄、为鼓。"震一阳奋于二阴之下而发声，其光为电，其声为雷。龙阳物而潜在渊，跃而起飞，则兴云致雨，与雷电偕行，故震为龙。玄者天之色，黄者地之色，震卦乾坤始交，诸爻刚柔杂居，各具天地之色，故为玄黄。一阳震动，生机遍布，故为敷。阳动而进，二阴开拆于前，其象如通涂。震一索而得男，故为长子。阳进决阴，其动也躁，故为决躁。苍筤、萑苇，其根茎横梗地下，而枝叶上生，其象如震。其于马也为善鸣，取其声也。马左后蹄白为馵，取其动而见也。四足腾跃，而起为作足，取其动也。的，白也，的颡，阴在上之象也。种子发芽出土时作乙字形者为反生，盖以生机迅发所致也。其究为健，阳长不已，而终为乾也。震之三爻尽变而为巽，则为蕃鲜。

巽为风，为木，为长女，为绳直，为工、为白、为长、为高，为进退，为不果，为臭。其于人也为寡发、为广颡、为多白眼，为近利市三倍。其究为躁卦。

本义曰："荀九家有为杨为鹳。"木曰曲直，有巽顺之义，而风木之性善入，故为木、为风。巽一索而得女，故为长女。木从绳则正，而操绳墨者为工，故引而申之为绳、为工，木未丹艧则为白，又木性条达，故为长、为高。卑巽多疑而寡断，故为进退、为不果。木之气臊，故为臊臭。阳盛于上，而阴血不升，毛发失养，故为寡发。二阳居上而上丰，故为广颡。白眼属肺，黑属肾，肺居膈上为阳，肾为阴，巽卦二阳一阴，白多黑少，故为多白眼。

阴主利，巽性务入而无厌，故近利市三倍，巽卦三爻俱变则为震，故其究为躁卦。

坎为水，为沟渎，为隐伏，为矫鞣、为弓轮。其于人也为加忧，为心病，为耳痛，为血卦、为赤，其于马也为美脊，为亟心，为下首，为薄蹄，为曳，其于舆也为多眚，为通、为月、为盗。其于木也为坚多心。

本义：荀九家有"为宫、为律、为可、为栋、为丛棘、为狐、为蒺藜、为桎梏。"阳陷阴中，其卦为坎，内明外暗，水之象也。水之流、小者为沟、大者为渎、渊水深广，鱼龙潜伏，为隐伏之象，而阳陷阴中，亦为隐伏。水之流，因地势而为曲、为直、为沚、为沼，有矫鞣之象，而弓轮则由矫鞣而成。坎为险难，身处险难则加忧，忧甚则心病，阳火内郁则耳痛，甚则流脓血。血液循环周流于一身，如水之行地、故坎为血卦，血色赤，故又为赤。阳爻在中，故于马为美脊，阳在内，故为亟心；阴爻在上，其性下降，故为下首，初阴在下故为薄蹄，下首、薄蹄，无力之象，又行坎中，故为曳。车轮内强外弱，行于险路必多眚。水之流，放乎四海，故为通。水月相印，故坎为月。盗贼阴险而隐伏，至夜则动，故为盗。坎中满，故其于木也，为坚多心。

离为火，为日、为电，为中女，为甲胄、为戈兵。其于人也为大腹，为乾卦。为鳖、为蟹、为蠃、为蚌、为龟，其于木也为科上稿。

荀九家有"为牝牛。"阳附于阴而火不熄，故离为火，离照当空而为日，阴阳二电相触而发光，则为电。离再索而得女，故为中女。离卦阳刚在外，为甲胄之象，甲胄用以自卫，戈兵用以攻守，皆欲其刚，故为甲胄、为戈兵。离中虚，虚则有容，其于人也为大腹，取其心地光明，而有容德也。火盛则乾，故为乾卦。鳖、蠃、蚌、龟介虫之类，皆赖坚甲以自卫，似离之外刚内柔，蟹性躁，似离之外刚，故皆属之。科、空也，木中空，则上必槁，离为乾卦而内虚，故其于木也为科上槁。

艮为山、为径路、为小石、为门阙。为果蓏，为阍寺，为指、为狗、为鼠、为黔喙之属，其于木也为坚多节。

荀九家有"为鼻、为虎、为狐。"艮卦一阳止于二阴之上，其象如山之隆起地上而不动，故为山。山高，行人稀，车马不至，故其路为径路。山路多石，故为小石。艮有门阙之象，故为门阙，艮卦一阳在上，形圆而实，为果实之象，故为果蓏，果为木之实，蓏为草之实，如瓜弧之属是也。阍寺，守门者也，阍人禁止不当入之人，寺人禁止不应出之人，以艮为门阙，其德为止，故为阍寺之象。艮为手，手有指，用指示意，可以止物，狗可以守门，鼠藏于穴洞，皆以门阙阍寺推之也。喙，嘴也；黔，黑色，鸟喙之色多黑，黔喙之属，乐处山林，故属之。艮卦一阳止于二阴之上，阳实为坚，及限而止为节，故木之坚而多节者，有艮之象也。

兑为泽，为少女、为巫、为口舌，为毁折、为附决，其于地也为刚卤，为妾、为羊。

荀九家有"为常、为辅类。"兑为坎水塞其下流之象，故为泽。兑三索而得女，故谓之少女。尚口舌以悦神，则为巫。兑为口，舌在口内，故为口舌。兑上缺，为毁折之象。二阳进而决阴，一阴附于二阳，附决之象也。湖泽之水，久而不泻则卤，卤汁下结而凝固，则为刚卤。少女从姊而嫁，则为妾。羊性内刚外悦，故兑为羊。

圣人近取诸身，远取诸物，以作八卦，推而广之，足以包罗万象，以通神明之德，以类万物之情，学易者，能以夫子韦编三绝之功为法，庶可以穷天下之理，明万物之情也。

上第十一章

本义曰："此章广八卦之象，其间多不可晓者，求之于经，亦未尽合也。"

序 卦 传

序 卦 上 篇

　　有天地，然后万物生焉。盈天地之间者唯万物，故受之以屯；屯者盈也，屯者，物之始生也。物生必蒙，故受之以蒙。蒙者蒙也，物之稚也。物稚不可不养也，故受之以需；需者，饮食之道也。饮食必有讼，故受之以讼。讼必有众起，故受之以师；师者众也。

　　天地者，万物之父母，乾坤者，天地之法象，有天地、然后四时行，百物生；有乾坤，然后阴阳交，卦爻生，故易首乾坤焉。万物生而盈于天地之间为屯，屯者盈也。屯者，天地始交而难生也。始生之物，幼稚蒙昧，故蒙次屯。稚物必有以养之，然后能成长，故承之以需，需者，需饮食以养之也。所需之物不足或不均，或为贪人夺之去，则争讼之事起，故受之以讼。讼争不息，则兴戎动众，故承之以师也。

众必有所比，故受之以比；比者，比也。比必有所畜，故受之以小畜。物畜然后有礼，故受之以履。履而泰，然后安，故受之以泰。

师众无主则乱，故必有所比，然后有统而不乱。万众亲比于上，同心同德，以治国福民，则万事理而财用足，必有所畜矣，故受之以小畜。衣食足，而后礼教可兴，故受之以履，履，践履也。礼者，人之所履也。从容于礼法，然后能泰然自安，故受之以泰。

泰者通也。物不可以终通，故受之以否。物不可以终否，故受之以同人。与人同者物必归焉，故受之以大有。有大者不可以盈，故受之以谦。有大而能谦必豫，故受之以豫。

物极则反，故泰极必否。否极则思，思则善心生，而人亦怜而哀之，爱而助之，而同情者众，故受之以同人。与人同好恶，则人心归服，近悦远来，而所有者大，故承之以大有。有大者易盈，盈则失其大，故必承之以谦。有大而能卑以自牧，则可以保其大，而得豫悦焉，故受之以豫也。夫泰极则否，否极泰来，物极必反，理之常也。然必进君子，远小人，方可致泰，反之，则亲小人，远贤臣，而否道成矣。有国有家者，可不修己以敬，以选贤与能，而远小人哉！

本义："郭氏雍曰：以谦有大，则绝盈满之累，故优游不迫而

序卦传

暇豫也。"

豫必有随，故受之以随。以喜随人者必有事，故受之以蛊；蛊者事也。有事而后可大，故受之以临；临者，大也。物大然后可观，故受之以观。可观而后有所合，故受之以噬嗑；嗑者合也。

谦以致豫，则人心喜悦而乐从之矣，故以随承之。以喜随人者，必有事，如臣之从君将以行道济时也，弟子之从师，将以学道受业也，君子从贤，将以修己治人，以安百姓也。自喜从人以趋事，故以蛊承随。蛊者积秽腐坏，必须革除积弊，重整朝纲，而后有济，今众心悦从以致治，则弊革事理，而功烈日大，故受之以临。功业既大则巍巍然可观，故继之以观。下观而化，惟皇作极，万邦协和，所谓可观而后有所合，故受之以噬嗑。

物不可以苟合而已，故受之以贲；贲者饰也。致饰然后亨则尽矣，故受之以剥；剥者剥也。物不可以终尽，剥穷上反下，故受之以复。

物之合，必有礼义威仪以文之，然后不至于苟合，故继之以贲。贲者，文饰也。致饰于外，则近于虚伪，行伪，则德业剥丧，而亨道尽矣，故受之以剥。剥者，剥而去之也。然物无终尽之理，剥尽于上，则复生于下矣，故受之以复矣。

复则不妄矣，故受之以无妄。有无妄，然后可畜，故受之以大畜。物畜然后可养，故受之以颐；颐者，养也。不养则不可动，故受之以大过。

人生本自无妄，第以气拘物蔽，失其本心，而有妄耳，必以学问思辨笃行之功以去其妄，而复其诚，诚复，则无妄矣，故受之以无妄。夫既无妄，则行无不实，而忠信内积，其德日畜而益大，故受之以大畜。所畜既大，必优游涵泳，以俟其化，然后可以优入圣域，故受之以颐。颐者养也。若非涵养有素，则一临大事，必疑惧动心，而不足以有为。故必涵养纯熟，成为大过人之德与才，然后可以动而有为，故受之以大过。

物不可以终过，故受之以坎；坎者陷也。陷必有所丽，故受之以离；离者丽也。

有大过人之才，当以谦逊自处，若无视一切，轻举妄动，必致自陷于险，虽悔无及矣，故受之以坎。既陷于险，则必附丽阳刚以求济，然后可以脱险，故受之以离，离者，附丽之义也。

序 卦 下 篇

有天地，然后有万物；有万物，然后有男女；有男女，然后有夫妇；有夫妇，然后有父子；有父子，然后有君臣；有君臣，然后有上下；有上下，然后礼义有所措。夫妇之道，不可以不久也，故受之以恒，恒者久也。

天地者，万物之父母，夫妇者，子女之父母也。有夫妇，而后有父子、兄弟、姊妹而家以成立，集家而成国，集国而成天下，则必有君臣以治之，有礼义以维系之，然后政教行而万民安，此下经之所以始于咸也。咸，交感也。男女交相感应，而为婚娶，以结为夫妻，将以生育子女，继承血统，非以冒色纵欲也。是知婚礼者，万世之始，所关至重也。娶于异姓，相接以礼，相结以信，一与之齐，终身不改，然后无愧于夫妇之道。是故夫妇之道，不可以不久也，相亲如友，相敬如宾以终身，久之道也。自世教衰，民不兴行，而邪说纷起，于是结婚自由，离婚自由之说，甚嚣尘上。无耻之徒，贪色纵淫，衰渎天伦，苟合苟离，禽居兽处，遂使恩情绝裂，夫妇道苦，卒致父子不亲，兄弟陌路，家庭破灭，而人之所以为人之道，不可言矣。

嗟乎！炎黄子孙，乃有此辈，可不为之痛心哉！

物不可以久居其所，故受之以遁；遁者退也。物不可以终遁，故受之以大壮。物不可以终壮，故受之以晋；晋者进也。进必有所伤，故受之以明夷；夷者伤也。伤于外者，必反其家，故受之以家人。

天地之道，发展变化、运动不息，是以往者过，来者续，功成者退，而不久居其所，是故生之功成，则春去夏来，长之功成，则夏去而秋来。所谓元、亨、利、贞，天道之常也。故恒非一定之谓也。日月相推，而能久照，四时变化而能久成，恒之道也。故曰物不可以久居其所而遁次恒也。尺蠖之屈，以求伸也。龙蛇之蛰，以存身也。屈极必伸，理之常也，故大壮次遁也。物既壮，则志于进取，故受之以晋，急于进，则进不以礼，必至招人猜忌以致伤，故受之以明夷。夷者，伤也。伤于外，必归于家而后安，故受之以家人。此言出处进退之道。

家道穷必乖，故受之以睽；睽者，乖也。乖必有难，故受之以蹇；蹇者难也。物不可以终难，故受之以解；解者缓也。缓必有所失，故受之以损。损而不已必益，故受之以益。益而不已必决，故受之以夬；夬者，决也。

父父、子子、兄兄、弟弟、夫夫、妇妇，家人之道也。子职有缺，手足情薄，妇道不修，是家道之穷也。家道穷，则乖争睽离随之矣。

人情乖离，必致蹇难之作，故受之以蹇。而历尽蹇难者，必求有以解之，然后得以解其难，故受之以解，解者缓也。懈缓不敬，苟且因循，则百为荒废，故受之以损。人能损所当损，损欲以益德，损己以益人，效泽之悦以惩忿，体山之静以窒欲，则德日新而身益修，故受之以益。益而不已，以至于盈，盈则溢，满则溃，禄位高，则骄侈萌，礼防将溃，故受之以夬。

决必有所遇，故受之以姤；姤者遇也。物相遇而后聚，故受之以萃；萃者聚也。聚而上者谓之升，故受之以升。升而不已必困，故受之以困。困乎上者必反下，故受之以井。

夬者阳决阴也。夬去小人，然后能遇君子，未有小人不去，而君子得遇于君者也。宋之孝宗尝欲用朱子矣，终不能用者，以小人未去，弊政未革，谏不行，言不听，故朱子不立其朝也。因知私欲未尽，德行未成，必不能夬去小人，而遇君子。故夬之后，始受之以姤，姤者遇也。君子遇时以行其志，选贤与能以佐治，可致四海仰德，天下归心，故次以萃。萃者聚也。英贤萃聚，以辅世长民，则治道日隆，能济天下于升平之世，故次以升。然治乱相寻，势所必至，太平日久，则朝野上下狃于平治，文恬武戏，而不知警惕，必致乱机四伏而不知，一旦祸机暴发，即成困危，故次以困。四海困穷，则丧乱颠覆，如坠井谷，故受之以井。

井道不可不革，故受之以革。革物者莫若鼎，故受之以鼎。主器者莫若长子，故受之以震。

井以甘泉养人者也。久而不修，则泥积水浊，不可食矣。故受之以革。革物者莫若鼎，惟鼎为能烹饪以革物，而使生者熟，腥者香，以宏享帝养贤之功，故受之以鼎。夫鼎，重器也，惟长子为能主之，以承祀事，故受之以震。

物不可以终动，止之，故受之以艮；艮者止也。物不可以终止，故受之以渐。

天地之间，有动必有静，动极则静，静极复动。动与静相辅相承，互为其根，以相生相须于无穷焉，故物不可以终动，亦不终止，而震之后，必受之以艮，艮之后，又必承之以渐也。

进必有所归，故受之以归妹。得其所归者必大，故受之以丰，丰者大也。

进而有渐，则无躁进之失，而能得其所归矣，故受之以归妹。得其所归，则夫妇一心，而家道兴；君臣一德，而国运隆，故受之以丰。

穷大者，必失其居，故受之以旅。旅而无所容，故受之以巽。

满招损，谦受益，斯乃天道。若穷极其大，而骄奢淫泆，则造物忌之，众人恶之，盗思伐之，必至颠沛流离而失其所矣，故受之以旅。失其所，则寄旅他乡，举目无亲，伊谁收容，谓他人父，亦莫我顾，安得不巽乎？故次以巽焉。

入而后说之，故受之以兑。兑者说也。说而后散之，故受之以涣。

五经大成曰："巽为入义，学问不能沉潜体会，不知理义之悦心，苟虚心巽志以入之，则深造自得，自有油然喜悦之情，故次以兑。"学问不能融洽于心，则不能左右逢源。苟悦在心，而乐自发散于外，则天机泮涣，自有睟面盎背之征，故次以涣。

涣者离也。物不可以终离，故受之以节。节而信之，故受之以中孚。

人心背离之际，若无以节之，则众叛亲离，而危亡立至。故受之以节。然节之之道，非可强制，当涣汗其大号，而涣王之居，则财散民聚，上下交孚以守国，然后得以不失旧物，是故受之以中孚。

有其信者必行之，故受之以小过。有过物者必济，故受之以既济。

有其所信仰者，势必欲行之，而急于一试，必致悔尤交集，是勇于前进，而未加深思熟虑之过也，是故言必信，行必果，不惟义之与比，而妄谓翰音可登天，能无过乎？故受之以小过。有过人之才者为能涉险历危，拨乱反正，洪济于艰难，故受之以既济。

物不可穷也，故受之以未济终焉。

物至于既济，已成定局，乃物之穷也。然物穷则变，变则通，通则久，是故物不可穷也，故终之以未济，使人知既济不足恃也。自以为既济，而不复励精图治，则衰败随之矣，可不戒哉！

杂 卦 传

杂卦传，以诸卦之反对者，对举言之，以明其阴阳刚柔动静之相反，而吉凶悔吝存乎其间也。世间一切事物，无独必有对，杂卦传早已言之矣。

乾刚坤柔，比乐师忧，临观之义，或与或求。

乾卦纯阳，其性刚，坤卦纯阴，其性柔。乾坤之形体不同，而性情亦异，似相反也。然阴阳合德，则刚柔有体，以体天地之撰，以通神明之德，则相反者，乃所以相成也。比之九五，得天下之亲比，朝野上下亲密无间故乐。师之兵凶战危而成败利钝，关乎国家之存亡，人民之死生，故忧。比与师，卦爻相反，故其情之忧乐，亦相反也。五经大成曰："比乐二句虽反对，亦有相通之义，盖比以一人亲天下，此心就业不宁，乐亦忧也；师以一怒安天下，与民歌享太平，忧亦乐也。"

本义曰："以我临物曰与，物来观我曰求。或曰：二卦互有与求之义。"临以二阳临四阴，君子以教思无穷，容保民无疆，与之义也。然阴恃阳以临己，而得以安，亦有求之之义。观以四阴观二阳，景仰观摹求之义也。然而大观在上，中正以观天下，而君子以省方观民设教，皆与之之义。

屯见而不失其居，蒙杂而著。

本义曰："屯，震遇坎，震动故见，坎险不行也。蒙，坎遇艮，坎幽昧，艮光明也。或曰：屯以初言，蒙以二言。"屯之初九，动乎险中，而才德俱见，天下归心，故终不失君侯之居。蒙之九二，杂于众阴之中，而中德自著。

震起也。艮止也。损益，盛衰之始也。

震，一阳在二阴之下，震动而起也。艮，一阳在二阴之上，应时而止也。损之初，不见其损，久之则衰败之象乃见。益之初，不见其增益，而久后则见盛大之象也。震与艮卦爻相反，其动静起止亦不同。损与益卦爻相反，而或盛或衰之始，亦相反也。

大畜时也，无妄灾也。

本义曰："止健者，时有适然，无妄灾自外至。"乾之至健，非可止者也。而能止之者，所值之时适然也。无妄之灾，非由自取，是从外至也。而适然之时不足恃，当思适时以畜其德，外来之灾不必忧，当思有以远其灾。二者有幸有不幸，而遇时遇灾，正相反也。

萃聚而升不来也，谦轻而豫怠也。

萃，聚也。同德相应而萃聚，如泽之萃于地，而不离去也。升，上升也。上而不下，如风之扬地上，不来反也。谦则不居功，不近名，而外物皆轻。豫则安于逸豫，而怠慢不恭也。萃与升，谦与豫，卦爻相反，而来萃与升去，谦恭与豫怠，适相反也。

噬嗑，食也。贲，无色也。

饮食以养生也，取其充腹而已；五色以章德也，取其适体而已。然而常人之情，但知甘食悦色，以逐饮食男女之欲，有终身奔波，死而后已者，有迷于食色，而致身败名裂，以陷于死亡者，盖由不知人之所以为人之道，遂至从欲如流，而丧其礼义也。噬嗑与贲卦体相反，而贲因天色，食当噬嚼，各有所宜，而不相同也。

孟子曰："饮食之人，无有失也，则口腹岂适为尺寸之肤哉！"

朱子曰："白受采，谓其质地洁白，方可以五彩章施于五色作服，以章有德也。"

兑现而巽伏也。

兑巽二卦阴为之主，兑阴在上而外现，巽阴在下而内伏也。

随，无故也，蛊则饬也。

随，从也。故，旧见也。随之前，无有旧见，方能舍己从人，故舜之舍己从人，以其无故也。蛊，坏也。前事既坏，即当整饬也。随与蛊，以前后相对。故曰：随前无故，蛊后当饬。

剥，烂也。复，反也。

剥谓阴剥阳，生机将尽，仅存硕果，剥尽则阳穷于上，如硕果剥烂而落尽，而果仁仅存矣。复谓一阳来复，生机复发于下矣。剥与复相反，以示阳无终尽之理，剥尽于上，则复生于下矣。此见天地生物之心无转移也。

晋昼也。明夷诛也。

诛，伤也。晋卦明出地上，昼之象也。明入地中明夷，明之伤也。晋与明夷相对，昼夜之道也。然昼明而夜暗，昼阳而夜阴，阳进则万物生长，明伤则百物凋残，不无兴亡隆替之感也。

井通，而困相遇也。

井以上出为功，木上有水，上出而通也。困因刚柔相遇而刚见掩，泽中无水，生物被困也。井与困相对，以见民非水火不生活，而物之生，有赖于水也。

五经大成曰："自乾至此三十卦，正与上经之数相当，而下经亦以咸恒为始，以此见卦虽以杂名，而乾坤咸恒上下经之首，则未尝杂也。"

云峰胡氏曰："易终于杂卦，而交易变易之义愈可见矣。……自乾至此三十卦，与上经之数相当，而杂下经十二卦于其中。自咸至夬三十四卦，与下经之数相当，而杂上经十二卦于其中，此交易之义也。上经泰否临复观剥，阴之多于阳者十二，下经姤壮遁夬，阳之多于阴者十二，杂卦移否泰于下经。而阴阳之多少復如之，特在上经者三十六画，在下经者三十四画，今附于上者二十四画，附于下者二十六画，愈见其交易之妙尔。"

咸，速也。恒，久也。

咸，感也。二气交感，其感通极其神速也。恒则久于其道，一如天地之道恒久而不息也。一速一久，正相反也。以王化言之，圣人感人心而天下和平，所谓动之斯和，至神速也。圣人久于其道而天下化成，恒久之功也。

涣，离也。节，止也。解，缓也。蹇，难也。睽，外也。家人，内也。否，泰反其类也。

涣，离也。上失其道，天下离心，其势涣散难收。节，止也。节以制度，制止骄奢，不伤财，不害民，而人心悦服。涣与节对，以察民心聚散之由。解由难散忧解，有缓和之乐。蹇则险难方深，有困危之忧。解与蹇对，以见国家之治乱，关乎人人之安危，使人知天下兴亡，匹夫有责，不可如杨子取为我，而置天下于不顾也。睽则自取睽违，视婚媾为寇仇而外之，疏而不亲也。家人则父父、子子、兄兄、弟弟、夫夫、妇妇，恩义浃洽而内之，亲密无间也。一亲一疏，而家道之正、乖攸分，人情之悲欢互异，吁！可畏矣！不知修身以齐其家，必致有睽离之忧，而无家人之乐也。否则大往小来，君子道消而身否，天下之否也。泰则小往大来，君子道长而运泰，天下之泰也。君子小人，如冰炭之相反，故曰：反其类也。

大壮则止，遁则退也。

止谓不进，阳当大壮之时，不患其不能进，患其躁动而不知止也。既壮而不止，必有触藩羸角之厉矣。遁之时，二阴浸长，君子之道，为时所弃，其势不得不退也。何楷曰：壮不可用，宜止不宜躁。遁与时行，应退不应进，止则难进，退则易退也。止与退，因时处中之道也。

大有，众也。同人，亲也。革，去故也。鼎，取新也。小过，过也。中孚，信也。丰，多故也。亲寡，旅也。

大有一阴得中而居尊，而上下皆为其所有，故谓之大有，为其所有者众也。同人之六二，居中得正，上应九五，同德相与以相亲，而上下诸阳皆欲与之同，故亲也。大有同人相对，以见天下至贵者莫如德，独有中德者，则天下归之，所谓修其天爵，而人爵从之也。革，改革也。故，旧也，旧事有弊者，当革而去之，故云去故。鼎，所以烹饪，取物之新者而烹之，令其馨香，以享帝养贤，故曰取新。鼎革相对，以见旧政之有弊者，当革而去之，而以最新之善政善教代之也。事贵得中，不宜或过，所过虽小，亦为过也。中孚则孚信在中，而无妄矣。中孚与小过为正对，使人知小小之过亦为过，当法君子而时中，孚信在中方为诚，当以至诚无息自勉也。丰盛之时多故友，以其有求于我也。羁旅之人亲友少，以其寄居异国也。丰旅二卦反对，一以见人情之薄，一以见故乡之难离也。

离上而坎下也。

离为火，坎为水，火曰炎上，水曰润下。坎离相对，以明物各有性，而炎上，润下，其性不同，如牛有牛之性，犬有犬之性，人有人之性，当顺其性而治之，如禹之行水，行其所无事而已矣。而蕢蕢者流，倡为异说，拂人之性，弃其天常，必欲变人类为禽兽，化文明为野蛮，独何心哉！噫！

小畜，寡也；履，不处也。

畜之所以小，以六四一阴之力寡，不能畜众阳，但能小畜耳。履以六三一阴蹑乾刚之后，畏惧悦从而前进，不得处也。小畜与履相对，以明阴小居宰辅之位，亦能畜阳，若居诸侯之位，则止能从乾刚之后以前进，不敢处也。畜，止也。履，践履也。一止一进相对也。

需，不进也。讼，不亲也。大过，颠也。姤，遇也，柔遇刚也。渐，女归，待男行也。颐，养正也。既济，定也。归妹，女之终也。未济，男之穷也。夬，决也，刚决柔也，君子道长，小人道忧也。

本义曰："自大过以下，卦不反对，或疑其错简，今以韵考之，又似非误，未详何义。"需，待也，险在于前不可进，故需也。讼之成，由于上刚下险，内险而外健，此健而彼险，相争相持而不相亲，故讼也。需与讼反对，以见世路艰难，宜待时而动，不可冒进以犯难，不讲礼让相争；与人相处，宜敬让，不宜争讼也。自大过以下，卦不反对，而义或相承，盖别有用意也。大过之栋桡，实由本末弱，而大厦以栋桡而颠，倾覆之祸，责在工师用木不当也。有国者，不知栋梁之任重，欲斫而小之，或竟以细木作栋梁，以自取颠覆之祸者有之矣，可慨也夫。姤以一阴遇五阳，女子之无贞信而但怀婚姻者也。渐之为卦，女归待男行也。一淫奔，一有待，贞淫之行相反也。然则二南之化行而周以兴，桑中之风盛，而卫以亡。为国者，可不鉴此以敦风教哉！颐，养也，养德养身，必养以正也，养正则心正身正，可以正家正国矣。既济则六爻各当其位，而无不正，家国天下无不正，则天下定矣。归妹，则女子于归而为妇，故为女之终。未济则诸阳失位，不得行其志，故为男之穷也。夬为刚决柔，君子之道长，小人之道消，而唐虞之治，可复也。夬尽则为重乾，圣圣相承，而日月光华，旦复旦兮之诗，可以复歌矣。杂卦必终之以夬，岂非夫子垂教救世之苦心哉！

朱子曰："杂卦以乾为首，不终之以它卦，而必终之夬者，盖夬以五阳决一阴。决去一阴，则复为纯乾矣。"

大成讲义曰："上经三十卦，终之以柔掩刚，下经三十四卦，终之以刚夬柔，圣人赞化育，扶世变之意深矣。"

云峰胡氏曰："卦爻在上经者三十六画，在下经者三十四画，今附于上者三十四画，附于下者三十六画，愈见其交易之妙尔。"若以六十四卦论之，上经三十卦，阴爻之多于阳者八，下经三十四卦，阳爻之多于阴者亦八，今则附于三十卦者阳爻七十二。阴爻一百八，而阴多于阳者三十六，附于三十四卦者，阳爻一百二十，阴爻八十四，而阳多于阴者亦三十六，以反对论，上经阴之多于阳者四，下经阳之多于阴者亦四，今则附于上者阳爻二十九，阴爻五十七，而阴爻多于阳者十八，附于下者，阳爻六十九，阴爻五十七，而阳爻多于阴者亦十八，或三十六或十八互为多少，非特见阴阳交易之妙，而三十六宫之妙，愈可见矣，是岂圣人之心思智虑之所为哉！愚故曰：伏羲之画、文王周公孔子之言皆天也。

图书在版编目（CIP）数据

周易卦解：2015年修订版/秦敬修著.—北京：社会科学文献
出版社，2016.1（2023.1重印）
（述而作）
ISBN 978-7-5097-7164-8

Ⅰ.①周…　Ⅱ.①秦…　Ⅲ.①《周易》-研究　Ⅳ.①B221.5

中国版本图书馆 CIP 数据核字（2015）第 037810 号

·述而作·

周易卦解（2015 年修订版）

著　　者/秦敬修

出 版 人/王利民
项目统筹/宋月华　杨春花
责任编辑/周志宽　侯培岭
责任印制/王京美

出　　版/社会科学文献出版社·人文分社（010）59367215
　　　　　地址：北京市北三环中路甲29号院华龙大厦　邮编：100029
　　　　　网址：www.ssap.com.cn
发　　行/社会科学文献出版社（010）59367028
印　　装/三河市东方印刷有限公司

规　　格/开　本：889mm×1194mm　1/32
　　　　　印　张：17　字　数：359千字
版　　次/2016年1月第3版　2023年1月第3次印刷
书　　号/ISBN 978-7-5097-7164-8
定　　价/69.00元

读者服务电话：4008918866